Lilou Macé & Sonia Choquette

Le Défi des 100 JOURS !

CAHIER D'EXERCICES

pour développer son intuition
en 100 jours

Guy Trédaniel
éditeur

De ces mêmes auteures

Lilou Macé

J'ai perdu mon job et ça me plaît, Guy Trédaniel Éditeur, 2011.

Je n'ai pas d'argent et ça me plaît, Guy Trédaniel Éditeur, 2012.

Je n'ai pas de religion et ça me plaît, Guy Trédaniel Éditeur, 2014.

Le Défi des 100 jours, Cahier d'exercices pour une vie extraordinaire, Guy Trédaniel Éditeur, 2015.

Livres, CD et Cartes oracles de Sonia Choquette (en français)

À l'écoute de votre sixième sens – Secrets spirituels pour une vie harmonieuse, J'ai Lu, 2007.

Les leçons et le but de l'âme – Un guide canalisé sur la raison pour laquelle vous êtes ici, 2008.

Le pouvoir de votre esprit. Livre audio, 2 CD-Rom, 2008.

Demandez à vos guides. CD-Rom, 2010.

À l'écoute de vos vibrations. Livre audio, 2 CD-Rom, 2010.

Méditations pour recevoir la guidance divine, le support et la guérison. Livre audio, 2 CD-Rom, 2011.

Demandez à vos guides – Livre, Exergue, 2016

Demandez à vos guides – Cartes oracles, Exergue, 2012.

La réponse est simple – Cartes oracles, Exergue, 2016.

La réponse est simple – Aimez-vous, vivez selon votre esprit. Livre audio, 2 CD-Rom, 2013.

ISBN : 978-2-8132-0940-5

Commencez le Défi des 100 jours dès aujourd'hui !

De nouvelles possibilités s'offrent à vous
www.defides100jours.com

Mon Défi des 100 jours

SPÉCIAL INTUITION

Prénom : .... Saison : ....

Date de début : .... Date de fin : ....

Cahier : .... Signature :

Je m'engage à participer pleinement
et à finir ce Défi des 100 jours !

Citations

«Ayez le courage de suivre votre cœur et votre intuition. L'un et l'autre savent ce que vous voulez réellement devenir. Le reste est secondaire.»

Steve Jobs

«C'est avec la logique que nous prouvons et avec l'intuition que nous trouvons.»

Henri Poincaré

«L'amour n'est ni raisonnable ni raisonné. C'est une évidence, une intuition.»

Anne Bernard

«Les meilleures théories scientifiques sont davantage dues à une intuition subite et imaginative, semblable à celle du poète et du compositeur, qu'à l'accumulation attentive et patiente d'observations.»

Bertrand Russell

«Malheur à celui qui ne sait pas reconnaître son prochain à sa poignée de main.»

Théodore Roosevelt

«L'intuition, c'est l'intelligence qui commet un excès de vitesse.»

Henry Bernstein

«L'intuition est la grande voix de l'inconnu vers lequel nous pousse notre destinée.»

MINOU PETROWSKI

«L'intuition est l'incarnation la moins entravée de la nature.»

HÉLÈNE GRIMAUD

«Un bon artiste laisse son intuition le conduire là où elle veut.»

LAO-TSEU

«La seule chose qui a de la valeur est l'intuition.»

ALBERT EINSTEIN

«L'intuition est une immersion soudaine de l'âme dans le courant universel de la vie.»

PAULO COELHO (*L'Alchimiste*)

«Ne pas essayer de comprendre avec votre esprit. Vos esprits sont très limités. Utilisez votre intuition.»

MADELEINE L'ENGLE (*A Wrinkle in Time*)

«L'intuition est de voir avec l'âme.»

DEAN KOONTZ

«L'intuition est la voix de nos âmes qui nous guide. Une partie naturelle et importante de qui nous sommes.»

SONIA CHOQUETTE

Attention : ce cahier pratique s'utilise tous les jours. Vous allez développer en 100 jours votre intuition et cela va radicalement changer votre vie.

Savourer chaque instant

Être surpris par la vie

Se dépasser

Écouter avec son cœur

Redécouvrir sa vraie nature

Changer de routine

Définir ses intentions

Se servir de son intuition comme d'une boussole interne

Pratiquer le lâcher-prise

Fixer ses limites

Être positif

Vivre une vie passionnante et délicieuse

Prendre conscience de l'énergie des autres

Manifester ses rêves

Se mettre à l'écoute de son corps

Faire face aux défis et aller au-delà

Être heureux et plein de joie

Augmenter sa confiance en soi

Renoncer à tout contrôle

Faire preuve de souplesse

Faire preuve de reconnaissance

{ Complimenter autrui }

Vivre l'instant présent

Devenir un champion de l'écoute

Être ouvert au pardon

Parler ouvertement et librement de ses facultés intuitives

Faire preuve de courage

Accueillir le silence

Table des matières

DÉFI DES 100 JOURS SPÉCIAL INTUITION !

Partie 1
AU-DELÀ DES ILLUSIONS

Partie 2
ÉCOUTER DIFFÉREMMENT

Partie 3
SOUS HAUTES VIBRATIONS

Partie 4
L'OUVERTURE DES PERCEPTIONS

Partie 5
UN UNIVERS INDIVISIBLE

ANNEXES

Chères cocréatrices,
chers cocréateurs,
bienvenue dans votre

Défi des 100 jours SPÉCIAL INTUITION !

Lettre de bienvenue au Défi des 100 jours

Sonia et moi sommes enthousiastes à l'idée que ce cahier d'exercices soit entre vos mains. Il contient tous mes secrets pour réussir un Défi des 100 jours et tous les secrets de Sonia Choquette pour développer et renouer avec son intuition en 100 jours. Bravo pour ce nouveau départ, car votre vie va être boostée d'une manière exponentielle en 100 jours !

Sonia Choquette est pour moi l'experte mondiale sur l'intuition, et c'est pour cela que je l'ai choisie pour nous accompagner dans ce nouveau Défi. Après avoir rencontré et interviewé des centaines d'experts dans tous les domaines, Sonia Choquette est incontestablement la spécialiste sur l'intuition et le sixième sens. Non seulement elle a plus de trente ans de pratique avec ses clients, en conférence, en stage, à la télévision et à la radio, mais elle aussi une des personnes les plus charmantes, aimantes et authentiques que j'aie rencontrées. Elle est l'auteur de plus de 20 livres sur ce sujet et a accompagné en stage et en séances des milliers de personnes dans le monde, pour aller au-delà des difficultés et libérer un potentiel inné que nous avons tous en nous. Mon intuition m'a guidée pour choisir ce thème et Sonia. Je n'ai pas eu besoin d'y réfléchir, c'était instantané. Je le savais, et le résultat est encore meilleur que celui auquel je m'attendais (et je peux vous dire que la barre était placée haut !)

J'ai eu l'honneur de rencontrer Sonia à Chicago en février 2008. Ma première interview d'elle était sur la loi de l'attraction. Le documentaire *Le Secret* venait de sortir, et je cherchais à comprendre le rôle de l'intuition pour manifester plus rapidement mon rêve : celui d'inspirer des millions de personnes à transformer leur vie. Ayant commencé à interviewer aux États-Unis début 2007, après ma rencontre avec l'animatrice américaine Oprah Winfrey (elle aussi habitait à Chicago), je n'avais que très peu de références d'interviews à montrer à Sonia. Ma chaîne YouTube ne comptait pas les millions de vues et le soutien que j'ai maintenant à l'international. Sonia accepta sans hésitation, sans vérification, de manière spontanée et avec la grâce qui anime si bien son corps et son esprit. Elle avait toutes les qualités d'une grande. Cette *New York Times* best-seller était pour moi un ange qui venait de me dire oui et qui allait transformer ma vie.

Sonia est devenue au cours des années une personne que j'ai continué d'apprécier pour son authenticité et son courage. Elle a su se remettre en question et rester humble malgré son énorme succès international. C'est la personne que j'ai le plus interviewée depuis mes débuts. C'est donc avec une immense joie que j'ai cocréé avec elle ce cahier d'exercices, qui a une valeur inestimable à mes yeux et qui va révolutionner votre vie.

Sonia est elle aussi très enthousiaste à propos de ce cahier, d'autant plus qu'elle partage son temps maintenant entre Paris et les États-Unis, pour ne pas dire le monde. Ce cahier a donc réuni deux gypsies et a déjà permis à plusieurs rêves de se réaliser. Votre réalité sera encore plus vaste et enrichissante que votre imagination pourrait l'espérer.

Faites les exercices ici proposés de manière régulière. Ils ont été choisis avec précision et justesse pour un apprentissage doux mais en profondeur, afin de réveiller vos ressources naturelles. Votre intuition est innée, et nous vous proposons de renouer avec elle au fil des jours. C'est une extraordinaire opportunité qui vous est présentée et nous voulons vous féliciter d'avoir fait ce premier pas courageux vers votre transformation.

Nous souhaitons que ce cahier vous accompagne au mieux dans votre Défi des 100 jours en vous donnant tous les outils, exercices et conseils pour développer votre intuition et aller au bout de votre défi, vous encourager à passer à l'action afin d'obtenir des résultats spectaculaires.

Si vous souhaitez plus de soutien de notre part, c'est-à-dire un soutien quotidien en recevant tous les jours une vidéo de nous deux pour chaque défi, avec l'occasion de vous coacher, de vous inspirer et de vous soutenir pour maximiser vos résultats, visitez le site www.lecoachingdelilou.com/soniachoquette.

Nous vous souhaitons, à tous
et à toutes, délicieux cocréateurs
et délicieuses cocréatrices,
un délicieux Défi des 100 jours !

Bisous d'amour,

Lilou Macé et Sonia Choquette

Pourquoi développer son intuition?

L'être humain a tendance à recourir à l'un ou l'autre hémisphère de son cerveau. La plupart, cependant, préfèrent celui de gauche, qui est linéaire, pratique et analytique, alors que celui de droite est créatif, intuitif et spontané.

Il va sans dire qu'il nous faut utiliser le côté gauche de notre cerveau, qui nous guide du point de vue pratique. Cependant, en y étant subordonnés, nous nous déconnectons malheureusement de notre intuition, ainsi que de notre créativité.

Votre intuition sera plus efficace si vous êtes prêt à vous mettre à son écoute. Beaucoup de gens ne pensent même pas à leur intuition, et qui s'y connectent d'autant moins, au lieu de participer activement à la cocréation du monde.

Souvent, notre intuition nous échappe ou nous l'ignorons, parce que nous sommes à bout de souffle et nous sentons insécurisés. Grâce à ce programme du Défi des 100 jours, dont l'intention est de vous accompagner dans le développement de votre intuition, vous serez de plus en plus en lien avec votre **conscience de l'instant présent**, et ces ressentis s'estomperont rapidement. Vous prendrez alors de plus en plus plaisir à suivre votre intuition et à la vivre !

Sachez que notre intuition **fonctionne en fait à tout moment**. Il est plutôt surprenant que l'activer ne soit pas le défi le plus insurmontable auquel nous nous retrouvons confrontés quand il s'agit de faire l'expérience d'une vie guidée. Le plus grand défi auquel nous faisons face, c'est de nous mettre à l'écoute de notre intuition et d'**agir** rapidement en fonction. Nous encouragerons donc beaucoup d'action tout au long de ce défi. Soyez prêt à allez au-delà de votre zone de confort et à découvrir une nouvelle facette de vous-même.

L'intuition est une **perception subtile** et, si nous sommes **pressés ou débordés**, elle peut facilement nous échapper. Il est beaucoup plus facile de prendre conscience de sa voix intérieure en ayant le temps et l'espace intérieur pour ce faire. Être constamment pressé ou chercher à faire beaucoup trop de choses à la fois interférera inévitablement avec votre connexion à votre intuition. Nous vous invitons aujourd'hui à ralentir et à ne pas vous soumettre à la pression, quelle qu'elle soit, dans votre vie. Nous vous encouragerons donc à ralentir, désencombrer, respirer, danser, observer et ainsi écouter votre sagesse.

Nous faisons initialement l'expérience de l'intuition **au niveau du corps**, étant donné que celui-ci ressent l'énergie. Lorsqu'il la reçoit, il la transmet à l'esprit d'où vous pourrez ensuite utiliser cette information pour prendre des décisions mieux informées que si elles étaient uniquement contrôlées par l'intellect. C'est pourquoi nous décrivons souvent notre intuition par le biais de réactions physiques, comme « Je le sens dans les tripes » ou « Ça m'a hérissé les poils sur la nuque et donné la chair de poule ». Des exercices physiques vous seront donc proposés dans certains des défis de ce cahier.

Rien ne fait plus vite **obstacle à l'intuition** que le fait d'être cynique ou négatif, deux terribles habitudes issues de l'ego qui réduisent votre vibration personnelle en vous empêchant par ailleurs de vous construire une vie épanouie.

En étant négatif ou cynique, vous laissez votre ego prendre le dessus sur votre intuition, qui contribue pourtant toujours à vous protéger et à vous guider vers les merveilles que la vie peut vous offrir. Nous travaillerons donc aussi sur notre **ego** au fur et à mesure des semaines et des mois ensemble.

On accède mieux à son intuition dans un état de **calme**, de **sérénité**, ce qui, comme nous le savons tous, est plus facile à dire qu'à faire, du moins sans pratique. Cette exploration vous permettra de vous exercer, au cours des semaines, à respirer et à vous détendre au lieu de dramatiser. Nous prendrons pas à pas de plus en plus confiance, et nous respecterons les messages intérieurs plus que ceux venant de l'extérieur. Nous prendrons confiance en nous-mêmes.

Votre intuition est en effet votre meilleure amie. Elle ne sert qu'à vous guider dans la vie **vers les meilleurs dénouements possibles** tout en vous incitant à vous éloigner de tout ce qui ne sert pas votre âme et votre esprit, et qui vous pousse au désarroi, voire à vous mettre en danger.

Nous vous encourageons donc à participer à ce Défi le plus **régulièrement** possible, idéalement tous les jours. La structure de ce cahier, le site du Défi et les exercices proposés ici ont été entièrement conçus pour vous permettre de **transformer** votre vie pour qu'elle devienne intuitive et cohérente.

Quelques témoignages de participants « en bref »

(Suite pages 378-382)

« C'est un guide intérieur, une force qui me pousse vers l'avant, malgré la peur. »

"L'intuition fonctionne mieux quand je suis dans l'action."

« Je n'avais pas à chercher l'intuition. Il me fallait retrouver confiance en la vie pour de nouveau pouvoir entendre cette petite voix. »

« Ma principale méthode est de… faire confiance à ce que je ressens. »

« L'inspiration doit être stimulée par le JEU. »

"J'aurais dû m'écouter !"

« Aujourd'hui je suis mes "frémissements d'âme", c'est le nom que je lui ai donné. Dès que j'ai ce petit frémissement positif au niveau du cœur, j'y vais ! Je suis également attentive aux signes dans mon quotidien. Je les ressens comme un mini-choc positif. »

« Je mets mon intuition au service de décisions que je dois prendre dans le choix d'un job. Ce n'est plus mon bon sens mais mon intuition qui me guide. »

Les conseils de Lilou pour vivre une vie intuitive

Pour moi, l'intuition est ce qu'il y a de plus important à développer et à écouter. Cela m'aide à naviguer entre ce que les autres souhaitent de moi et ce qui a du sens pour moi. Elle m'aide à savoir ce qu'il y a de juste au-delà de ma logique. Je trouve l'intuition très utile au quotidien, et étonnante.

Voici quelques clés qui me paraissent essentielles pour vivre une vie intuitive et donc harmonieuse :

- Quand je fais face à une question ou un défi, je demande avec humilité et authenticité à la vie : « J'ai besoin de ton soutien. »
- J'écoute ensuite les signes, je suis les synchronicités qui me guident.
- Si un signe ou une synchronicité résonne dans mon cœur, c'est-à-dire si c'est un vrai OUI, alors j'agis, je vais vers cette joie et cet enthousiasme.
- J'avance pas à pas sans savoir toujours pourquoi ma joie m'attire dans cette direction.
- Je sors de ma zone de confort quand une voix douce, rassurante et aimante en moi me dit que le moment est venu.
- Je m'engage à dire NON quand cela ne semble pas juste pour moi. J'honore alors mon intuition, je me respecte, je m'écoute et je sais que quelque chose de mieux m'attend et va venir vers moi.
- Quand je vis une vie intuitive, je ne suis pas dans le doute, l'ego, la dépendance.
- J'avance avec foi et confiance.
- Je remercie chaque miracle de vie qui vient sur mon chemin.

Qu'est-ce que le Défi des 100 jours?

Le Défi des 100 jours est un programme gratuit ayant pour but d'**accompagner et d'aider le développement humain, son évolution et sa transformation**. Chaque participant souhaite un changement dans un ou plusieurs domaines de sa vie.

Les participants choisissent une date de début pour leur Défi des 100 jours, une date de fin, leurs pratiques et leurs intentions. Au cours de leur saison, les participants partageront leurs joies, peurs, défis, moments d'inspiration lors de leur progression pour atteindre le but, l'intention qu'ils se sont fixée. Chaque saison dure 100 jours et permet d'apprendre de la saison précédente. Une saison peut être sur un thème précis, ici, c'est l'intuition. Ainsi, il est possible de progresser en apprenant de manière quotidienne sur soi, pas à pas, dans l'entraide et la joie.

« 5 raisons »

- Atteindre ses rêves
- Progresser et transformer ma vie
- Rencontrer d'autres cocréateurs dans une même dynamique
- Apprendre et me redécouvrir
- Dynamiser ma vie

Le site du Défi des 100 jours permet de se connecter avec des personnes dans une même dynamique, de partager et de trouver à des moments inattendus une aide pour surmonter ses défis, aller au-delà de sa résistance ou de l'incompréhension, et ainsi transformer sa vie : www.defides100jours.com.

Les origines du Défi des 100 jours

Le Défi des 100 jours trouve son origine en 2005, en Floride, près de Miami. Sandy Grason, Laura Duksta et Lilou Macé sont parties d'un constat après avoir vécu plusieurs déceptions. Toutes les trois passionnées de développement personnel et spirituel, elles se sont vite aperçues que, malgré tous les livres qu'elles lisaient et les séminaires auxquels elles participaient, leurs vies ne se transformaient que partiellement. En plus, ces changements ne duraient que quelques semaines ou quelques mois. Elles perdaient toutes les trois rapidement l'habitude de pratiquer ce qu'elles venaient d'apprendre.

Elles avaient lu que : « Lorsque vous faites de l'exercice, vous avez plus d'énergie. Lorsque vous méditez, votre esprit est plus clair, vous êtes plus calme et en paix. Lorsque vous tenez un journal, vous êtes en contact avec votre sagesse intérieure. Lorsque vous utilisez des affirmations de richesse, vous créez de l'abondance. »

C'est alors qu'elles ont décidé de conduire leur propre expérience.

Nous souhaitions produire une émission de téléréalité pour une chaîne américaine. Le concept était simple : rassembler une dizaine de personnes dans une maison et suivre leur évolution sur 100 jours. L'idée du Défi des 100 jours (appelé *The 100-Day Reality Challenge* aux États-Unis) était bonne, et elles espèrent la voir se concrétiser un jour à la télévision nationale et internationale. Mais les chaînes de télé cherchaient alors des émissions à scandale plutôt que des concepts instructifs et inspirants.

Lilou étant passionnée d'Internet, l'idée de proposer le Défi des 100 jours à plus de monde, en ligne et gratuitement, était une évidence. Les caméras web étant de plus en plus répandues et YouTube commençant à proposer une plateforme vidéo, elles décident d'aller dans cette direction et de tester le Défi des 100 jours sur elles-mêmes. Chacune équipée d'une webcam et d'un ordinateur, définissant leurs objectifs et intentions pour les 100 prochains jours, choisissant des pratiques, elles commencèrent en 2005 à enregistrer leur progrès devant leurs ordinateurs.

Cette première saison fut surprenante ! Les révélations, surprises, changements, énergies et nouvelles idées furent tellement démultipliés que ces trois drôles de dames proposèrent le Défi des 100 jours sur Internet au plus grand nombre à la saison suivante.

C’est au même moment que le documentaire et le livre *Le Secret*, de Ronda Byrne, sortirent en 2006 et connurent un grand succès. Des millions de personnes voulaient mettre en pratique la loi de l’attraction. Le timing était parfait et le Défi des 100 jours devint rapidement un succès aux États-Unis et dans les pays anglophones, puis francophones. Le Défi des 100 jours est vite devenu un terrain de jeux fabuleux, un moyen de tester les pratiques et les outils pour vivre une vie extraordinaire au quotidien.

Son succès en francophonie

Après le succès du Défi aux États-Unis, Lilou lança le Défi pour les francophones en 2008. Et c’est ainsi que, fin 2015, plus de 20 000 participants étaient enregistrés sur le site. Le site connut une croissance exponentielle de participants dans le monde après la sortie du *Cahier d’exercices du Défi des 100 jours pour vivre une vie extraordinaire*, en juin 2015. Les participants peinant à trouver parfois leur intention de la saison, Lilou lança l’idée du créer des cahiers sur des thèmes précis en commençant par l’intuition, sujet essentiel pour toute personne souhaitant vivre une vie passionnante et en phase avec ses aspirations. Sonia Choquette fut immédiatement pour Lilou la candidate idéale pour coécrire ce cahier.

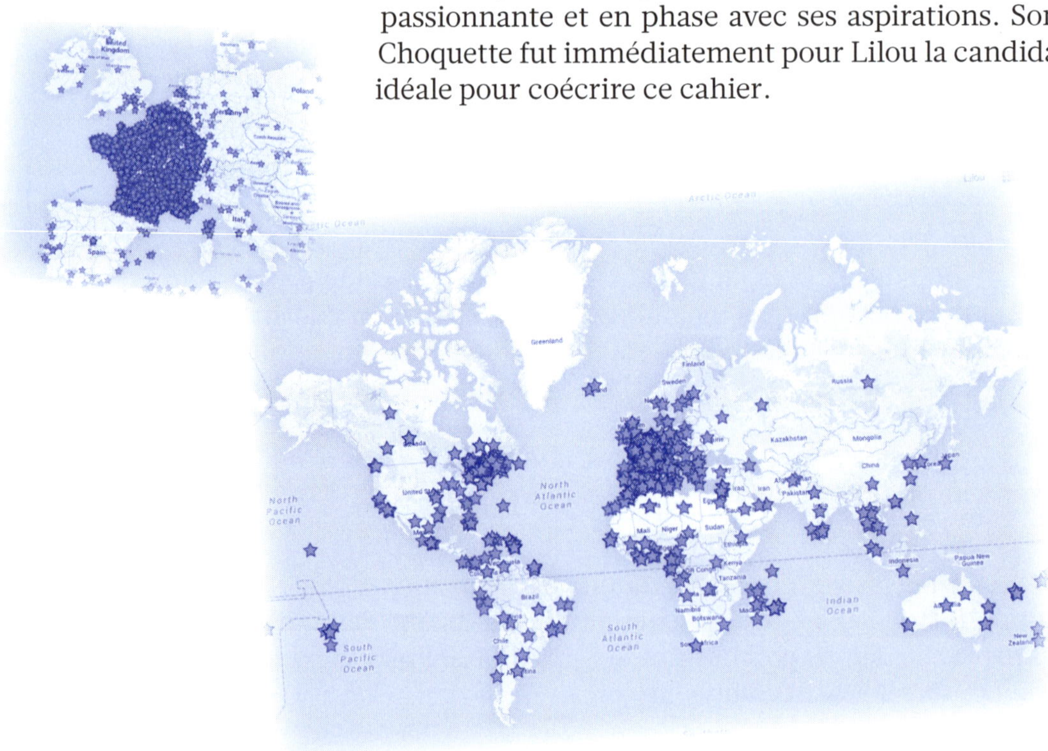

Comment ça marche? Comment ça se déroule?

Le Défi des 100 jours peut se faire en ligne ou sur ce cahier, de chez soi, anonymement ou publiquement en bloguant ou vidéo-bloguant. C'est à vous de choisir ! Cela permet de se fixer une intention et des objectifs au début du Défi des 100 jours, d'archiver ses progressions et de partager des moments forts et importants avec d'autres participants mais aussi avec des proches. Ici, le thème, l'intention, de votre défi est de développer votre intuition. Vous pouvez avoir d'autre intentions, comme découvrir votre passion, attirer l'homme ou la femme de votre vie, vous redécouvrir, démarrer un business ou retrouver votre paix intérieure, mais ce cahier se concentre principalement sur votre intuition et propose un exercice tous les jours qui vous aidera à renouer avec celle-ci.

Il est possible de participer au Défi des 100 jours seul, entre amis, en famille ou en groupe sur le site. Celui-ci permettra de faire de nouvelles rencontres avec des personnes qui se placent dans une même dynamique d'épanouissement personnel et professionnel que vous, et ainsi de rapidement nouer de nouvelles amitiés qui vous mettent en confiance et sont positives, mais aussi constructives.

Le Défi des 100 jours fonctionne par saison. Chaque saison fait 100 jours. Si c'est votre premier Défi des 100 jours, alors vous commencez à la saison 1. Il est possible de faire un **Défi « général »**, tel qu'il est proposé dans le premier cahier d'exercices créé par Lilou, sorti en juin 2015, pour vivre une vie extraordinaire. Il est également possible de faire un défi par thème, tout comme celui-ci, afin de concentrer vos efforts sur une intention qui est ici de renouer avec votre intuition.

Un exercice par jour vous est proposé dans ce cahier. Certains jours, vous louperez des exercices, ce n'est pas grave, continuez et avancez. Faites-le aussi régulièrement que possible pour le maximum de résultats, mais ne vous méprenez pas, le principal est de continuer, d'apprendre et d'aller au bout. Cela n'est pas de faire un sans-faute. Accompagnez-vous dans la douceur et la bienveillance.

Vous pouvez y ajouter vos propres pratiques et outils. Le but est de trouver ce qui vous fait progresser, évoluer et avancer. Le Défi des 100 jours permet de prendre de bonnes habitudes, de gagner en clarté sur ses objectifs et intentions.

Il est suggéré de **faire une auto-évaluation tous les 25 jours** afin de voir où vous en êtes, de faire le point sur ce qui fonctionne et ce qui ne fonctionne pas. Cela permet aussi de changer vos intentions si celles-ci vous paraissent irréalisables ou difficiles à atteindre. Il est important de définir de belles et grandes intentions – dont nous ne savons pas encore comment elles se réaliseront –, que nous nous sentons capables d'atteindre, que nous savons à notre portée.

Pour vous aider dans votre Défi des 100 jours, nous vous suggérons d'inviter des amis à y participer avec vous, de vous retrouver tous les 25 jours chez les uns ou les autres pour parler de vos progrès. Nous avons aussi créé le site **www.delicieuxcocreateurs.com** afin de faciliter des rencontres dans nos villes et de former des groupes de rencontres, mais aussi pour vous expliquer comment mettre en place ces groupes. C'est passionnant, et cela promet de belles soirées pleines de bonne humeur. Vous pouvez aussi rencontrer de nouvelles personnes sur ce site et celui du Défi des 100 jours.

Pour réussir pleinement votre Défi des 100 jours, nous vous conseillons de remplir de manière quotidienne ce cahier, de relever les défis proposés et de participer le plus régulièrement possible. Cela dit, si vous ne pouvez pas participer pendant plusieurs jours, voire une semaine, ne vous culpabilisez pas et reprenez là où vous en êtes. Il est important de faire le bilan dans 100 jours, quelle que soit la fréquence de votre participation. **Donnez-vous toutes les chances de réussir**.

Si vous souhaitez être soutenu au quotidien en recevant une vidéo inédite et surprenante par jour de Sonia et de Lilou, expliquant l'exercice du jour et vous inspirant pour aller au bout du Défi des 100 jours, alors n'hésitez pas et visitez www.lecoachingdelilou.com/soniachoquette.

Les règles de base

Il n'y a pas de règles de participation au Défi des 100 jours. Plus vous allez participer de manière quotidienne et relever les défis du jour proposés ici et plus votre vie va se transformer. Mais c'est à vous de choisir le bon rythme et votre fréquence de participation.

C'est également à vous de voir si vous souhaitez le faire dans l'anonymat sur ce cahier ou de vidéo-bloguer vos résultats et découvertes. Certains participants préfèrent vidéo-bloguer sur le site du Défi des 100 jours, www.defides100jours.com, plutôt qu'écrire. C'est plus simple pour certaines personnes qui trouvent ainsi leur participation plus enrichissante. Il est vrai que de vidéo-bloguer booste son Défi des 100 jours, permet d'attirer plus d'entraide et de nouvelles idées à soi mais aussi d'énergie. Cela demande de sortir de sa zone de confort et donc d'avoir du courage, ce qui fait forcément découvrir au participant encore plus sur lui-même. Mais vous devez choisir votre mode de participation en fonction de votre personnalité, de vos connaissances techniques et de votre enthousiasme à le faire. Peut-être qu'au cours de votre défi vous déciderez de passer à la vidéo.

Il y a une règle d'or sur le site : le but est de participer au Défi et non d'utiliser le site comme outil promotionnel. Ce n'est pas un site publicitaire, et même si des rencontres se font, même si des échanges sont opérés et des opportunités créées, nous demandons de ne pas envoyer d'email à tout un groupe de personnes ou d'amis sur le site afin de faire la publicité de services qui ne sont pas liés au Défi des 100 jours. Cela n'est pas le but du Défi des 100 jours. Vous pouvez organiser des regroupements pour parler du Défi, mais le site n'est pas fait pour communiquer sur votre cabinet, votre méthode ou vos séminaires. C'est un site qui est fait pour participer au Défi des 100 jours, que vous soyez thérapeute, écrivain, artiste, entrepreneur, pro, mère au foyer ou retraité.

Tout le monde sur le site est ainsi participant, et il est important de donner des conseils seulement si ceux-ci sont demandés. L'entraide sur le site se fait naturellement et nous vous prions de bien vouloir signaler toute personne ne respectant pas ceci par email à lateledelilou@gmail.com. Il est de votre propre responsabilité de respecter cette règle d'or pour participer au Défi des 100 jours.

Outils & pratiques du Défi des 100 jours

Passer à l'action est essentiel pour manifester ses rêves. Dans ce cahier spécialement dédié à l'intuition, nous avons choisi de vous guider au mieux et tous les jours avec des exercices uniques pour renouer avec votre intuition.

Nous avons laissé suffisamment d'espaces pour que vous puissiez écrire dans le cahier. Vous trouverez aussi quelques pages de notes à la fin. N'hésitez pas à **écrire, surligner, coller et crayonner** sur les pages ! Nous vous conseillons d'**acheter un journal intuitif ou un cahier de brouillon** qui vous accompagnera, car les exercices de ce cahier sont nombreux et, même si vous nous proposons un espace de rédaction, celui-ci est restreint par rapport à la générosité de l'exercice proposé. Nous vous suggérons de noter dans ce **cahier les points clés** de l'exercice dans l'espace prévu à cet effet tous les jours.

En plus de l'exercice qui vous est proposé tous les jours, choisissez au minimum **trois pratiques.** Ces pratiques vous inspirent et vous pensez pouvoir les adopter pour la journée. C'est un choix, une volonté. Il n'y a là aucune obligation. Vous allez souvent choisir les mêmes pratiques, mais osez en explorer de temps en temps de nouvelles. L'exercice du jour compte comme une pratique. Une autre pourrait être de vidéo-bloguer, de visiter le site ou bien de tirer une carte ou de méditer.

Vous trouverez ici la liste des pratiques proposées tous les jours dans ce cahier. Vous pouvez bien entendu ajouter vos propres pratiques. La régularité est ici importante ainsi que de finir, d'aller au bout de ce Défi des 100 jours pour vivre une transformation qui vous donnera beaucoup de joie, d'énergie et de confiance.

Tous les jours vous pourrez choisir 3 de ces pratiques :

Aujourd'hui, **je choisis** au moins **3 pratiques** :

- ☐ Relever le défi du jour
- ☐ Contempler mon tableau de vision
- ☐ Faire de l'exercice ou danser
- ☐ L'affirmation du jour = mantra du jour
- ☐ Méditer, être en silence ou prière
- ☐ Lire ma vision
- ☐ Lire un livre qui m'inspire
- ☐ Tenir mon journal d'intuition
- ☐ Être dans la gratitude
- ☐ Visualiser mes rêves
- ☐ Lire mes intentions du Défi des 100 jours
- ☐ Me réunir avec des délicieux cocréateurs
- ☐ Faire un vidéo-blog ou un blog sur le site
- ☐ Surfer sur le site du Défi des 100 jours
- ☐ Visionner la vidéo du jour de Sonia & Lilou
- ☐ Tirer une carte de tarot ou d'un autre jeu
- ☐ Autre : ....

Relever le défi du jour

Tous les jours, un exercice vous est proposé dans ce cahier pour renouer avec votre intuition. Suivez les instructions et notez les résultats sur votre cahier ainsi que dans votre journal intuitif ou votre cahier de brouillon.

Contempler mon tableau de vision

Nous vous proposons de créer un tableau de vision et de le regarder avec émotion, de sentir ses bienfaits, et de vivre vos visions, vos rêves et objectifs de manière quantique au début et ainsi attirer à vous clarté, solutions, idées et nouvelles opportunités.

Faire de l'exercice ou danser

Faites circuler votre sang et faites pulser votre cœur ! Que ce soit par une marche rapide, du jogging, de la boxe (Sonia adore la boxe !), du tennis, un cours de yoga, de la natation, en vous étirant ou en dansant dans votre salon, c'est une manière amusante et stimulante de commencer votre journée. Nous n'avons pas tous la même condition physique. Que vous soyez un maître yogi, un triathlète ou une personne à mobilité réduite dans un fauteuil roulant, faites simplement en sorte d'étirer et de bouger votre corps selon votre propre zone de confort.

L'affirmation du jour = mantra du jour

Chaque jour, dans ce cahier, nous vous proposons une affirmation liée au défi du jour. Il vous suffit donc de lire cette affirmation. Vous pouvez aussi vous la répéter tel un mantra tout au long de la journée.

Méditer, être en silence ou prière

Méditez ou passez du temps en silence ou prier pendant dix à trente minutes. Vous pouvez écouter de la musique relaxante, des enregistrements de méditation guidée, ou simplement rester assis dans le calme et concentrer votre énergie sur votre respiration. C'est le moment idéal pour vous centrer et ouvrir votre cœur, pour bien commencer la journée.

Lire ma vision

Il s'agit de la vision la plus élevée que vous puissiez avoir pour votre vie. Imaginez votre vie dans dix ans : tout est devenu plus beau que ce que vous n'aviez jamais rêvé. Développez votre vision à partir de ce rêve. Continuez à peaufiner et à retravailler cette vision, jusqu'à ce qu'elle vous inspire totalement.

Qui voulez-vous ÊTRE dans le monde ? Qu'allez-vous FAIRE avec votre richesse ? Que voulez-vous AVOIR ?

Lire un livre qui m'inspire

Choisissez des livres qui vous inspirent. Il peut s'agir d'une biographie ou d'un texte sacré, par exemple. Chaque jour, sinon chaque semaine, consacrez un peu de votre temps à vous nourrir de pensées qui élargissent votre conscience. Pour plus d'idées pour de nouvelles lectures, visitez www.liloubookclub.com/fr.

Tenir mon journal d'intuition

Notez sur votre journal d'intuition ,qui peut être un cahier, des feuilles ou un superbe journal, vos intuitions, vos exercices, vos rêves. Ceci est en complément de ce cahier, car de nombreux exercices proposent des exercices de journal.

Laissez votre sagesse intérieure s'exprimer. Nous vous proposerons des sujets dans les exercices et le défi du jour.

Être dans la gratitude

Exprimer de la gratitude ouvre votre esprit à l'inspiration et à la clarté. En écrivant les choses pour lesquelles vous êtes reconnaissant, l'univers reçoit le message et vous offre encore plus.

Visualiser mes rêves

Pour visualiser vos rêves, prenez quelques minutes au calme pour vivre, tel un film, les plus beaux moments de votre vie, ou les situations que vous souhaitez vivre. Ressentez-les comme s'ils étaient réels. Mettez-y émotions et détails. Prenez du plaisir à laisser votre imagination et votre cœur parler, et peut-être même trouverez-vous de nouvelles réponses et opportunités pour accéder à vos rêves et intentions.

Lire mes intentions du Défi des 100 jours

Relire ses intentions du Défi des 100 jours permet de garder le cap et sa motivation tout au long du Défi. Nous pouvons aussi ajouter et revisiter ses intentions au cours du Défi des 100 jours. Il est recommandé de le faire au moins tous les 25 jours. Ici, votre intention est de développer votre intuition, mais vous pouvez ajouter sur la page prévue à cet effet d'autres intentions dans plusieurs domaines de votre vie. Vous allez être de plus en plus clair tout au long de ce défi sur ce qui vous rend heureux, libère votre créativité et ouvre votre cœur.

Me réunir avec des délicieux cocréateurs

Il est proposé et suggéré de se retrouver et se réunir, physiquement, avec d'autres participants ou des amis impliqués eux aussi, tous les 25 jours, pour faire le point et discuter, dans un groupe de 3 à 10 personnes maximum, de votre Défi des 100 jours. Visitez www.delicieuxcocreateurs.com pour mettre une date de rendez-vous ou vous inscrire à une date proposée. Ne soyez pas timide, sortez de votre zone de confort et cocréez localement. Des milliers de cocréateurs habitent un peu partout dans le monde.

Il est conseillé de se réunir pour deux heures, en cercle de 3 à 10 personnes. Chacun se présente rapidement puis les participants parleront de leur défi, de leurs manifestations, de ce qu'ils ont appris, etc. Il y aura un échange sur plusieurs thèmes et questions, tour à tour, grâce un bâton de parole. Aucun échange d'argent ne prend place pendant ces réunions locales, et les participants amènent nourriture et boissons à partager à la fin, style « auberge espagnole ».

Cette puissante énergie vous assistera dans la réalisation de votre plein potentiel et vous motivera. Vous deviendrez tous responsables et acteurs des rêves de l'autre. Vos réunions de consciences deviendront un des éléments les plus puissants de votre Défi des 100 jours.

Faire un vidéo-blog ou un blog sur le site

Il s'agit d'aller encore plus loin dans la tenue d'un journal, en filmant votre vie, vos progrès et vos difficultés. Nous avons découvert que, en plus d'être un outil de partage de votre évolution dans le Défi des 100 jours, cela vous permet aussi de vous réengager régulièrement dans la poursuite de votre vision. Par ailleurs, cela vous pousse à ÊTRE qui vous dites vouloir être dans le monde.

Nous avons tous regardé au moins une fois des émissions de téléréalité : les participants se marient, survivent à des situations physiquement et émotionnellement éprouvantes, chantent, renouvellent leurs vœux de mariage, rompent... Ils vivent en face de la caméra, en somme. Réaliser un vidéo-journal vous permettra d'être le témoin de votre propre transformation. Vous serez capable de regarder en arrière le chemin déjà parcouru, de suivre votre évolution pendant les 100 prochains jours, et de vous émerveiller de la vie que vous avez créée.

Surfer sur le site du Défi des 100 jours

Le site du défi des 100 jours compte des milliers de participants qui, comme vous, souhaitent transformer leur vie. Alors, faites-y un tour régulièrement, regardez les vidéo-blogs des participants, lisez leurs blogs, écrivez, commentez, encouragez et partager vos succès et vos défis. C'est une communauté de cœur, et le site a une superbe énergie qui permet d'aller de l'avant et de croire en la nature humaine, en soi et en ses rêves, alors allez-y.

Visionner la vidéo du jour de Sonia & Lilou

Peut-être souhaitez-vous opter pour un accompagnement quotidien en vidéo. Une vidéo par jour, 100 vidéos en tout, à commencer au jour 1 de votre Défi des 100 jours (si vous commencez en cours de route, alors contactez directement lateledelilou@gmail.com). Chaque vidéo est un super rappel qui donne vie à l'exercice du jour proposé dans ce cahier et vous donne le maximum de chances d'aller au bout de votre défi et de transformer votre vie. Ces vidéos fonctionnent parfaitement avec ce cahier, car Sonia et Lilou vous expliquent votre défi du jour. Pour en savoir plus, visitez www.lecoachingdelilou.com/soniachoquette.

Tirer une carte de tarot ou d'un autre jeu

Peut-être avez-vous des jeux de cartes, de tarot, d'anges, d'intuition ou les cartes du Défi des 100 jours ou de Sonia. Tirer une carte pour la journée fait partie des pratiques proposées pour vous guider et booster votre intuition au cours de ces 100 jours.

Autre

C'est à vous d'établir une liste de ce que vous désirez mettre en place ce jour-là : yoga, EFT (*Emotional Freedom Techniques*), balade en nature, épigénétique, alimentation saine, etc. Vous pourrez lister autant de pratiques que vous voulez pour la journée.

Conseils pour un super Défi des 100 jours

Voici quelques conseils pour faire un super Défi des 100 jours.

1. Participez dans l'anonymat ou sur le site, c'est à vous de choisir !
2. Les réponses sont en vous.
3. Tout va se mettre en place. Commencez !
4. Faites un tableau de vision et regardez-le régulièrement.
5. Regarder des vidéos des participants et encouragez-les.
6. Partager authentiquement vos leçons, défis, manifestations et succès.
7. Participez de manière régulière.
8. Si vous loupez quelques jours ou semaines, reprenez là ou vous en étiez.
9. Prenez l'habitude de créer une intention quotidienne.
10. Lisez les témoignages des participants en fin de cahier.
11. Laissez-vous guider par votre intuition et laissez-la se développer naturellement et spontanément.
12. Ne forcez pas les choses.
13. Transformez tout avec la gratitude.
14. Soyez de délicieux cocréateurs, réalisez vos capacités et votre potentiel divin.
15. Sortez de votre zone de confort.
16. Donnez-vous de l'amour, de la bienveillance et de la compassion.
17. Apprenez de vos échecs.
18. Acceptez de ne pas savoir comment.
19. Faites-le avec des amis ou de la famille.
20. Fun, fun, fun. Tout cela est un jeu ! La transformation doit rester fun !
21. Soyez de plus en plus vous-même.

Pourquoi des défis ?

Vous allez naturellement rencontrer des défis au cours de votre Défi des 100 jours ! Fêtez-les, car c'est une bonne nouvelle ! Cela veut dire que vous êtes prêt à passer à la prochaine étape. Acceptez autant que possible ce que vous traversez, demandez de l'aide, faites un vidéo-blog sur le site du Défi pour en parler (surtout si nous n'avez pas la solution), prenez du temps dans la nature, faites une retraite mais avancez et explorez. Posez-vous les questions suivantes : « Qu'est-ce que j'ai à apprendre ici ? Quelle est l'opportunité qui m'est proposée pour grandir et évoluer ? Pour me transformer ? Pour développer mon intuition et m'affirmer ? »

C'est en allant au-delà de ces défis que vous allez vous transformer. Les défis que nous rencontrons sont parfaits pour nous. Ils nous paraissent insurmontables mais ils cachent souvent de merveilleux cadeaux.

Vous avez rêvé d'une vie meilleure, d'une transformation ? Et si la vie vous envoyait ce défi pour justement accéder à vos rêves afin de gagner en clarté, en amour et en respect pour vous-même, en patience, en confiance, en intuition et en créativité ?

Aller au bout du Défi

Certains préfèrent ne pas commencer le Défi par peur de ne pas le finir ou de ne pas le faire correctement. Alors, votre défi est de commencer le Défi des 100 jours. Certains rencontreront leur défi plus tard au cours des 100 jours. Leur enthousiasme les pousse à démarrer beaucoup de choses au bout desquelles, malheureusement, ils n'iront pas. Quel que soit votre cas, donnez-vous toutes les chances de réussir votre Défi des 100 jours. Vous allez rapidement vous observer et comprendre ce qui fonctionne pour vous. C'est une délicieuse aventure et, dès que vous êtes confronté à une nouvelle situation, un challenge, voyez cela comme une opportunité. De nouvelles solutions, de la clarté, des idées, des rencontres vont en découler. Acceptez ! Ne résistez pas à ce qui est, et le défi se transformera et vous aussi ! OSEZ !

Je vous conseille dès maintenant de noter dans tous vos agendas et calendriers – papier et électronique –, la date finale, le jour 100 de votre Défi. Vous pouvez également noter vos jours 25, 50 et 75 afin de faire quelques bilans au cours de ces 100 jours.

Il est important de continuer jusqu'au bout même si vous avez l'impression de ne pas avoir commencé correctement. Les perfectionnistes se reconnaîtront ici. Le début du Défi peut être lent ou calme. Peu importe. Ne vous jugez pas. Continuez là où vous en êtes. Il est important de finir puis de recommencer dans 100 jours une nouvelle saison.

Vos objectifs, votre évaluation, votre bilan des 100 jours seront clairs, et vos idées pour votre prochaine saison plus proches de la réalité, et en même temps de l'extraordinaire à expérimenter pour VOUS. Vous serez plus doux avec vous-même et plus heureux. Rappelez-vous que la transformation personnelle se met

> « Nombre d'échecs sont liés à des personnes qui ont abandonné, sans réaliser à quel point elles étaient proches du succès. »
>
> Thomas Alva Edison

en place pas à pas. Nous pouvons avoir de grandes révélations à certaines étapes de notre vie, mais, pour la plupart d'entre nous, c'est à chaque pas et à chaque décision prise en toute conscience que notre vie se transforme.

Quelques conseils et idées pour faire face aux idées négatives et au stress

1. Gratitude

Pendant les trente prochaines minutes, pensez gratitude ou voyez le mot gratitude devant vos yeux, en grandes lettres dorées, pour chaque chose qui est sur votre chemin. Une tasse de thé que l'on vous offre, un ordinateur, une chaise, une tasse de thé, un email, une bougie, un sourire, une douche, un bureau, une plante, le ciel, le soleil : tout devient gratitude. Ceci est une pratique très efficace et facile à mettre en place.

2. Vidéo-blog et blog

Enregistrez un vidéo-blog ou écrivez un blog pour décrire vos émotions, ce que vous ressentez, ce qui se passe en ce moment dans votre vie. Vous n'avez pas besoin de trouver une solution. Le simple fait d'en parler, que vous postiez ou non sur le site, vous fera le plus grand bien. Vous pouvez aussi prendre votre journal et écrire en toute intimité ce qui se passe.

3. Tableau de vision : contempler ou créer

Si vous avez déjà un tableau de vision, allez le chercher et observez-le. Essayez de ressentir les émotions positives que le collage que vous avez créé vous inspire. Relaxez-vous et passez cinq à dix minutes en contemplant votre tableau.

4. Bougez : nature, mouvement, danse

Allez marcher les trente prochaines minutes (ou même dix minutes), en pleine nature si possible ou dans la rue. Bougez. C'est le principal. Si vous êtes chez vous, mettez de la musique et commencez à bouger votre corps.

5. Méditation et visualisation

Arrêtez toute activité et écoutez une méditation ou visualisation guidée sur internet. Respirez profondément. Détendez-vous et relaxez-vous pendant les dix prochaines minutes. Il vaut mieux ne rien faire dans la peur. Ne soyez pas impatient. Il n'y a pas d'urgence, sauf si quelqu'un à côté de vous, ou vous-même, est en danger de mort. Relaxez-vous et retrouvez le calme et la paix intérieure.

6. Création d'une nouvelle intention

Créez une nouvelle intention pour le reste de la journée. Créez une intention pour que les choses se passent bien, que la communication soit claire et compréhensible. Créez une intention pour attirer à vous des solutions. Laissez la vie faire ensuite. Ayez confiance.

7. Reposez-vous

Prenez du temps pour vous, pour ne rien faire, ou prendre un bain, vous mettre sous la couette. Il y a des jours où nous avons simplement besoin de nous créer un petit nid et être doux avec nous-mêmes par rapport aux changements que nous traversons. Quelle que soit votre situation, offrez-vous de la bienveillance.

Le site internet du Défi des 100 jours

Description

Le site du Défi des 100 jours www.defides100jours.com est un site comptant de milliers de participants dans le monde désirant transformer leur vie au quotidien. L'énergie du site inspire aux rencontres, aux progrès, au partage.

Pour accéder au contenu, vous devez créer un profil sur le site. Vous aurez ensuite accès aux participants et au contenu.

Il est important de savoir que, le site étant dans le domaine public, les personnes souhaitant l'anonymat tout en participant peuvent se créer un profil avec une photo d'animal, d'objet ou de personnage féerique et utiliser un nom qui leur convient.

C'est un site qui est composé de plusieurs parties dont :

- une liste des participants ;
- une liste des groupes créés par les participants, par thème ;
- les vidéo-blogs et blogs des participants ;
- un forum de discussion et questions-réponses ;
- des conversations en direct avec d'autres participants connectés.

Une fois inscrit sur le site, vous recevrez une newsletter pour vous informer des nouvelles liées au Défi, des participants de la semaine, des vidéos de la semaine, etc.

Questions-réponses sur l'utilisation du site du Défi des 100 jours

Pour commencer le Défi des 100 jours il vous suffit de créer votre page sur le site www.defides100jours.com. Voici quelques questions fréquemment posées par les participants avant de commencer.

QUESTION 1 : Suis-je obligé de m'inscrire pour savoir en quoi consiste le défi ?

Pour respecter l'intimité de chacun des participants, nous avons préféré réserver l'accès au site aux seuls participants. Créer une page est, cela dit, simple et rapide. Vous pourrez ainsi lire les blogs, voir les vidéos des participants et en apprendre plus sur le Défi des 100 jours. Vous pouvez aussi retrouver de nombreux vidéo-blogs de Lilou Macé, cofondatrice du site sur un de ses Défis des 100 jours : http://tinyurl.com/blogliloudefi.

QUESTION 2 : Vais-je être obligé de faire des vidéos ou de publier du contenu sur Internet ?

On peut faire le Défi sur ce site (en vidéo, en blog ou en publiant des photos), mais on peut aussi le faire sur le cahier d'exercices ou sur un journal intime chez soi, en privé. Pour plus de résultats, il est conseillé de partager avec le reste des participants sur le site et, dans cette même démarche, par écrit ou en vidéo ses résultats, ses défis, etc.

QUESTION 3 : Qui peut voir mon profil ?

Seules les personnes qui participent au Défi ont accès aux profils. Cela dit, ce site fonctionne comme un réseau social et est sur Internet, et donc dans le domaine public. Vous pouvez aussi décider de poster votre profil en anonyme en vous choisissant un avatar afin de ne pas dévoiler votre identité.

QUESTION 4 : Je préfère attendre encore un mois ou deux parce que je ne sais pas quel objectif me fixer. Comment choisir ? Comment savoir ce qu'on désire ?

Oui, c'est à vous de décider, mais il est conseillé de se fixer une date finale dès le départ. L'objectif du premier Défi pourrait être de découvrir ce que l'on désire ou souhaite dans sa vie. Le Défi des 100 jours consiste à vivre sa vie pleinement et donc à se redécouvrir. Il est donc recommandé de commencer au plus tôt. Si vous avez besoin d'un soutien quotidien, allez voir www.lecoachingdelilou.com.

QUESTION 5 : Je n'ai pas encore le temps de m'investir dans la rédaction d'un journal. Combien de temps quotidien cela demande-t-il ?

Certains participants sont très actifs, d'autres moins. Il n'y a pas d'obligation. C'est à vous de voir et de comprendre ce qui fonctionne pour vous et la régularité qui vous convient. Prendre quelques minutes en début et en fin de journée est idéal.

Comment faire pour ajouter un vidéo-blog au site du Défi des 100 jours?

Ajouter une vidéo sur le site du Défi des 100 jours est simple. Au début, cela peut paraître compliqué, mais vous allez rapidement prendre vos marques.

1. Créez votre page sur le site www.defides100jours.com. Pour cela, rendez-vous sur le site, cliquez sur « S'inscrire » à droite du site, puis suivez les étapes pour créer votre compte. Vous pourrez alors ajouter votre photo (ou avatar), des informations sur vous, vos intentions, etc.

2. Choisissez un moyen d'enregistrement pour vos vidéos: téléphone portable, ordinateur, caméra, appareil photo, etc.: faites au plus simple! Ne vous compliquez pas la vie. J'enregistre mes vidéo-blogs depuis mon ordinateur portable ou mon iPhone. Le téléphone est le plus simple, car cela me permet de trouver un endroit au calme, isolé, où je peux me filmer dès je suis inspirée. C'est très simple, et vous pouvez directement mettre votre vidéo sur YouTube depuis le téléphone. Si vous rencontrez un défi au niveau technique, alors relevez-le! Demandez à un adolescent de votre famille ou à un ami de vous aider. Demandez de l'aide! Vous en avez tout autour de vous!

3. Enregistrez-vous. Faites votre vidéo-blog avant le début de votre Défi ou pendant. Voici un exemple de jour 1: http://tinyurl.com/jour1lilou. Il n'est pas indispensable d'éditer vos vidéo-blogs. Si vous êtes à l'aise avec la technologie, alors vous pouvez ajouter un générique de début, tel que celui-ci si

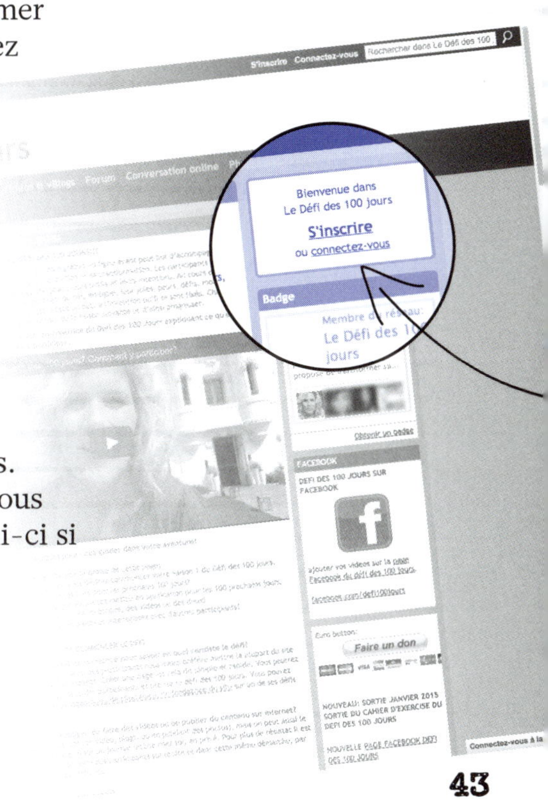

vous le souhaitez : http://tinyurl.com/introdefi. Téléchargez cette intro ici : http://tinyurl.com/telechargerintrodefi.

Vous pouvez ajouter des images, bannières, titres. Sur les portables Apple, iMovie permet d'ajouter facilement ces éléments, mais cela peut prendre beaucoup de temps. Rappelez-vous que le principal est de mettre la vidéo en ligne et non pas de créer une surcharge de travail ! Plus tard, quand vous serez plus à l'aise avec le Défi des 100 jours, vous pourrez explorer les montages.

4. Une fois votre vidéo enregistrée et mise en ligne sur un site tel que YouTube, vous copiez le lien de la vidéo et l'ajoutez sur le site. Pour cela, cliquez sur le lien « Vidéos » dans la navigation du haut, collez le lien de votre vidéo, puis cliquez sur « Ajouter une vidéo ». Votre vidéo sera alors sur le site du Défi des 100 jours et cela permettra à d'autres participants de vous découvrir, de vous encourager et de vous soutenir.

Certains des vidéo-blogs sont mis en avant sur le site. Vous trouverez de nombreux vidéo-blogs et autant de participants s'essayant aux vidéo-blogs tout comme vous !

Voici le témoignage d'Anne-Sophie Pau, participante depuis de nombreuses saisons, qui a pris son envol avec assurance de manière totalement unique. Vous retrouverez de nombreux témoignages à la fin de ce livre. Ceci est très inspirant ! Alors, à vos caméras !

« Bon nombre de personnes vous le diront, le fait de faire des vidéos facilite grandement la mise en marche de la machine. Nous nous retrouvons face à nous-mêmes, mais également face aux autres par rapport aux objectifs que nous nous fixons. Les vidéos sont plus explicites qu'un billet écrit, car les émotions des autres participants sont visibles. Les vidéos créent une dynamique, un enthousiasme important. J'y suis devenue rapidement accro, même si, au fur et à mesure des saisons, le nombre de vidéos diminue. »

Anne-Sophie Pau
www.defides100jours.com/profile/AnneSophiePau

Comment utiliser les réseaux sociaux pour vivre son potentiel?

Les réseaux sociaux peuvent être de fantastiques outils de partage et de développement personnel. Nous ne comprenons pas toujours leur importance et leur impact positif, mais si vous utilisez **Facebook** (www.facebook.com) et **Twitter** (www.twitter.com), vous pouvez poster les vidéos de votre Défi des 100 jours ou y placer des articles et autres vidéos intéressantes à partager. Pour partager une vidéo sur Facebook, il vous suffit de faire un copier-coller. Vos amis pourront alors partager sur leurs pages vos avancées dans votre Défi et vous encourager. N'hésitez pas à demander à vos amis ce dont vous avez besoin. Ils ne savent pas toujours comment vous soutenir et nous pouvons être déçus de ne pas avoir leur soutien. Un petit mot de demande d'encouragement sur Facebook peut nous permettre de recevoir ce dont nous avions tant besoin.

Le Défi des 100 jours a plusieurs pages et groupes sur Facebook.

En cela, le **site du Défi des 100 jours** (www.defides100jours.com) est un réseau social tourné vers le développement personnel et l'éveil, et va donc vous permettre de socialiser en ligne avec d'autres personnes désirant elles aussi progresser dans leur vie et vous soutenir.

Vous, les participants désirant faire des vidéos, avez la possibilité d'enregistrer facilement depuis votre téléphone ou votre ordinateur une vidéo et de la mettre directement sur une chaîne YouTube (www.youtube.com) gratuitement. La vidéo peut ensuite être ajoutée sur le site du Défi des 100 jours afin de partager vos aventures avec les autres participants.

Pinterest (www.pinterest.com) est un autre site internet qui permet de partager des images et vidéos qui nous inspirent. Cela peut nous servir de tableau de vision digital plutôt que de faire un collage de magazines comme suggéré dans ce cahier.

http://fr.blog.pinterest.com/post/86310975813/quest-ce-quun-bon-tableau.

Instagram (www.instagram.com) permet lui aussi de partager des photos qui nous inspirent, nous font du bien. J'ajoute moi-même de nombreuses citations et vidéos sur mes comptes Instagram et cela me permet de retrouver la joie de vivre quand je ne suis plus motivée ou inspirée (Lilou sur instagram instagram.com/liloumace et en français www.instagram.com/frlilou).

Comment utiliser le cahier du Défi des 100 jours?

1. Je lis l'affirmation du jour.
2. Je crée une intention : « Mon intention aujourd'hui est de… »
3. J'écoute mon intuition : « Mon intuition aujourd'hui me dit que… »
4. Je relève le défi du jour & bonus.
5. Je note les 5 points clés résumant l'exercice du jour.
6. Je note mes résultats et succès : « Aujourd'hui, mes résultats/succès sont… »
7. Je note mes observations du jour : « Aujourd'hui, j'ai observé, appris, compris que… »
8. Je note ce pour quoi je suis reconnaissant : « Aujourd'hui, je suis reconnaissant pour 5 choses, événements, personnes. »

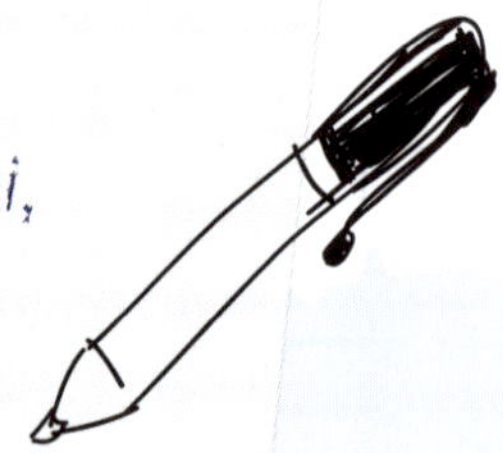

1 Je lis l'affirmation du jour

Tous les jours, en début de notre journée, en haut de notre page, se trouve l'affirmation du jour. Celle-ci correspond au thème de la journée. Elle a la puissance de vous accompagner tout au long de votre journée. Si vous le souhaitez notez-la sur un post-it, sur votre agenda, sur votre portable ou tout simplement répétez-la, tel un mantra, au long de la journée.

2 Je crée une intention

« Mon intention aujourd'hui est... »

L'intention est très puissante. Vous allez découvrir, tout au long de ce Défi, la puissance de créer des intentions quotidiennement et la tester pour vous-même.

L'intention de votre Défi est de développer votre intuition, mais l'intention du jour peut être d'avoir confiance en vous ou de vous sentir libre d'agir, ou bien d'être productif et délicieusement vous-même ! Tous les jours, sur ce cahier, vous serez amené à noter notre intention. C'est une bonne habitude à prendre.

La puissance de formuler une intention en début de journée ou avant un meeting, pour trouver une solution, est énorme ! Testez-le par vous même tel un jeu et soyez ouvert aux résultats. Prenez confiance en vous et en la vie.

Pensez que la vie conspire pour accomplir votre intention et jouez, enquêtez, soyez ouvert et attentif. **L'intention devient alors un contexte dans lequel on peut donner le meilleur de soi-même, en ayant confiance que le meilleur scénario possible pour nous se manifeste**. C'est un sentiment de liberté, de créativité et de joie.

Bien entendu, il est important que ces intentions viennent du **cœur**, et plus elles seront **alignées avec notre vraie nature**, plus elle se manifesteront rapidement, aussi incroyables puissent-elles paraître de l'exterieur. Vous ne doutez plus, vous n'avez plus besoin de vous prouver que vous avez raison, vous savez que tel est le résultat, vous ajoutez et vous manifestez des moments de pur bonheur !

L'intention émet un signal à la vie sur la réalité que nous souhaitons vivre. Une fois l'intention prononcée, lâchez prise.

Mais avant tout, il est important que les intentions ne deviennent pas une obsession. Avoir confiance en soi et en la vie est un des grand enseignements du Défi des 100 jours.

Il n'y a pas de doute à avoir, car tout ce que vous allez expérimenter à partir de là sera précisément ce que vous devez expérimenter afin de vous faire grandir et évoluer. S'il y a doute, la confiance n'est pas établie et il faut y travailler.

Une fois l'intention formulée, à voix haute, à voix basse ou par écrit, laissez faire les choses ! C'est probablement le plus difficile à comprendre et à faire au début. Sentez le résultat final accompli et soyez serein. Suivez ensuite les idées et conseils qui vont venir à vous et auxquels vous pensez. **C'est important de ne pas être obsédé par la manière, la façon dont l'intention va se réaliser.** Le but est d'être serein et relax, d'être en confiance, de ne pas avoir de doutes, de savoir que sur un plan quantique cette intention est déjà manifestée. Sinon, il est important de reformuler votre intention afin d'attendre confortablement et sereinement sa manifestation. Commencez par une intention simple et prenez confiance jour après jour.

Exemples d'intention pour la journée : **« Mon intention aujourd'hui est… »**

- D'être productif et créatif.
- D'attirer des miracles.
- D'être dans la joie et la bonne humeur.
- D'être ouvert aux synchronicités et aux signes.
- De vivre dans l'abondance.
- D'avoir un cœur ouvert.
- De percevoir le monde avec mon sixième sens.
- D'écouter et d'agir selon mon intuition.
- D'être guidé.

3 J'écoute mon intuition

« Mon intuition aujourd'hui me dit que… »

Tous les jours (idéalement le matin en début de journée), notez votre intuition du jour dans ce cahier. Trouvez un endroit calme, placez vos mains sur votre cœur, fermez les yeux et tout simplement demandez-vous : « Qu'est-ce que mon intuition me dit aujourd'hui ? » Souvent, l'information vient immédiatement. « Mon intuition me dit que je vais passer une super journée », « que je vais attirer à moi de nouvelles rencontres et solutions », « que tout est en ordre ». Au début de ce Défi spécial intuition, vous serez peut-être timide quant à cette section de votre cahier, mais jour après jour, exercices après exercices et défis après défis, vous allez renouer avec votre intuition et vous allez aimer cet exercice et mieux comprendre comment votre intuition fonctionne. Soyez doux avec vous-même.

Exemples d'intuition pour la journée : **« Mon intuition aujourd'hui me dit que... »**

- Je suis au bon endroit, au bon moment.
- Je suis guidé.
- C'est une journée magique.
- Je dois être prudent et attentif lors de la réunion.
- Il serait bien d'avoir une conversation avec mon patron.
- Le partenariat qui a été proposé est bénéfique, mais il me faut être vigilant.
- Je vais bientôt rencontrer mon partenaire de vie.
- Je suis en phase avec mon projet de vie.
- J'ai besoin de prendre du temps pour moi.
- Je dois avoir du discernement.
- Je suis prêt à renouer avec mon intuition.

4 Je relève le défi du jour

Tous les jours, nous vous proposons un exercice du jour. Celui-ci est expliqué en détail. Faites tout l'exercice, une partie de cet exercice et, si vous êtes super motivé, alors faites aussi le bonus. Nous vous recommandons de faire la totalité de l'exercice, et de le vivre tout au long de la journée. Notez sur votre journal intuitif ce que vous observez, ainsi que sur ce cahier. Chaque jour, nous vous proposons un thème. Tout au long de ces 100 jours, ces exercices stimuleront votre intuition et vous permettront de renouer avec votre intuition et de la développer de manière exponentielle. C'est une de vos capacités naturelles et innées.

5 Je note les 5 points clés résumant l'exercice du jour

Découvrez-vous un peu plus tous les jours et notez dans cette partie de votre cahier ce que vous avez appris et souhaitez mettre en place de manière régulière grâce à l'exercice du jour. Apprendre par et pour soi-même, en notant ces résultats et leçons, vous permettra de jouir encore plus rapidement de vos capacités intuitives.

6 Je note mes résultats et succès

« Aujourd'hui, mes résultats/succès sont... »

Notez ici tout ce que vous avez attiré à vous, vos résultats et vos succès. Cela peut être d'avoir passé un coup de fil important, de rendre un livre, d'avoir pris un bain d'eau salée, d'avoir dansé, d'avoir pardonné, d'avoir rendu service, etc. Notez tous les moments et choses que vous avez accomplis, petits ou grands, qui vous ont procuré du plaisir, ou pour lesquels vous avez transcendé une ou des difficultés. C'est important de remplir cette partie le soir même ou le lendemain matin, voire même de le faire quelques jours plus tard si vous n'avez pu remplir votre cahier avant. C'est un moment de bilan qui vous donnera confiance en vous, de vos capacités intuitives mais aussi des synchronicités qui s'opèrent pour vous permettre de vivre votre intention du jour et vos intentions pour ce Défi des 100 jours.

7 Je note mes observations du jour

« Aujourd'hui, j'ai observé, appris, compris que... »

Notez ce que vous observé dans la journée, ce qui a fonctionné et moins bien fonctionné. Cette partie propose un moment d'écriture et de réflexion, tel que vous le feriez dans un journal intime. Autorisez-vous à devenir votre propre coach et à exprimer ce qui est important pour vous et ce que vous observez. Essayez de ne pas vous juger, simplement de noter.

8 Je note ce pour quoi je suis reconnaissant

« Aujourd'hui, je suis reconnaissant pour 5 choses, événements, personnes... »

Notez tout ce pour quoi et pour qui vous êtes reconnaissant. Cela peut être lié à votre journée ou dans votre vie. Je suis reconnaissant pour Nico, ma mère, mon chat, d'avoir un toit sur la tête, d'avoir pris une bonne douche chaude, d'avoir de bons amis, d'avoir eu du courage, etc. La gratitude est essentielle dans votre transformation et pour attirer vos rêves et intentions. Cela vous inspire, vous permet de voir le bon et d'augmenter vos capacités intuitives et de manifestations.

Commencer le Défi des 100 jours

Préparation

Voici quelques-uns de nos conseils pour se préparer au Défi des 100 jours. Ceci n'est en aucun cas obligatoire. Il n'y a pas de règles. C'est votre Défi !

Cahier

Lisez les premières pages de ce cahier. Elles vous expliqueront ce qu'est le Défi des 100 jours, comment utiliser ce cahier au quotidien, comment aller au bout, et les outils et pratiques. Il est donc conseillé de commencer par lire les pages qui précèdent celle-ci avant de commencer. Ce cahier va vous guider au jour le jour dans votre Défi des 100 jours.

Site

Enregistrez-vous sur le site du Défi des 100 jours (www.defides100jours.com), si cela n'est pas déjà fait. Créez votre profil, ajouter votre date de début du Défi des 100 jours et le jour de fin, notez vos intentions (pour vous, il y aura au moins une intention qui est de développer votre intuition).

Vous serez alors connecté à une gigantesque et délicieuse communauté de cocréateurs francophones dans le monde. Par cocréateurs, nous entendons des personnes qui se pensent créateurs de leur vie en cocréant de manière positive, dans l'amour, avec les autres, avec la vie, leur quotidien. Pour plus d'explications sur la cocréation, retrouvez le TEDx de Lilou sur Youtube.

Vidéo du jour : Mon TEDx sur la cocréation et ses clés fondamentales. http://tinyurl.com/tedxlilou.

Espace

Réservez-vous un espace privé. Cela peut être chez vous, dans votre chambre, dans le salon, dans votre bureau, dans votre jardin ou dans un parc à proximité. Choisissez un lieu où vous vous sentez à l'aise et en paix. Personne ne vous dérangera. Créer vos intentions pour votre journée, méditer, faire le bilan de votre journée sur votre cahier ou enregistrer des vidéo-blogs seront aussi plus faciles à faire dans un espace privé sans distractions. Les différents outils et exercices proposés tout au long de ces 100 jours demanderont votre concentration. Cet espace devrait idéalement représenter votre espace intérieur, conjuguant beauté, joie et sérénité.

Journal

Achetez et sélectionner un journal intime, journal intuitif, cahier de brouillon ou autre cahier pour écrire vos idées, pensées, notes et exercices. Il vous sera nécessaire tout au long de ces 100 jours. Il vous donnera envie d'écrire et il est très probable que vous allez souhaiter le conserver à long terme, car il représentera, tout comme ce cahier, une partie de votre vie, et pas des moindres. En plus d'être un cahier d'écriture, vous pourrez y coller, tout comme sur ce cahier, des photos, des images, des autocollants, mais aussi crayonner, colorier, le personnaliser.

Tableau de vision

Une des pratiques proposées dans ce Défi (et non imposée) consiste à vous confectionner un « tableau de vision », c'est-à-dire tout simplement un collage représentant tout ce que vous souhaitez vivre et expérimenter. Les tableaux de ce genre sont des outils très puissants, qui sont également faciles et amusants à faire. Prenez quelques magazines. Peu importe qu'ils soient récents ou anciens : vous pouvez en récupérer n'importe où. Feuilletez-les et dénichez-y des images qui vous font du bien et qui représentent ce à quoi vous aspirez. Par exemple, si vous souhaitez davantage de rires dans votre existence, découpez des photos de personnes partageant joyeusement un dîner convivial. Notez que vous n'avez pas besoin d'avoir les idées parfaitement claires avant de commencer à couper et à coller des images. C'est le processus même qui vous conduira à la clarté. Vous pouvez même représenter ici, sur votre tableau, votre intuition en image !

Collez sur les deux pages suivantes certaines images qui vous inspirent. Vous pouvez compléter cette page tout au long du Défi des 100 jours.

MON TABLEAU

DE VISION

Caméra

Si vous avez décidé de vous filmer pour enregistrer votre Défi des 100 jours, préparez votre caméra, webcam ou smartphone. D'après notre expérience, le moyen le plus facile de se filmer est d'utiliser le téléphone portable et de mettre en ligne directement, sans montage, sur YouTube. Vous pourrez ensuite l'ajouter sur le site du Defi des 100 jours facilement, grâce au lien de cette vidéo. Un seul mot d'ordre : ne compliquez pas les choses. Cela doit être simple et facile. Vous allez peut-être vous heurter à des difficultés techniques au début, mais passez outre car cela va vous ouvrir les portes d'un tout autre monde. Si vous filmer est une trop grande étape de début de Défi, commencez par bloguer sur le site du Défi des 100 jours (www.defides-100jours.com) et ensuite, quand vous vous sentirez à l'aise, filmez-vous. Se filmer est une très belle étape et permet d'accéder à un autre niveau de clarté, de courage et de manifestations. Les vidéoblogs sont donc très pratiques pour partager ce que l'on apprend et aussi partager ses peurs et ses succès. C'est un outil très pratique et efficace.

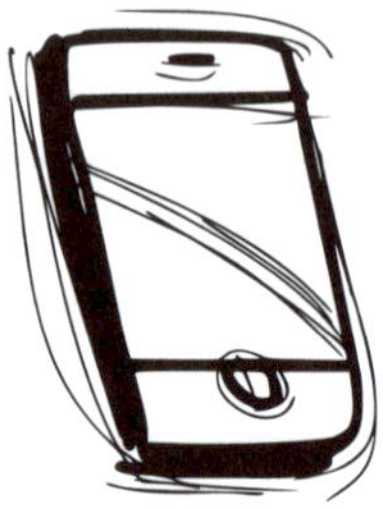

Le coaching de Lilou et de Sonia

Pour ceux qui souhaitent avoir plus de soutien, ce programme de vidéo-coaching est idéal ! Il commencera au début de votre Défi des 100 jours et vous recevrez une vidéo par jour, correspondant à l'exercice du jour, des vidéos uniques de Lilou et de Sonia réunies pour vous soutenir sur ce Défi spécial intuition.

Faites-le ! Il a été conçu pour vous.

Chaque vidéo dure entre cinq et dix minutes, et offre exemples, défis, bonus, motivation et fun. Elle donne vie aux exercices contenus dans ce cahier et permet de bénéficier au maximum de ces 100 jours. Vous aurez également accès à la plateforme de vidéos, au forum de discussions et aux commentaires des participants pour chaque exercice du jour.

Pour voir la vidéo de présentation de ce programme ou vous enregistrer, visitez www.lecoachingdelilou.com/soniachoquette.

Mon Défi des 100 jours

Mes objectifs et mes intentions SPÉCIAL INTUITION

Mon INTENTION est de renouer avec mon intuition et de la développer en 100 jours. Je m'engage à donner le meilleur de moi-même.

Je note ici les raisons pour lesquelles je souhaite développer mon intuition, pourquoi je pense que c'est important et en quoi cela peut m'aider au quotidien :

Au-delà de votre intention de développer votre intuition en 100 jours, vous avez ici la possibilité, si vous le souhaitez, d'ajouter d'autres objectifs et intentions sur ces 100 jours. Vous aurez l'occasion tout au long du Défi des 100 jours de revisiter cette page et de faire des changements. Pour le moment, prenez simplement un moment pour vous-même, dans une pièce au calme, et commencez à écrire ce que vous aimeriez vivre, découvrir, manifester, expérimenter tout au long de ce Défi des 100 jours. Si vous n'êtes pas clair sur vos intentions, sur ce que vous aimeriez vivre, cela n'est pas un souci, car les nombreux exercices tout au long du Défi des 100 jours vont vous aider à gagner en clarté.

Exemples d'intentions pour le Défi des 100 jours :

- Découvrir et vivre mon potentiel dans tous les domaines, tous les jours.
- Vivre avec un cœur ouvert.
- Trouver ma paix intérieure.
- Attirer l'homme/la femme de ma vie.
- Me remettre en forme.
- Développer mon intuition.
- Être abondant.
- Être heureux et de bonne humeur tous les jours.
- Écrire un livre.
- Partir en vacances dans un endroit paradisiaque.
- Trouver un logement dans lequel je me sente bien, en paix et inspiré.

À la fin du Défi des 100 jours, mes intentions suivantes et mes objectifs suivants seront vécus et manifestés :

1. Mon INTENTION est de développer mon intuition en 100 jours.
Je m'engage à donner le meilleur de moi-même.

2.

3.

4.

5.

6.

7.

8.

Mes intentions revisitées au cours du Défi des 100 jours

Vous pouvez ajouter ici, au cours des semaines et des mois de votre Défi des 100 jours, votre vision élargie, vos intentions et objectifs revisités. Les raisons sont nombreuses : vous avez déjà atteint vos objectifs, vos intentions sont réalisées, vous n'y trouvez pas de satisfaction, vous souhaitez que ceux-ci soient plus généraux afin d'être dans la découverte plutôt que la certitude, ou bien vous souhaitez revisiter vos intentions pour les rendre plus tangibles et réelles afin de réussir votre Défi des 100 jours comme vous l'entendez. À vous de voir si vous souhaitez utiliser cette page ou pas. C'est votre Défi des 100 jours, votre cahier d'exercices.

1.

2.

3.

4.

5.

C'est parti !

Vous êtes prêt à transformer votre vie ?

À développer votre intuition ?

Il est maintenant temps de commencer votre Défi des 100 jours.

Prêt ?

Partez !

Lancez-vous !

Partie 1

Au-delà des illusions

Date __/__/____

Lieu ___________

JOUR 1

Mettez vos certitudes au défi

Affirmation du jour :

«Je mets au défi mes certitudes pour en évaluer la vérité.»

Rien de plus facile que de croire ce que l'on raconte sur les autres, le monde et même sur soi-même, ce qui est erroné, négatif, démoralisant et limitatif pour l'esprit. On a surtout tendance à faire cela si l'on a grandi au contact d'attitudes négatives, que ce soit perçues chez nos parents, nos professeurs ou toute autre figure d'autorité. Et lorsque l'on succombe au sortilège de telles convictions et histoires, aussi négatives qu'éloignées de la vérité, on se déconnecte complètement de son intuition en l'empêchant de ce fait de contribuer à son bonheur.
Par exemple, vous croyez peut-être ce genre de choses : «Ma vie est un enfer, et je n'ai aucune option.»

Cependant, même si votre vie vous semble être un enfer, ce n'est pas vrai que vous n'avez aucune option. Ce qui est vrai, c'est que les options sont à la disposition de ceux qui les cherchent. Si vous croyez au mensonge qu'elles n'existent pas, vous ignorerez votre intuition quand elle vous indiquera une opportunité, et vous resterez englué dans votre malheur.
Ce principe s'applique à toutes les histoires fausses auxquelles vous croyez.

Mon intention

aujourd'hui est de...

Mon intuition

aujourd'hui me dit que...

Défi du jour 1

Par conséquent, ce défi vous demandera aujourd'hui d'**examiner vos certitudes** pour déterminer si elles sont vraies, et par «vraies», nous préciserons: incontestablement. Mettez-les au défi. S'agit-il de faits véridiques et indiscutables?

Si elles se révèlent vraies, vous sentirez une résonance au plus profond de vous. Si elles ne le sont pas, vous sentirez en vous l'absence de résonance par une subtile vibration désagréable. Si cela se produit, il est temps d'ouvrir votre esprit et votre cœur et de reconsidérer vos convictions.
Mettez particulièrement au défi celles qui vous incitent à vous sentir négatif, démoralisé et piégé.
En se laissant diriger par de fausses convictions, la curiosité naturelle intuitive s'efface, ce qu'il est vraiment préférable d'éviter.

En fin de journée, notez dans votre journal consacré à l'intuition les certitudes que vous avez mises au défi. Quelles sont celles que vous avez découvertes aujourd'hui comme étant erronées? Étiez-vous disposé à y renoncer, ou votre ego a-t-il tenté de s'accrocher à ces croyances limitatrices et néfastes? Êtes-vous vraiment prêt à renoncer à ces croyances qui vous aveuglent et vous entravent, pour permettre à votre intuition de se manifester et de vous transmettre de nouvelles informations qui contribueront à affirmer votre sentiment de puissance personnelle?

Bonus
Vidéo du jour

Branchez votre webcam ou écrivez un blog sur le site du Défi des 100 jours (www.defides100jours.com) et parlez de votre première journée et ce qui vous a ammené à faire ce Défi des 100 jours pour développer votre intuition. Présentez-vous, dites votre âge, votre ville, votre pays et la raison de votre participation. Vous pouvez aussi partager là où vous pensez en être avec votre intuition. Si vous ne souhaitez pas faire un vidéo-blog, alors écrivez un blog.

Je note ici 5 de mes croyances limitatrices:

- [ ] ....
- [ ] ....
- [ ] ....
- [ ] ....
- [ ] ....

Aujourd'hui, je choisis au moins 3 pratiques :

- ☐ Relever le défi du jour
- ☐ Contempler mon tableau de vision
- ☐ Faire de l'exercice ou danser
- ☐ L'affirmation du jour = mantra du jour
- ☐ Méditer, être en silence ou prière
- ☐ Lire ma vision
- ☐ Lire un livre qui m'inspire
- ☐ Tenir mon journal d'intuition
- ☐ Être dans la gratitude
- ☐ Visualiser mes rêves
- ☐ Lire mes intentions du Défi des 100 jours
- ☐ Me réunir avec des délicieux cocréateurs
- ☐ Faire un vidéo-blog ou un blog sur le site
- ☐ Surfer sur le site du Défi des 100 jours
- ☐ Visionner la vidéo du jour de Sonia & Lilou
- ☐ Tirer une carte de tarot ou d'un autre jeu
- ☐ Autre : ....

Aujourd'hui, mes résultats/succès sont

- ☐ ....
- ☐ ....
- ☐ ....
- ☐ ....
- ☐ ....
- ☐ ....
- ☐ ....
- ☐ ....
- ☐ ....
- ☐ ....

Aujourd'hui, j'ai observé, appris, compris que...

....

Aujourd'hui, je suis reconnaissant pour 5 choses, événements, personnes...

- ☐ ....
- ☐ ....
- ☐ ....
- ☐ ....
- ☐ ....

JOUR 2

Date __/__/____

Lieu __________

Identifiez vos expériences intuitives passées

Affirmation du jour :

«Waouh ! J'étais donc déjà intuitif depuis longtemps ! »

De manière surprenante, nous sommes un certain nombre à recevoir constamment des flashs intuitifs. Cependant, on a tellement l'habitude de ne pas en tenir compte qu'on en oublie d'en avoir déjà eu.

Mon intention

aujourd'hui est de...

Mon intuition

aujourd'hui me dit que...

Défi du jour 2

Ce défi vous invite aujourd'hui à vous rafraîchir la mémoire pour constater comment votre intuition a cherché tout ce temps à œuvrer en votre faveur.

Rappelez-vous autant que possible toutes les expériences intuitives que vous avez vécues et relatez-les dans votre journal. Ne fouillez pas dans votre mémoire à la recherche d'expériences d'envergure. Rappelez-vous plutôt de ces petits instants où vous avez été comme frappé d'une illumination, d'un pressentiment, d'une constatation soudaine qui vous a incité à vous dire «Tiens donc!» et ou vous avez réagi instinctivement lors d'un événement passé.

Au début, vous ne vous rappellerez peut-être de rien, alors essayez de vous remémorer ces moments où vous avez pensé à quelqu'un, avant de recevoir un appel téléphonique de la personne concernée ou de la rencontrer par le plus grand des hasards.

Rappelez-vous de ces moments où vous avez perçu comme une mise en garde au sujet d'un individu qui s'avéra effectivement indigne de confiance.
Souvenez-vous de ce moment où, ayant tenu compte d'un pressentiment ou d'une impulsion soudaine, vous avez rencontré un merveilleux ou une merveilleuse inconnu(e), ou êtes tombé par hasard sur une nouvelle opportunité.
Repensez à cet instant où vous avez eu une impression négative ou mauvaise au sujet d'une situation particulière, et que cela se révéla plus tard justifié.
Rappelez-vous comment vous avez réagi par le passé à ces incitations venant de l'intérieur. Avez-vous écouté votre intuition ou n'en avez-vous pas tenu compte? Quelle fut l'issue de votre décision à l'époque?

Bonus Invitez un ou deux amis à relever ce défi en votre compagnie. Seulement, au lieu d'enregistrer par écrit vos expériences, discutez-en en prenant un café.

En procédant ainsi, vous accomplirez trois étapes importantes pour le développement de votre intuition.

Premièrement, vous «ferez sortir l'intuition du placard» et renoncerez à la dissimuler comme si c'était dangereux de l'évoquer. En fait, en partageant ainsi vos expériences intuitives avec d'autres personnes, cela devrait être plutôt marrant et rafraîchissant.

Deuxièmement, en les partageant ainsi entre vous, vous vous aiderez mutuellement à vous souvenir bien plus de celles que vous avez refoulées ou oubliées. En faisant part de vos expériences à autrui, vos capteurs intuitifs seront réactivés.

Troisièmement, en apprenant que les autres ont également vécu des expériences similaires, vous comprendrez qu'en réalité nous sommes tous intuitifs. Il ne nous reste plus qu'à cesser de dissimuler ou d'ignorer ces signaux subtils pour leur prêter vraiment attention et les reconnaître dans notre vie, afin que notre intuition puisse pleinement opérer.

Je note ici 5 façons dont mon intuition cherche à m'aider:

- ☐ ....
- ☐ ....
- ☐ ....
- ☐ ....
- ☐ ....

Aujourd'hui, je choisis au moins 3 pratiques :

- ☐ Relever le défi du jour
- ☐ Contempler mon tableau de vision
- ☐ Faire de l'exercice ou danser
- ☐ L'affirmation du jour = mantra du jour
- ☐ Méditer, être en silence ou prière
- ☐ Lire ma vision
- ☐ Lire un livre qui m'inspire
- ☐ Tenir mon journal d'intuition
- ☐ Être dans la gratitude
- ☐ Visualiser mes rêves
- ☐ Lire mes intentions du Défi des 100 Jours
- ☐ Me réunir avec des délicieux cocréateurs
- ☐ Faire un vidéo-blog ou un blog sur le site
- ☐ Surfer sur le site du Défi des 100 Jours
- ☐ Visionner la vidéo du jour de Sonia & Lilou
- ☐ Tirer une carte de tarot ou d'un autre jeu
- ☐ Autre : ....

Aujourd'hui, mes résultats/succès sont :

- ☐ ....
- ☐ ....
- ☐ ....
- ☐ ....
- ☐ ....
- ☐ ....
- ☐ ....
- ☐ ....
- ☐ ....
- ☐ ....

Aujourd'hui, j'ai observé, appris, compris que...

Aujourd'hui, je suis reconnaissant pour 5 choses, événements, personnes...

- ☐ ....
- ☐ ....
- ☐ ....
- ☐ ....
- ☐ ....

Date __/__/____

Lieu __________

JOUR 3

Retournez-vous vers votre passé

Affirmation du jour :

«Je suis libéré du passé !»

Votre exploration aujourd'hui consiste à revenir sur votre histoire familiale pour savoir si les gens de votre famille étaient ouvertement intuitifs et si, dans votre enfance, leur comportement pourrait avoir eu une certaine influence sur votre aptitude à vous connecter à votre intuition. S'ils l'étaient, alors il y a de fortes chances que vous le soyez aussi. Sinon, vous aurez peut-être à trouver une solution réparatrice pour parvenir à vous y connecter. **Nous sommes tous intuitifs**.

Mon intention

aujourd'hui est de...

Mon intuition

aujourd'hui me dit que...

Défi du jour 3

Posez-vous les questions qui suivent sur votre passé et notez dans votre journal intuitif.

Votre mère était-elle intuitive? Si oui, comment cela se manifestait-il?

Quelle était son attitude envers son intuition? Portait-elle attention à ses sentiments profonds? En a-t-elle déjà parlé? Se méfiait-elle, négligeait-elle ou rejetait-elle l'intuition en général? La tournait-elle en dérision? Par ses réactions, laissait-elle entendre que c'était quelque chose de bizarre? Ou écoutait-elle son sixième sens en n'en faisant aucun secret?

Et votre père? Vos grands-parents maternels? Vos grands-parents paternels? Posez-vous les mêmes questions à leur sujet. Y avait-il quelqu'un dans votre famille qui était ouvertement intuitif, ou qui vous a encouragé à prêter attention à votre intuition et à écouter votre cœur?

Si possible, demandez aux membres de votre famille ce qu'ils pensent du fait d'être réceptifs à leur intuition et pourquoi. Veillez à ne pas essayer de les faire changer d'avis. Vous-même n'en changerez pas ni n'en aurez la nécessité. Contentez-vous de mener avec sensibilité votre petite enquête afin de prendre connaissance de leurs opinions et de comprendre quelles pourraient avoir été les influences positives ou négatives sur votre connexion personnelle à votre intuition. Par exemple, hésitez-vous à l'écouter ou à lui faire confiance, ou la reconnaissez-vous ouvertement seulement devant des personnes en dehors de votre famille, par crainte que vos proches se moquent de vous?

Ou bien, les personnes de votre entourage ne faisant aucun secret du fait d'être intuitives quand vous grandissiez, êtes-vous plus à l'aise avec votre intuition et prêtez-vous attention sans la moindre hésitation à vos sentiments intuitifs?

L'attitude de notre entourage influe considérablement sur notre relation personnelle à l'intuition, qui se développe quand nous nous sentons en sécurité et à l'aise de vivre avec cette faculté.

La bonne nouvelle, c'est que vous n'avez pas à être entravé par les attitudes dont vous avez pu être témoin dans votre enfance. Votre intuition est votre sixième sens naturel, la sagesse venant de votre cœur, et il ne dépend que de vous de décider dès maintenant de prêter attention à cette voix intérieure de votre personnalité authentique, peu importe ce qu'on puisse en penser. **Le simple fait de prendre note des influences passées vous donnera la capacité de CHOISIR d'écouter votre intuition dès aujourd'hui.**

Je note ici 5 influences passées:

- [ ] ....
- [ ] ....
- [ ] ....
- [ ] ....
- [ ] ....

Aujourd'hui, **je choisis** au moins **3 pratiques** :

- ☐ Relever le défi du jour
- ☐ Contempler mon tableau de vision
- ☐ Faire de l'exercice ou danser
- ☐ L'affirmation du jour = mantra du jour
- ☐ Méditer, être en silence ou prière
- ☐ Lire ma vision
- ☐ Lire un livre qui m'inspire
- ☐ Tenir mon journal d'intuition
- ☐ Être dans la gratitude
- ☐ Visualiser mes rêves
- ☐ Lire mes intentions du Défi des 100 jours
- ☐ Me réunir avec des délicieux cocréateurs
- ☐ Faire un vidéo-blog ou un blog sur le site
- ☐ Surfer sur le site du Défi des 100 jours
- ☐ Visionner la vidéo du jour de Sonia & Lilou
- ☐ Tirer une carte de tarot ou d'un autre jeu
- ☐ Autre : ....

Aujourd'hui, **mes résultats/succès** sont

- ☐ ....
- ☐ ....
- ☐ ....
- ☐ ....
- ☐ ....
- ☐ ....
- ☐ ....
- ☐ ....
- ☐ ....
- ☐ ....

Aujourd'hui, j'ai **observé, appris, compris** que...

Aujourd'hui, je suis **reconnaissant** pour 5 choses, événements, personnes...

- ☐ ....
- ☐ ....
- ☐ ....
- ☐ ....
- ☐ ....

JOUR 4

Date __/__/____

Lieu ___________

Désencombrez

Affirmation du jour :

«Je donne
ce dont je n'ai plus besoin.»

Un environnement encombré, désordonné, entraîne un mode de vie chaotique et rend encore plus difficile de se connecter à son intuition. Les maîtres zen vivent dans un cadre simple pour une bonne raison. Un environnement désencombré favorise la clarté intérieure.

Mon intention

aujourd'hui est de...

Mon intuition

aujourd'hui me dit que...

Défi du jour 4

Ce défi vous demandera aujourd'hui d'éliminer de votre vie autant d'**encombrement inutile** que possible. Débarrassez **votre placard** et donnez ce qui ne vous sert plus ou ce dont vous n'avez pas besoin, et surtout ce qui ne vous met plus du baume au cœur. Si vous avez un costume ou une tenue rangés dans la penderie depuis des années sans que vous les portiez, c'est peut-être parce qu'ils ne vous donnent plus le moral. Ces vêtements sont devenus épuisants à porter et même à conserver. Alors donnez-les, et vis-à-vis de chaque chose dans votre vie, adoptez l'attitude «le moins est un plus». Videz votre **portefeuille** ou votre **sac à main** de tous ces bouts de papier qui prennent de la place. Nettoyez **les meubles de rangement et les tiroirs**, et **réorganisez votre lieu de vie**. Faites de même en ce qui concerne **votre table de travail** et votre **voiture**. En vous débarrassant de ce qui ne vous sert plus, l'énergie pourra s'épanouir en vous apportant ce que vous souhaitez, y compris ce qui vous guidera intérieurement pour vous y mener. Vous aurez l'impression d'avoir ouvert une fenêtre pour prendre une bouffée d'air frais. Ce sera bien le cas, si ce n'est qu'il s'agit d'une bouffée fraîche d'énergie qui saura vous guider.

Liste de ce que **je m'engage** à désencombrer :

Bonus Faire don à ceux dans le besoin de ce qui ne vous est plus utile apportera à votre vie une dose de bon karma. Grâce à l'intuition, on apprend à prendre les choses comme elles viennent, et lorsqu'on laisse le désordre s'accumuler et qu'on empêche les choses d'évoluer, on empêche ce qui est bénéfique d'entrer dans sa vie. Envisagez de donner ce qui ne vous met plus du baume au cœur. C'est un cadeau que vous vous offrirez.

Je note ici 5 bonnes raisons de continuer à me désencombrer:

Aujourd'hui, je choisis au moins 3 pratiques :

- ☐ Relever le défi du jour
- ☐ Contempler mon tableau de vision
- ☐ Faire de l'exercice ou danser
- ☐ L'affirmation du jour = mantra du jour
- ☐ Méditer, être en silence ou prière
- ☐ Lire ma vision
- ☐ Lire un livre qui m'inspire
- ☐ Tenir mon journal d'intuition
- ☐ Être dans la gratitude
- ☐ Visualiser mes rêves
- ☐ Lire mes intentions du Défi des 100 jours
- ☐ Me réunir avec des délicieux cocréateurs
- ☐ Faire un vidéo-blog ou un blog sur le site
- ☐ Surfer sur le site du Défi des 100 jours
- ☐ Visionner la vidéo du jour de Sonia & Lilou
- ☐ Tirer une carte de tarot ou d'un autre jeu
- ☐ Autre : ....

Aujourd'hui, mes résultats/succès sont :

- ☐ ....
- ☐ ....
- ☐ ....
- ☐ ....
- ☐ ....
- ☐ ....
- ☐ ....
- ☐ ....
- ☐ ....
- ☐ ....

Aujourd'hui, j'ai observé, appris, compris que...

Aujourd'hui, je suis reconnaissant pour 5 choses, événements, personnes...

- ☐ ....
- ☐ ....
- ☐ ....
- ☐ ....
- ☐ ....

Date __/__/____

Lieu __________

JOUR 5

Acceptez ce que vous êtes déjà

Affirmation du jour :

«Je suis naturellement intuitif.»

Nous sommes tous intuitifs, puisque l'intuition, notre système d'orientation interne naturel, correspond à la voix intérieure par laquelle s'exprime notre cœur.
C'est la vérité, puisque vous avez déjà eu bon nombre d'expériences ou de sentiments intuitifs, même si vous n'avez pas l'habitude de les identifier ou d'être réceptif à votre intuition quand elle cherche à attirer votre attention.

De ce fait, en vue de dynamiser efficacement votre intuition au cours des semaines et des mois, commencez par prendre conscience que vous êtes déjà intuitif, même si vous ne le pensez pas.

Mon intention

aujourd'hui est de...

Mon intuition

aujourd'hui me dit que...

Défi du jour 5

Commencez votre exploration en consacrant quelques minutes à noter dans votre journal intuitif ou votre cahier de brouillon **TOUTES les expériences intuitives que vous avez vécues** et dont vous vous souvenez, y compris ces moments dans le passé où vous vous êtes dit «Tiens donc!» et où vous avez eu des convictions intimes, des pressentiments, aussi subtils fussent-ils, ou des idées fugaces, même si vous y aviez prêté attention ou les aviez ignorés sur le moment, si ce n'est pour le regretter plus tard.

Au début, vous ne vous souviendrez peut-être pas d'un seul moment où vous avez été intuitif, alors permettez-nous de vous aider.

Vous est-il arrivé d'avoir le sentiment que vous alliez recevoir des nouvelles de quelqu'un avant que, peu après, la personne concernée vous téléphone ou que vous vous retrouviez nez à nez avec elle par le plus grand des hasards?

Avez-vous déjà eu une impression négative vis-à-vis d'une personne, avant de ne pas tarder à découvrir que ce n'était que justifié?

Avez-vous changé spontanément vos projets et, l'ayant fait, un événement merveilleux s'est-il produit?

Avez-vous déjà eu une mauvaise ou une bonne impression dont vous n'avez pas tenu compte, avant de souhaiter d'y avoir été plus attentif ?

Tous ces exemples illustrent la manière dont opère à chaque fois votre intuition pour **vous guider**, vous protéger et vous indiquer la voie menant à de merveilleuses opportunités. Gardez votre cahier à portée de main et, au fur et à mesure que d'autres souvenirs émergeront au cours de la journée, prenez-en note.

Consacrez maintenant quelques minutes à vous remémorer et à noter toutes les **expériences intuitives** que vous pouvez déjà avoir connues, aussi subtiles soient-elles, à partir de votre souvenir le plus lointain. Il n'est pas nécessaire qu'elles aient été «d'envergure». La plupart sont en fait particulièrement subtiles et plutôt «anodines», au point que vous les aurez à peine remarquées, que vous n'y aurez pas fait attention ou n'en aurez pas pris conscience sur le moment; par exemple, un sentiment que quelqu'un va vous téléphoner, ce qui se vérifie peu de temps après que cela vous est venu à l'esprit. Pensez à conserver cette intention toute la journée, et chaque fois que vous vous rappellerez un autre incident, que ce soit important, insignifiant ou une coïncidence, prenez-en également note. Grâce à cette exploration, vous apprendrez à reconnaître que ces petits instants reflétaient que votre intuition était **déjà** en action.

Nul besoin de transcrire toute l'histoire. **Faites simple**. En écrire juste ce qu'il faut pour vous rappeler ce qui s'est passé suffira amplement. Contentez-vous de vous le remémorer et d'en prendre note.

Par exemple, disons que vous écriviez: «J'ai eu brusquement le sentiment que je devais téléphoner à ma meilleure amie de la fac, que je n'avais pas vue depuis au moins cinq ans et, dix minutes plus tard, elle m'a appelé.»
Ou: «J'ai pensé subitement que ma patronne allait démissionner, ce qu'elle a fait trois jours plus tard.»

Le secret, c'est d'**être détendu** et de **vous amuser** à vous rappeler de ces moments. Il ne s'agit pas d'un test.

En fin de journée, vous serez surpris du nombre d'intuitions soudaines que vous avez déjà eues, en découvrant qu'il est si merveilleux d'**en prendre conscience.**

Bonus

Voici un excellent moyen pour vous rafraîchir la mémoire: **invitez vos amis à partager avec vous leurs expériences intuitives passées**, ce qui vous aidera à vous souvenir un peu mieux des vôtres. En échangeant ainsi, vous aurez pour ainsi dire l'impression d'assister à de «véritables confessions». Abordez-le comme si c'était un jeu et gardez bien à l'esprit qu'il ne s'agit pas d'un test, donc ne soyez pas trop sérieux, simplement ouvert et sincère.
Cette conversation, qui se révélera particulièrement distrayante et libératoire, fera sortir l'intuition «du placard» en l'affichant au grand jour, là où elle a toute sa place. Vous pouvez aussi les inviter à venir joindre le Défi des 100 jours avec vous! C'est encore plus FUN!

Bonus
Vidéo du jour

Réalisez une brève vidéo avec votre téléphone portable relatant l'une de vos expériences intuitives préférées du passé. Postez-la ensuite sur le site du Défi des 100 jours. **Si vous ne vous sentez pas prêt pour une telle confession en vidéo, alors écrivez un blog sur le site.**

Je note ici 5 de mes expériences intuitives:

- [ ] ....
- [ ] ....
- [ ] ....
- [ ] ....
- [ ] ....

Aujourd'hui, **je choisis** au moins **3 pratiques** :

- ☐ Relever le défi du jour
- ☐ Contempler mon tableau de vision
- ☐ Faire de l'exercice ou danser
- ☐ L'affirmation du jour = mantra du jour
- ☐ Méditer, être en silence ou prière
- ☐ Lire ma vision
- ☐ Lire un livre qui m'inspire
- ☐ Tenir mon journal d'intuition
- ☐ Être dans la gratitude
- ☐ Visualiser mes rêves
- ☐ Lire mes intentions du Défi des 100 jours
- ☐ Me réunir avec des délicieux cocréateurs
- ☐ Faire un vidéo-blog ou un blog sur le site
- ☐ Surfer sur le site du Défi des 100 jours
- ☐ Visionner la vidéo du jour de Sonia & Lilou
- ☐ Tirer une carte de tarot ou d'un autre jeu
- ☐ Autre : ....

Aujourd'hui, **mes résultats/succès** sont :

- ☐ ....
- ☐ ....
- ☐ ....
- ☐ ....
- ☐ ....
- ☐ ....
- ☐ ....
- ☐ ....
- ☐ ....
- ☐ ....

Aujourd'hui, j'ai **observé, appris, compris** que...

Aujourd'hui, je suis **reconnaissant** pour 5 choses, événements, personnes...

- ☐ ....
- ☐ ....
- ☐ ....
- ☐ ....
- ☐ ....

Félicitations

pour vos 5 premiers jours du Défi des 100 jours !

Après ces premiers 5 jours, félicitez-vous et encouragez-vous à continuer ! Soyez inspiré à donner le meilleur de vous-même sur les semaines et les mois à venir.
Si vous manquez un jour du Défi, une semaine ou plus, ne perdez pas votre temps et votre énergie à être dur pour vous-même, reprenez simplement le cahier où vous en êtes dans le décompte des jours… et c'est reparti ! Ne vous arrêtez pas, mais reprenez là où vous en êtes. Cocréer sa vie est une aventure pleine de défis et de récompenses. Il y a des hauts et des bas. Observez, notez sur votre cahier et évoluez, transformez votre vie grâce aux défis. Chaque jour, vous grandissez et vous vous rapprochez de la vision la plus élevée que vous pouvez créer pour vous-même. Le plus important : AMUSEZ-VOUS et soyez bienveillant sur votre évolution et votre progression !

Prenez un moment pour créer ou compléter votre « tableau de vision » sur les deux pages de ce cahier prévues à cet effet. Regroupez des magazines et découpez ce qui vous inspire, puis collez ces images et/ou ces mots. Assurez-vous qu'ils correspondent à vos rêves. Vous pourrez ressentir la joie de ces visions, en regardant et en « vivant » votre tableau de vision quotidiennement comme pratique (ou chaque semaine).

DÉLICIEUX cocréateurs

Mobilisez un groupe d'individus inspirés à participer avec vous, et regardez avec émerveillement votre vie s'épanouir encore et encore. Vous pouvez retrouver d'autres délicieux cocréateurs dans votre ville. Nous vous encourageons à former un groupe de 10 personnes maximum, et de vous retrouver en cercle de parole tous les 25 jours de ce défi pour partager vos intentions et vos découvertes et manifestations. Un site a été créé spécialement pour vous aider à retrouver d'autres cocréateurs dans votre région. Visitez www.delicieuxcocreateurs.com. Il existe également un groupe de partage sur Facebook : www.facebook.com/delicieuxcocreateurs.com.

Si vous vous retrouvez coincé, ou avez un problème, n'hésitez pas visiter www.lecoachingdelilou.com/soniachoquette pour être accompagné tous les jours en vidéos par Sonia et Lilou. Vous recevrez les exercices de ce cahier et un coaching en vidéo par email tous les jours. Ceci vous motivera et vous aidera à aller jusqu'au bout. Comme vous en êtes déjà au jour 5 de ce Défi intuitif, demandez-nous de commencer au jour 6 afin d'être synchro avec les vidéos quotidiennes que vous recevrez de notre part. Pour toute question, envoyez-nous un email à lilou@lecoachingdelilou.com.

Si vous cherchez encore plus d'inspiration, n'oubliez pas de vous connecter régulièrement sur la Télé de Lilou (www.lateledelilou.com). Vous y trouverez de nombreuses vidéos et interviews passionnantes.

JOUR 6

Date __/__/____

Lieu __________

Créez quelque chose de vos mains

Affirmation du jour :

«Hors de ma tête
et entre mes mains !»

En passant trop de temps à utiliser en exclusivité notre cerveau gauche, logique, nous fermons la porte à notre intuition, qui émerge du cœur et de l'hémisphère droit. Par conséquent, en vue d'activer notre sixième sens, il sera particulièrement utile de nous engager dans des activités qui feront usage de cette facette de notre personnalité.

Mon intention

aujourd'hui est de...

Mon intuition

aujourd'hui me dit que...

Défi du jour 6

Votre défi d'aujourd'hui sera d'y parvenir en réalisant de vos mains quelque chose de créatif et de nouveau. Par exemple, pourquoi ne pas passer une heure à planter dans des pots quelques herbes aromatiques dans votre cuisine, ou des fleurs dans votre jardin? Ou pourquoi ne pas peindre un mur de votre chambre? Ou faire du bricolage? Ou rapiécer ce jean ou ce pull que vous adorez? Peu importe ce que vous ferez, du moment que vous vous y adonniez totalement. En détendant l'hémisphère gauche de votre cerveau et en faisant une activité manuelle créative, vous mettrez à contribution votre cœur et votre imagination, qui constituent la base d'une vie intuitivement guidée.

Appréciez votre travail manuel de création et faites-le simplement pour vous amuser et pour la relaxation que cela ne manquera pas de vous procurer.

Je note ici 5 raisons de créer plus souvent avec mes mains:

- [ ] ....
- [ ] ....
- [ ] ....
- [ ] ....
- [ ] ....

Aujourd'hui, **je choisis** au moins **3 pratiques** :

- ☐ Relever le défi du jour
- ☐ Contempler mon tableau de vision
- ☐ Faire de l'exercice ou danser
- ☐ L'affirmation du jour = mantra du jour
- ☐ Méditer, être en silence ou prière
- ☐ Lire ma vision
- ☐ Lire un livre qui m'inspire
- ☐ Tenir mon journal d'intuition
- ☐ Être dans la gratitude
- ☐ Visualiser mes rêves
- ☐ Lire mes intentions du Défi des 100 jours
- ☐ Me réunir avec des délicieux cocréateurs
- ☐ Faire un vidéo-blog ou un blog sur le site
- ☐ Surfer sur le site du Défi des 100 jours
- ☐ Visionner la vidéo du jour de Sonia & Lilou
- ☐ Tirer une carte de tarot ou d'un autre jeu
- ☐ Autre : ....

Aujourd'hui, **mes résultats/succès** sont :

☐ ....

☐ ....

☐ ....

☐ ....

☐ ....

☐ ....

☐ ....

☐ ....

☐ ....

☐ ....

Aujourd'hui, j'ai **observé, appris, compris** que...

Aujourd'hui, je suis **reconnaissant** pour 5 choses, événements, personnes...

☐ ....

☐ ....

☐ ....

☐ ....

☐ ....

Date __/__/____

Lieu __________

JOUR 7

Devenez un champion à l'écoute

Affirmation du jour :

«J'écoute activement tout ce qui se passe autour de moi.»

L'intuition ne peut rivaliser avec un mental hyperstimulé et hyperactif, où il est nécessaire de faire de la place afin de percevoir ses vibrations subtiles, ce qui est difficile si on parle sans arrêt, que ce soit en s'adressant à soi-même ou à autrui.

Mon intention aujourd'hui est de...

Mon intuition aujourd'hui me dit que...

Défi du jour 7

Il est bien plus facile de recevoir des flashs et des sentiments intuitifs après avoir réduit au silence le bavardage mental, en parlant moins et en se mettant plus à l'écoute, ce qui devrait être considérablement facilité en pratiquant quotidiennement la méditation, ainsi qu'**en décidant consciemment de faire davantage de place au silence.**

Afin d'y parvenir, commencez par être moins disponible pour les appels téléphoniques. Enregistrez sur votre boîte vocale un message d'accueil disant que vous ne pouvez pas prendre l'appel pour le moment et que vous rappellerez demain, à moins qu'il ne s'agisse d'une urgence.

Évidemment, une autre façon de se mettre vraiment à l'écoute est de s'intéresser à ce que les autres ont à dire, surtout si ce qu'ils expriment est aux antipodes de vos opinions ou de votre point de vue. Ce sont à ces moments-là que vous pourrez

apprendre quelque chose de nouveau ou d'important. Alors, au lieu de chercher à tout prix à prendre la parole pour ajouter votre opinion au brouhaha ambiant, contentez-vous d'écouter et d'assimiler ce que vous entendrez.
De fabuleuses compréhensions intuitives émergeront à partir de cette simple décision.

En vaquant à vos occupations au cours de la journée, remarquez les autres et soyez attentif à ce qu'ils ont à dire. Des idées intuitives émergent souvent en entendant par hasard une conversation.
Cela ne veut pas dire d'aller écouter aux portes. Nous ne faisons que vous encourager à être à l'écoute de ce qui vous entoure, et à remarquer si cela pourrait vous être utile d'une façon ou d'une autre.
Soyez particulièrement attentif si ce que vous entendez soudainement vous incite à changer de direction, à agir autrement que vous l'aviez peut-être prévu, ou vous mène à une solution qui vous avait échappé jusque-là.

Ce soir, relatez dans votre journal consacré à l'intuition ou sur ce cahier page 86, dans «J'ai observé, appris, compris que...» ce que vous avez appris après avoir activement écouté, au lieu de saisir l'occasion pour faire des remarques comme à l'accoutumée. Notez également tout ce que vous aurez remarqué en écoutant, et qui aurait peut-être été éludé par l'habitude de vous déconnecter d'autrui comme de la vie.

Bonus
Vidéo du jour

Faites un vidéo-blog aujourd'hui si vous le souhaitez! Partagez devant la caméra de votre ordinateur portable ou de votre téléphone ce que vous avez appris sur votre intuition et sur vous-même. Vous pouvez aussi écrire un blog sur le site du Défi (www.defides100Jours.com) si vous n'avez pas le temps ou si vous préférez vous exprimer par écrit. Soyez authentique!

Je note ici 5 idées pour être plus à l'écoute au quotidien:

- [ ] ....
- [ ] ....
- [ ] ....
- [ ] ....
- [ ] ....

Aujourd'hui, **je choisis** au moins **3 pratiques** :

- ☐ Relever le défi du jour
- ☐ Contempler mon tableau de vision
- ☐ Faire de l'exercice ou danser
- ☐ L'affirmation du jour = mantra du jour
- ☐ Méditer, être en silence ou prière
- ☐ Lire ma vision
- ☐ Lire un livre qui m'inspire
- ☐ Tenir mon journal d'intuition
- ☐ Être dans la gratitude
- ☐ Visualiser mes rêves
- ☐ Lire mes intentions du Défi des 100 Jours
- ☐ Me réunir avec des délicieux cocréateurs
- ☐ Faire un vidéo-blog ou un blog sur le site
- ☐ Surfer sur le site du Défi des 100 Jours
- ☐ Visionner la vidéo du Jour de Sonia & Lilou
- ☐ Tirer une carte de tarot ou d'un autre jeu
- ☐ Autre : ....

Aujourd'hui, **mes résultats/succès** sont

- ☐ ....
- ☐ ....
- ☐ ....
- ☐ ....
- ☐ ....
- ☐ ....
- ☐ ....
- ☐ ....
- ☐ ....
- ☐ ....

Aujourd'hui, j'ai **observé, appris, compris** que...

Aujourd'hui, je suis **reconnaissant** pour 5 choses, événements, personnes...

- ☐ ....
- ☐ ....
- ☐ ....
- ☐ ....
- ☐ ....

JOUR 8

Date __/__/____

Lieu ___________

Soyez pleinement réceptif à votre intuition

Affirmation du jour :

«Je m'ouvre à mon intuition.»

Certaines des personnes les plus innovantes de notre époque et dotées d'une forte intuition en ont fait bon usage malgré les critiques, et ceci n'a fait aucune différence au regard de leurs accomplissements.

Mon intention

aujourd'hui est de...

Mon intuition

aujourd'hui me dit que...

Défi du jour 8

Pour cette journée du Défi des 100 jours, soyez **réceptif** à votre intuition! Plus vous allez vous mettre à **l'écoute de votre intuition** et plus celle-ci va **se développer.** Beaucoup privilégient exclusivement le côté gauche, logique, de leur cerveau, ce qui est bien mais limitant.

Évaluez aujourd'hui votre réceptivité à votre intuition. Êtes-vous **disponible et enthousiaste** quand elle vous parle? La **refoulez-vous**, ou voulez-vous avant tout vous assurer que son message est **«exact»**? Un sentiment intuitif se présente pour vous aider sur le **MOMENT** et, si vous le refoulez ou y résistez, ou encore appréhendez ce que vous dit votre **voix intérieure**, vous ratez cet instant, et avec lui le bénéfice inhérent au fait d'**être guidé**.

Toute la journée, entraînez-vous à vous familiariser à votre intuition,
en la considérant comme la faculté la plus **naturelle et utile** au monde.

Bonus Recevoir le soutien ou l'approbation d'autrui est agréable, mais ne pas en bénéficier ne devrait nullement être le **prétexte** pour ignorer ou écarter le plus essentiel de nos sens naturels.

Parlez aujourd'hui de votre intuition à vos amis et observez leurs réactions, puis la vôtre en fonction de celles-ci. Pouvez-vous encore être réceptif à votre voix intérieure, alors même que vos amis refusent d'en tenir compte? Les personnes intuitives sont TOUJOURS réceptives à leur intuition, peu importe ce qu'en pense leur entourage. Elles ne l'écartent jamais ni ne résistent à ce qu'elles ressentent intuitivement. Elles ne font qu'y prêter l'oreille et lui faire confiance. Si cela n'est déjà fait, achetez un cahier qui sera, au cours de vos 100 jours, votre journal intuitif. Notez ce que vous avez observé, appris et compris dans la partie prévue à cet effet.

Je note ici 5 raisons d'être plus souvent à l'écoute de mon intuition:

- ☐ ....
- ☐ ....
- ☐ ....
- ☐ ....
- ☐ ....

Aujourd'hui, **je choisis** au moins **3 pratiques** :

- ☐ Relever le défi du jour
- ☐ Contempler mon tableau de vision
- ☐ Faire de l'exercice ou danser
- ☐ L'affirmation du jour = mantra du jour
- ☐ Méditer, être en silence ou prière
- ☐ Lire ma vision
- ☐ Lire un livre qui m'inspire
- ☐ Tenir mon journal d'intuition
- ☐ Être dans la gratitude
- ☐ Visualiser mes rêves
- ☐ Lire mes intentions du Défi des 100 jours
- ☐ Me réunir avec des délicieux cocréateurs
- ☐ Faire un vidéo-blog ou un blog sur le site
- ☐ Surfer sur le site du Défi des 100 jours
- ☐ Visionner la vidéo du jour de Sonia & Lilou
- ☐ Tirer une carte de tarot ou d'un autre jeu
- ☐ Autre : ......

Aujourd'hui, **mes résultats/succès** sont :

Aujourd'hui, j'ai **observé, appris, compris** que...

Aujourd'hui, je suis **reconnaissant**
pour 5 choses, événements, personnes...

Date __/__/____

Lieu __________

JOUR 9

Fiez-vous aux signes et remarquez les synchronicités

Affirmation du jour :

«Suivons les indices.»

Votre âme ne parle pas le même langage que votre intellect. Elle s'exprime par métaphores, signes et symboles, en faisant apparaître des indices qui, si on les remarque, peuvent mener à tout moment à des illuminations merveilleuses, des solutions positives et des réponses précises.

Mon intention
aujourd'hui est de...

Mon intuition
aujourd'hui me dit que...

Défi du jour 9

Ces indices se présentent de manière subtile, pouvant prendre la forme d'un papillon se posant sur une chaise juste au moment où vous étiez en train d'envisager une certaine décision, ou d'une libellule entrée par la fenêtre et qui plane alors que vous demandiez à votre Moi supérieur la confirmation du plan d'action que vous considériez. Cela peut prendre la forme de mots spécifiques entrevus sur le flanc d'un bus en transit, ou sur la plaque d'immatriculation de la voiture devant vous. Le message dont vous avez besoin pourrait vous parvenir dans le biscuit chinois renfermant une devise que l'on vous a servi après votre repas dans un restaurant asiatique, ou en surprenant la conversation entre deux personnes parlant du sujet même que vous cherchiez à cerner. Vous pourriez tomber par le plus grand des hasards sur l'émission de radio traitant du sujet même sur lequel vous étiez en train de vous poser des questions, ou qui vous a inspiré pour vous inscrire à un cours, ou pour faire ce voyage que vous aviez prévu tout en étant dans l'incertitude d'y aller.

En d'autres termes, **lorsque vous commencerez à remarquer que l'Univers s'adresse à vous par des signes et des synchronicités, vous ne pourrez que vous rendre à l'évidence que vous êtes à tout moment guidé.**

Vous ne devriez donc pas être surpris que votre défi consiste aujourd'hui à **remarquer autant de signes et de synchronicités que possible.**
Abordez-le comme un jeu, dans lequel l'Univers vous laisse de merveilleux indices à découvrir, et amusez-vous à repérer tous ceux qui se trouvent sous vos yeux.
Ne laissez pas votre intellect interrompre ou gâcher ce jeu en y réfléchissant trop ou en écartant les indices qui ne paraissent pas assez probants ou clairs du point de vue de votre ego. Lors de ce défi, **chaque menu détail aura son importance.**
Plus vous serez disposé à identifier ces merveilleux indices subtils, ainsi qu'à reconnaître les moments de synchronicité, plus vous prendrez conscience de vivre dans un fabuleux univers positif, et qu'à chaque étape du parcours votre Moi supérieur cherche à vous guider.
Amusez-vous bien à relever ce défi, et attendez-vous à avoir des surprises !

En fin de journée, notez dans votre journal consacré à l'intuition, ou sur la page suivante de ce cahier d'exercices, tous les indices et toutes les synchronicités dont vous avez fait l'expérience aujourd'hui.
Quelles inspirations ou réponses vous ont-ils apportées ? Y en avait-il certains que vous n'avez pas complètement compris ? Notez également ces observations. Y avait-il un schéma ou une constante notable au niveau de ces indices ? Par exemple, se présentaient-ils dans la nature ? Ou par des flashs comprenant des mots ? Ou encore par l'intermédiaire d'autres personnes ?

Je note ici 5 TOP indices et synchronicités de la journée :

☐ ....

☐ ....

☐ ....

☐ ....

☐ ....

Aujourd'hui, **je choisis** au moins **3 pratiques** :

- ☐ Relever le défi du jour
- ☐ Contempler mon tableau de vision
- ☐ Faire de l'exercice ou danser
- ☐ L'affirmation du jour = mantra du jour
- ☐ Méditer, être en silence ou prière
- ☐ Lire ma vision
- ☐ Lire un livre qui m'inspire
- ☐ Tenir mon journal d'intuition
- ☐ Être dans la gratitude
- ☐ Visualiser mes rêves
- ☐ Lire mes intentions du Défi des 100 jours
- ☐ Me réunir avec des délicieux cocréateurs
- ☐ Faire un vidéo-blog ou un blog sur le site
- ☐ Surfer sur le site du Défi des 100 jours
- ☐ Visionner la vidéo du jour de Sonia & Lilou
- ☐ Tirer une carte de tarot ou d'un autre jeu
- ☐ Autre : ....

Aujourd'hui, **mes résultats/succès** son

Aujourd'hui, j'ai **observé, appris, compris** que...

Aujourd'hui, je suis **reconnaissant** pour 5 choses, événements, personnes...

JOUR 10

Date __/__/____

Lieu __________

Changez d'avis

Affirmation du jour :

« Je change facilement d'avis et de direction quand j'y suis intuitivement guidé. »

L'intuition a son utilité, car elle nous aide à point nommé à prendre les meilleures décisions possibles. Il est donc important de nous accorder la liberté de changer d'avis, d'inverser le cours des choses dans notre vie ou de mettre carrément un terme à une situation en suivant un sentiment intuitif.

Mon intention

aujourd'hui est de…

Mon intuition

aujourd'hui me dit que…

Défi du jour 10

Vous n'avez aucune obligation de maintenir le cap en suivant vos plans si votre intuition vous conseille de procéder autrement. Après tout, ce qui paraissait être hier une bonne idée pourrait ne plus l'être aujourd'hui, étant donné que les changements se produisent d'une minute à l'autre. **Tout au long de la journée, prêtez attention à vos intuitions personnelles** et, à chaque fois que vous ressentirez une envie irrésistible de faire autre chose que ce que vous aviez prévu ou que ce que vous êtes en train de faire, **autorisez-vous à changer d'activité.**
Si une intuition vous incite à téléphoner à quelqu'un que vous n'avez pas l'habitude d'appeler, faites-le. Si vous en recevez une aujourd'hui vous incitant à marcher plutôt qu'à prendre le métro, obéissez-lui, au lieu de vous convaincre du contraire.

Si vous recevez une intuition qui vous pousse à vous exprimer au lieu de vous taire, allez-y, même si vous vous sentez mal à l'aise.

Ne contredisez pas ou n'ignorez pas les vibrations et intuitions que vous percevrez. Mettez-vous à leur écoute et agissez en fonction, sans éprouver le besoin de le justifier par des preuves ou des explications.

Suivez simplement votre intuition, sans la questionner.

Bon nombre de gens ont gagné du temps ou sauvé quelqu'un, voire leur propre vie, en agissant simplement et sans la moindre hésitation en fonction de leurs vibrations personnelles et de leurs intuitions. Accordez-vous la liberté de changer d'idée tout au long de la journée.

Avant d'aller vous coucher, relatez votre expérience dans votre journal consacré à l'intuition. Y a-t-il eu des moments aujourd'hui où vous avez changé d'avis? Décrivez ces occasions. Qu'avez-vous fait à la place?

Si rien ne s'est produit dans ce sens au cours de la journée, y a-t-il eu des circonstances dans votre vie où vous vous êtes senti intuitivement guidé à effectuer un changement?

Si c'est le cas, de quelles circonstances s'agit-il, et vers quel changement de direction avez-vous été guidé? Quand le ferez-vous, si vous y recourez?

Bonus
Vidéo du jour

Faites un vidéo-blog aujourd'hui si vous le souhaitez! Partagez devant la caméra de votre ordinateur portable ou de votre téléphone ce que vous avez appris sur votre intuition et vous-même. Vous pouvez aussi écrire un blog sur le site du Défi (www.defides100Jours.com) si vous n'avez pas le temps ou si vous préférez vous exprimer par écrit. Soyez authentique!

Je note ici 5 bénéfices dus au fait de changer d'avis:

- [ ] ....
- [ ] ....
- [ ] ....
- [ ] ....
- [ ] ....

Aujourd'hui, **je choisis** au moins **3 pratiques** :

- ☐ Relever le défi du jour
- ☐ Contempler mon tableau de vision
- ☐ Faire de l'exercice ou danser
- ☐ L'affirmation du jour = mantra du jour
- ☐ Méditer, être en silence ou prière
- ☐ Lire ma vision
- ☐ Lire un livre qui m'inspire
- ☐ Tenir mon journal d'intuition
- ☐ Être dans la gratitude
- ☐ Visualiser mes rêves
- ☐ Lire mes intentions du Défi des 100 jours
- ☐ Me réunir avec des délicieux cocréateurs
- ☐ Faire un vidéo-blog ou un blog sur le site
- ☐ Surfer sur le site du Défi des 100 jours
- ☐ Visionner la vidéo du jour de Sonia & Lilou
- ☐ Tirer une carte de tarot ou d'un autre jeu
- ☐ Autre : ....

Aujourd'hui, **mes résultats/succès** sont :

- ☐ ....
- ☐ ....
- ☐ ....
- ☐ ....
- ☐ ....
- ☐ ....
- ☐ ....
- ☐ ....
- ☐ ....
- ☐ ....

Aujourd'hui, j'ai **observé, appris, compris** que...

Aujourd'hui, je suis **reconnaissant** pour 5 choses, événements, personnes...

- ☐ ....
- ☐ ....
- ☐ ....
- ☐ ....
- ☐ ....

Date __/__/____

Lieu ___________

JOUR 11

Ralentissez

Affirmation du jour :

«Je traverse cette journée à un rythme sain et confortable.»

L'intuition est une perception subtile et, si nous sommes pressés ou débordés, elle peut facilement nous échapper. Il est beaucoup plus facile de prendre conscience de sa voix intérieure en ayant le temps et l'espace intérieur pour le faire. Être constamment pressé ou chercher à faire beaucoup trop de choses à la fois interférera inévitablement avec votre connexion à votre intuition. Nous vous invitons aujourd'hui à ralentir et à ne pas vous soumettre à la pression, quelle qu'elle soit, dans votre vie.

Mon intention

aujourd'hui est de...

Mon intuition

aujourd'hui me dit que...

Défi du jour 11

Commencez par vous accorder suffisamment de temps pour faire tout ce que vous avez à faire aujourd'hui sans vous presser, ce qui inclut de vous lever assez tôt pour vous préparer sans précipitation pour la journée.

Apaisez votre respiration au fil de la journée. Inspirez et expirez aussi profondément que possible en savourant l'oxygène qui remplit vos poumons. Au travail ou en effectuant vos responsabilités durant la journée, procédez sans précipitation. Cela signifie de ne rien remettre au lendemain si c'est pour vous retrouver en proie au stress plus tard, mais plutôt de régler immédiatement les choses, de manière détendue, décontractée.

Étonnamment, en adoptant cette approche, vous accomplirez un nombre considérable de tâches en prenant bien plus conscience de votre intuition, qui vous guidera pour faire du mieux possible ce que vous avez à faire.
Nous vous encourageons tout particulièrement à vous abstenir de consulter inutilement vos mails ou de surfer sur le Net, car cela prend du temps, ce que vous devrez compenser ultérieurement en vous précipitant pour rattraper votre retard.

Profitez toute la journée de ce **rythme plus lent, régulier**, vécu davantage dans l'instant, et **prenez conscience que votre intuition est là** pour vous indiquer la voie à suivre.

Je note ici 5 raisons pour ralentir mon rythme plus souvent :

- [ ] ....
- [ ] ....
- [ ] ....
- [ ] ....
- [ ] ....

Aujourd'hui, **je choisis** au moins **3 pratiques** :

- ☐ Relever le défi du jour
- ☐ Contempler mon tableau de vision
- ☐ Faire de l'exercice ou danser
- ☐ L'affirmation du jour = mantra du jour
- ☐ Méditer, être en silence ou prière
- ☐ Lire ma vision
- ☐ Lire un livre qui m'inspire
- ☐ Tenir mon journal d'intuition
- ☐ Être dans la gratitude
- ☐ Visualiser mes rêves
- ☐ Lire mes intentions du Défi des 100 jours
- ☐ Me réunir avec des délicieux cocréateurs
- ☐ Faire un vidéo-blog ou un blog sur le site
- ☐ Surfer sur le site du Défi des 100 jours
- ☐ Visionner la vidéo du jour de Sonia & Lilou
- ☐ Tirer une carte de tarot ou d'un autre jeu
- ☐ Autre : ....

Aujourd'hui, **mes résultats/succès** sont

☐ ....
☐ ....
☐ ....
☐ ....
☐ ....
☐ ....
☐ ....
☐ ....
☐ ....
☐ ....
☐ ....

Aujourd'hui, j'ai **observé, appris, compris** que...

Aujourd'hui, je suis **reconnaissant** pour 5 choses, événements, personnes...

☐ ....
☐ ....
☐ ....
☐ ....
☐ ....

JOUR 12

Date __/__/____

Lieu __________

Distancez-vous de Facebook

Affirmation du jour :

«Je suis présent.»

Mon intention

aujourd'hui est de...

Mon intuition

aujourd'hui me dit que...

Défi du jour 12

Ce défi vous demandera de rester toute la journée à l'écart de Facebook, et de vous abstenir de toute autre navigation inutile sur Internet. Cela s'appliquera également aux «selfies» ou à tout autre moyen de vous faire perdre le contact avec la réalité. Si votre attention est absorbée par l'écran de votre téléphone portable ou de votre ordinateur, vous n'aurez pas la moindre chance de vous connecter à votre intuition.

Oubliez ces habitudes pour aujourd'hui afin d'apprécier le monde qui vous entoure. Vous aurez peut-être des difficultés à relever ce défi si vous êtes accro à votre téléphone portable, mais soyez sûr que cela en vaut la peine. Plus vous serez attentif, particulièrement en compagnie d'autrui, et plus vous serez intuitif.

Je note ici 5 raisons de me distancier de Facebook plus souvent :

- [ ] ....
- [ ] ....
- [ ] ....
- [ ] ....
- [ ] ....

Aujourd'hui, **je choisis** au moins **3 pratiques** :

- ☐ Relever le défi du jour
- ☐ Contempler mon tableau de vision
- ☐ Faire de l'exercice ou danser
- ☐ L'affirmation du jour = mantra du jour
- ☐ Méditer, être en silence ou prière
- ☐ Lire ma vision
- ☐ Lire un livre qui m'inspire
- ☐ Tenir mon journal d'intuition
- ☐ Être dans la gratitude
- ☐ Visualiser mes rêves
- ☐ Lire mes intentions du Défi des 100 jours
- ☐ Me réunir avec des délicieux cocréateurs
- ☐ Faire un vidéo-blog ou un blog sur le site
- ☐ Surfer sur le site du Défi des 100 jours
- ☐ Visionner la vidéo du jour de Sonia & Lilou
- ☐ Tirer une carte de tarot ou d'un autre jeu
- ☐ Autre : ....

Aujourd'hui, **mes résultats/succès** sont

- ☐ ....
- ☐ ....
- ☐ ....
- ☐ ....
- ☐ ....
- ☐ ....
- ☐ ....
- ☐ ....
- ☐ ....
- ☐ ....

Aujourd'hui, j'ai **observé, appris, compris** que...

....

Aujourd'hui, je suis **reconnaissant** pour 5 choses, événements, personnes...

- ☐ ....
- ☐ ....
- ☐ ....
- ☐ ....
- ☐ ....

JOUR 13

Date __/__/____

Lieu __________

Prenez votre temps

Affirmation du jour :

«Je prends mon temps.»

Il arrive qu'autrui ou notre esprit nous poussent à prendre des décisions hâtives avant même de nous laisser l'occasion de consulter notre guide intérieur. Dans un cas comme dans l'autre, ne succombez pas à ces pressions dues à la peur, car celle-ci est à l'opposé de l'intuition.

Mon intention

aujourd'hui est de...

Mon intuition

aujourd'hui me dit que...

Défi du jour 13

Respirez pour surmonter toute pression ou peur, que cela vienne de vous ou d'une autre personne qui vous pousse à prendre une décision, et prenez plutôt le temps et l'espace qui vous sont nécessaires pour vous connecter à vous-même.

Si quelqu'un vous pousse à l'action, dites-lui simplement: «Je vous recontacterai à ce sujet.» Si c'est vous-même qui vous imposez à l'origine de la pression, détendez-vous en prenant conscience que vous connecter à vous-même pourrait vous faire gagner du temps et vous éviter des erreurs générées par la peur, et qui pourraient plus tard vous coûter cher. Par conséquent, mieux vaut vous détendre et vous connecter à votre intuition.
Au lieu de vous précipiter dans vos décisions, faites preuve de patience et autorisez-vous à sentir émerger de votre âme les conseils susceptibles de vous guider.

Je note ici 5 raisons de prendre mon temps:

- ☐ ....
- ☐ ....
- ☐ ....
- ☐ ....
- ☐ ....

Aujourd'hui, **je choisis** au moins **3 pratiques** :

- ☐ Relever le défi du jour
- ☐ Contempler mon tableau de vision
- ☐ Faire de l'exercice ou danser
- ☐ L'affirmation du jour = mantra du jour
- ☐ Méditer, être en silence ou prière
- ☐ Lire ma vision
- ☐ Lire un livre qui m'inspire
- ☐ Tenir mon journal d'intuition
- ☐ Être dans la gratitude
- ☐ Visualiser mes rêves
- ☐ Lire mes intentions du Défi des 100 Jours
- ☐ Me réunir avec des délicieux cocréateurs
- ☐ Faire un vidéo-blog ou un blog sur le site
- ☐ Surfer sur le site du Défi des 100 Jours
- ☐ Visionner la vidéo du jour de Sonia & Lilou
- ☐ Tirer une carte de tarot ou d'un autre jeu
- ☐ Autre : ....

Aujourd'hui, **mes résultats/succès** sont :

- ☐ ....
- ☐ ....
- ☐ ....
- ☐ ....
- ☐ ....
- ☐ ....
- ☐ ....
- ☐ ....
- ☐ ....
- ☐ ....

Aujourd'hui, j'ai **observé, appris, compris** que...

Aujourd'hui, je suis **reconnaissant**
pour 5 choses, événements, personnes...

- ☐ ....
- ☐ ....
- ☐ ....
- ☐ ....
- ☐ ....

Date __/__/____

Lieu ___________

JOUR 14

Déconnectez-vous des actualités

Affirmation du jour :

«Je fais une pause.»

Chaque jour de la semaine, nous sommes bombardés en permanence de mauvaises nouvelles par les journaux, la télévision et, à présent, Internet. Bien qu'il soit essentiel de s'informer de ce qui se passe dans le monde, un tel courant incessant d'énergie négative venant vers nous ferme et durcit notre cœur, nous rend cyniques et anxieux, et finit par nous démoraliser en nous donnant un sentiment d'impuissance face à la vie et au monde.

Mon intention

aujourd'hui est de...

Mon intuition

aujourd'hui me dit que...

Défi du jour 14

Votre défi sera de **vous abstenir de prendre connaissance des actualités** durant toute la journée. Au lieu de lire ou d'écouter les nouvelles, lisez quelque chose d'inspirant et de motivant, ou écoutez quelque chose d'apaisant pour votre âme. Agissez de même s'il s'agit de discuter des actualités.

Si on vous rapporte des mauvaises nouvelles, dites que vous vous abstenez d'en prendre connaissance aujourd'hui, et invitez les autres à vous imiter. Si vos amis ne le souhaitent pas, excusez-vous courtoisement de ne pas vous joindre à la conversation et partez. Cette décision sera fondamentale pour renouer avec votre intuition, qui est beaucoup plus intéressée de trouver des solutions que de s'appesantir sur les problèmes.

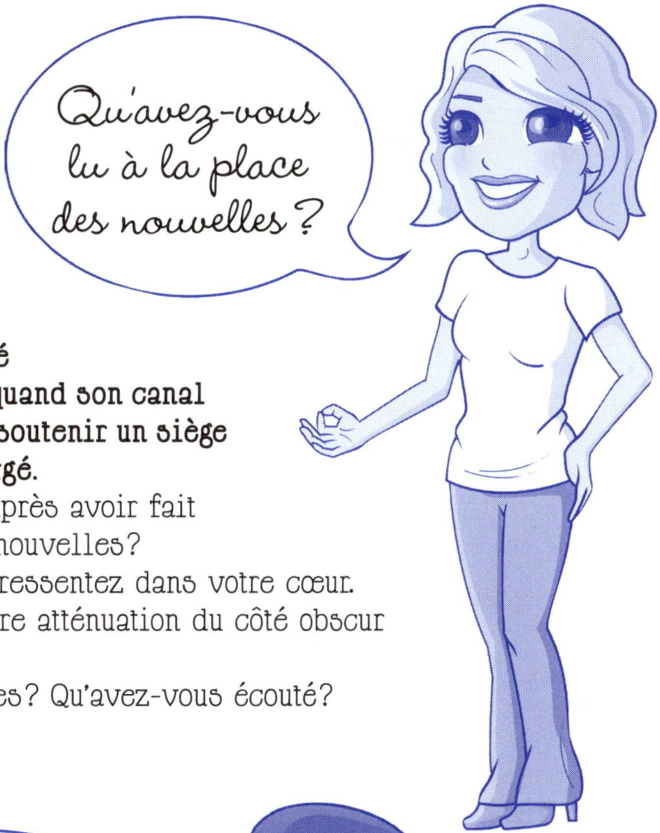

De plus, **on est beaucoup plus encouragé à se mettre à l'écoute de son intuition quand son canal est ouvert, qu'en ayant l'impression de soutenir un siège contre la négativité ou d'en être submergé.**

Comment vous sentez-vous aujourd'hui après avoir fait cette pause par rapport aux mauvaises nouvelles? Remarquez vos pensées et ce que vous ressentez dans votre cœur. Est-ce différent à la suite de cette légère atténuation du côté obscur du monde?

Qu'avez-vous lu à la place des nouvelles? Qu'avez-vous écouté? De quoi avez-vous parlé?

Notez vos observations dans votre journal consacré à l'intuition.

Je note ici 5 raisons de me déconnecter des actualités:

- ☐ ....
- ☐ ....
- ☐ ....
- ☐ ....
- ☐ ....

Aujourd'hui, je choisis au moins 3 pratiques :

- ☐ Relever le défi du jour
- ☐ Contempler mon tableau de vision
- ☐ Faire de l'exercice ou danser
- ☐ L'affirmation du jour = mantra du jour
- ☐ Méditer, être en silence ou prière
- ☐ Lire ma vision
- ☐ Lire un livre qui m'inspire
- ☐ Tenir mon journal d'intuition
- ☐ Être dans la gratitude
- ☐ Visualiser mes rêves
- ☐ Lire mes intentions du Défi des 100 jours
- ☐ Me réunir avec des délicieux cocréateurs
- ☐ Faire un vidéo-blog ou un blog sur le site
- ☐ Surfer sur le site du Défi des 100 jours
- ☐ Visionner la vidéo du jour de Sonia & Lilou
- ☐ Tirer une carte de tarot ou d'un autre jeu
- ☐ Autre : ....

Aujourd'hui, mes résultats/succès sont

- ☐ ....
- ☐ ....
- ☐ ....
- ☐ ....
- ☐ ....
- ☐ ....
- ☐ ....
- ☐ ....
- ☐ ....
- ☐ ....

Aujourd'hui, j'ai observé, appris, compris que...

Aujourd'hui, je suis reconnaissant pour 5 choses, événements, personnes...

- ☐ ....
- ☐ ....
- ☐ ....
- ☐ ....
- ☐ ....

JOUR 15

Date __/__/____

Lieu __________

Restez présent

Affirmation du jour :

« Je suis présent. »

Il est facile de vous perdre dans vos pensées tournées vers le passé et les peurs de l'avenir, en ratant le pouvoir de l'instant présent ainsi que la manifestation de l'intuition qui cherche à vous guider.

Mon intention

aujourd'hui est de...

Mon intuition

aujourd'hui me dit que...

Défi du jour 15

Ce défi vous demandera de vous arrêter quelques minutes plusieurs fois dans la journée pour prêter attention au moment en cours, et à remarquer autant de choses que possible durant ce temps.

En mettant tous vos sens à contribution, remarquez tout ce que vous voyez.
Concentrez-vous sur les formes et les couleurs qui vous entourent. Remarquez-vous plus particulièrement un détail sur lequel vous vous concentrez actuellement, et que vous avez peut-être négligé par le passé?

Passez ensuite à votre sens auditif. En veillant à ne pas retenir votre souffle, mettez-vous à l'écoute de tous les sons environnants et soyez très attentif à ce que vous entendez.

Après quelques instants d'écoute attentive, concentrez-vous sur votre sens de l'odorat. Remarquez-vous des odeurs particulières, comme celles en provenance de la cuisson d'aliments, de l'infusion du café, ou de fromages forts?

Concentrez-vous ensuite sur votre sens du toucher. Remarquez la sensation que vous procure la terre sous vos pieds. Remarquez ce que vous ressentez physiquement. Sont-ce des douleurs? Touchez-vous quelque chose ou tenez-vous quelque chose entre vos mains?
Qu'en est-il de votre sens du goût?

En vivant cette expérience, respirez, détendez-vous et soyez simplement présent dans l'instant.

Pour finir, percevez-vous ce qui émerge de votre intuition lorsque vous vous accordez d'être présent?

Quels sont les sens, s'il y en a, que partage actuellement votre cœur?

Faites cet exercice au moins trois fois aujourd'hui.

Plus vous serez présent et conscient de ce que vous ressentez en général, plus votre intuition se fera perceptive.

Je note ici 5 raisons de prendre le temps de s'arrêter plus souvent et d'observer:

- [ ] ....
- [ ] ....
- [ ] ....
- [ ] ....
- [ ] ....

Aujourd'hui, je choisis au moins 3 pratiques :

- ☐ Relever le défi du jour
- ☐ Contempler mon tableau de vision
- ☐ Faire de l'exercice ou danser
- ☐ L'affirmation du jour = mantra du jour
- ☐ Méditer, être en silence ou prière
- ☐ Lire ma vision
- ☐ Lire un livre qui m'inspire
- ☐ Tenir mon journal d'intuition
- ☐ Être dans la gratitude
- ☐ Visualiser mes rêves
- ☐ Lire mes intentions du Défi des 100 jours
- ☐ Me réunir avec des délicieux cocréateurs
- ☐ Faire un vidéo-blog ou un blog sur le site
- ☐ Surfer sur le site du Défi des 100 jours
- ☐ Visionner la vidéo du jour de Sonia & Lilou
- ☐ Tirer une carte de tarot ou d'un autre jeu
- ☐ Autre :

Aujourd'hui, mes résultats/succès sont :

Aujourd'hui, j'ai observé, appris, compris que...

Aujourd'hui, je suis reconnaissant pour 5 choses, événements, personnes...

Date __/__/____

Lieu __________

JOUR 16

Demandez-vous : « Que puis-je apprendre suite à ça ? »

Affirmation du jour :

« Que vais-je apprendre de cette expérience ? »

Tous les jours, on se retrouve confronté à des défis, des conflits ou des frustrations. L'esprit égotiste préfère répondre à ces ennuis perturbants en se positionnant comme une victime, croyant ainsi sans problème que le monde s'est ligué contre lui.

La personne intuitive réagit bien différemment aux défis inattendus. Au lieu de se sentir agressée, elle préfère faire preuve de curiosité en se demandant ce qu'elle pourra apprendre des épreuves rencontrées, car, selon elle, elles se sont présentées pour lui donner l'occasion d'évoluer et de mûrir spirituellement.

Mon intention

aujourd'hui est de...

Mon intuition

aujourd'hui me dit que...

Défi du jour 16

Par conséquent, votre défi vous invitera aujourd'hui à vous demander, au lieu de réagir ou de vous agiter face à des difficultés, ce que vous pourrez apprendre de la situation qui vous préoccupe.

Par exemple, disons que vous vous êtes disputé avec votre fils ou votre petit(e) ami(e). Au lieu d'avoir l'impression qu'ils vous tourmentent intentionnellement, **demandez-vous ce que vous pourrez apprendre de cette confrontation et ce qui pourrait atténuer la tension entre vous.**
Ce sera plus facile si vous vous posez la question à voix haute.
Puis écrivez dans votre journal toutes les réponses qui vous viendront à l'esprit.
Consacrez-y de cinq à dix minutes.
Cela ouvrira la voie à votre Moi supérieur pour qu'il vous guide, et pour que votre intuition fasse la lumière sur votre problème et y apporte une solution.

Je note ici 5 questions que je peux me poser lors de défis inattendus :

- [ ] ....
- [ ] ....
- [ ] ....
- [ ] ....
- [ ] ....

Aujourd'hui, **je choisis** au moins **3 pratiques** :

- ☐ Relever le défi du jour
- ☐ Contempler mon tableau de vision
- ☐ Faire de l'exercice ou danser
- ☐ L'affirmation du jour = mantra du jour
- ☐ Méditer, être en silence ou prière
- ☐ Lire ma vision
- ☐ Lire un livre qui m'inspire
- ☐ Tenir mon journal d'intuition
- ☐ Être dans la gratitude
- ☐ Visualiser mes rêves
- ☐ Lire mes intentions du Défi des 100 jours
- ☐ Me réunir avec des délicieux cocréateurs
- ☐ Faire un vidéo-blog ou un blog sur le site
- ☐ Surfer sur le site du Défi des 100 jours
- ☐ Visionner la vidéo du jour de Sonia & Lilou
- ☐ Tirer une carte de tarot ou d'un autre jeu
- ☐ Autre : ....

Aujourd'hui, **mes résultats/succès** sont

- ☐ ....
- ☐ ....
- ☐ ....
- ☐ ....
- ☐ ....
- ☐ ....
- ☐ ....
- ☐ ....
- ☐ ....
- ☐ ....
- ☐ ....

Aujourd'hui, j'ai **observé, appris, compris** que...

....

Aujourd'hui, je suis **reconnaissant** pour 5 choses, événements, personnes...

- ☐ ....
- ☐ ....
- ☐ ....
- ☐ ....
- ☐ ....

JOUR 17

Date __/__/____

Lieu __________

Souriez !

Affirmation du jour :

« Allez, souris ! »

Lorsque nous sourions, nous éloignons rapidement notre énergie de notre ego habituellement protégé qui fait obstacle à notre intuition, pour en imprégner notre cœur où circule son énergie.
Sourire a également pour effet d'intensifier notre vibration personnelle, ce qui facilite le contact avec l'énergie subtile de notre intuition. De ce fait, en souriant, vous vous ferez plus réceptif à ceux qui vous entourent.

Mon intention

aujourd'hui est de…

Mon intuition

aujourd'hui me dit que…

Défi du jour 17

Le défi du jour est très simple, cependant, il se pourrait que ce ne soit pas pour vous une habitude, de **sourire**. Ce défi pourra vous sembler original, et ne pas faire sens immédiatement en ce qui concerne le développement de votre intuition. Cependant, quand on sourit, on **ouvre naturellement les rideaux de son cœur, le principal canal intuitif**.

Certaines personnes hésitent à sourire spontanément, particulièrement aux inconnus. Si c'est votre cas, sachez que ce défi sera tout aussi bénéfique si vous souriez à tout le monde, si ce n'est qu'avec les yeux.
Essayez tout de suite et constatez-le par vous-même.
Tout d'abord, souriez avec les lèvres et les yeux. Il doit s'agir d'un sourire sincère plutôt que feint ou forcé.
Remarquez à quelle vitesse votre énergie s'épanouit et votre vibration personnelle se déploie.
Tout en souriant, concentrez-vous sur ce qui vous entoure. Remarquez-vous plus de détails qu'avant d'avoir souri? Regardez les couleurs autour de vous. Écoutez les bruits environnants. Sentez l'énergie ambiante. Quelles différences remarquez-vous depuis que vous avez fait cet exercice?

Souriez ensuite avec les yeux. De nouveau, assurez-vous qu'il s'agisse d'un sourire sincère. Notez-vous des différences au niveau de votre vibration personnelle? Décrivez-le. À quel niveau constatez-vous une différence? Remarquez autant de détails que possible.
Essayez cet exercice plusieurs fois dans la journée. Vous n'êtes pas obligé de sourire à une personne en particulier. Souriez simplement au monde en général et constatez tout changement au niveau de votre perception.
Était-ce pour vous facile et confortable de sourire? Ou avez-vous remarqué que vous avez dû vraiment vous y forcer? Avez-vous reçu des flashs intuitifs au cours de la journée? De quoi s'agissait-il?

Je note ici 5 points clés résumant cet exercice noté dans mon journal intuitif:

- [ ] ....
- [ ] ....
- [ ] ....
- [ ] ....
- [ ] ....

Bonus 1

Le fait de sourire attire les **bonnes vibrations** et **une énergie positive**. Essayez avec des personnes auxquelles vous n'avez normalement aucune envie de sourire, et voyez ce qui se passe. Vous n'avez pas à en faire trop. Un simple sourire aimable suffira à faire toute la différence au niveau de la circulation de l'énergie entre les gens, et sera fréquemment accompagné de nombreuses expériences positives et synchronistiques. Prenez le risque de sourire dans les situations où vous détournez habituellement les yeux ou froncez les sourcils.

Note: ce défi ne requiert pas que vous vous promeniez toute la journée en souriant comme un benêt (bien que l'on ait entendu dire que cela déclenche aussi la magie). Souriez tant que c'est confortable, en vous y encourageant un petit peu si nécessaire, et laissez la magie se déployer.

Bonus 2

Souriez intentionnellement aux gens devant vous et voyez ce qui se passe.

Remarquez s'ils tournent la tête dans votre direction. Envoyez un sourire au hasard à des inconnus dans la foule. Ils se retourneront peut-être, ou, tout du moins, se gratteront la tête ou la nuque, en se tortillant un peu au contact de votre énergie chaleureuse. Voilà un passe-temps plutôt distrayant, assis au café!

Bonus
Vidéo du jour

Faites un vidéo-blog aujourd'hui si vous le souhaitez! Partagez devant la caméra de votre ordinateur portable ou de votre téléphone ce que vous avez appris sur votre intuition et sur vous-même. Vous pouvez aussi écrire un blog sur le site du Défi (www.defides100Jours.com) si vous n'avez pas le temps ou si vous préférez vous exprimer par écrit. Soyez authentique!

Aujourd'hui, je choisis au moins 3 pratiques :

- ☐ Relever le défi du jour
- ☐ Contempler mon tableau de vision
- ☐ Faire de l'exercice ou danser
- ☐ L'affirmation du jour = mantra du jour
- ☐ Méditer, être en silence ou prière
- ☐ Lire ma vision
- ☐ Lire un livre qui m'inspire
- ☐ Tenir mon journal d'intuition
- ☐ Être dans la gratitude
- ☐ Visualiser mes rêves
- ☐ Lire mes intentions du Défi des 100 jours
- ☐ Me réunir avec des délicieux cocréateurs
- ☐ Faire un vidéo-blog ou un blog sur le site
- ☐ Surfer sur le site du Défi des 100 jours
- ☐ Visionner la vidéo du jour de Sonia & Lilou
- ☐ Tirer une carte de tarot ou d'un autre jeu
- ☐ Autre : ....

Aujourd'hui, mes résultats/succès sont

- ☐ ....
- ☐ ....
- ☐ ....
- ☐ ....
- ☐ ....
- ☐ ....
- ☐ ....
- ☐ ....
- ☐ ....
- ☐ ....

Aujourd'hui, j'ai observé, appris, compris que...

Aujourd'hui, je suis reconnaissant pour 5 choses, événements, personnes...

- ☐ ....
- ☐ ....
- ☐ ....
- ☐ ....
- ☐ ....

JOUR 18

Date __/__/____

Lieu __________

Accueillez le silence

Affirmation du jour :

«Silence, s'il vous plaît !»

Notre esprit est généralement **envahi** de préoccupations, de peurs, de planifications, et se montre impatient ou nostalgique, réactif, voire créatif, au point qu'il ne reste que peu de place pour nous mettre à l'écoute de notre voix intérieure. En fait, nous avons tellement l'habitude d'être accaparés par nos pensées que nous sommes à peine présents. Guère surprenant que l'intuition soit mise à l'écart aussi facilement. Elle ne peut même pas **trouver sa place**.

Mon intention

aujourd'hui est de...

Mon intuition

aujourd'hui me dit que...

Défi du jour 18

Votre défi consistera aujourd'hui à vous accorder quelques minutes de silence total afin de faire de la place pour que l'intuition puisse venir s'y nicher.

Choisissez **un endroit au calme**, où vous ne serez pas dérangé durant trois minutes au moins. Commencez par vous installer aussi confortablement que possible. Vous pouvez vous asseoir sur une chaise ou au sol, ou encore vous allonger par terre si vous préférez.
Dites-vous que vous allez apprécier de trois à cinq minutes de silence, et que toutes vos pensées peuvent attendre que ces quelques minutes se soient écoulées. Inspectez ensuite attentivement la pièce, en inspirant et en expirant doucement. Concentrez-vous un peu en restant détendu au niveau de votre énergie.

Remarquez les objets qui vous entourent, sans qu'aucun en particulier ne retienne votre attention. En toute neutralité, observez simplement le lieu où vous vous trouvez.
Lorsque vous serez détendu, programmez l'alarme sur votre téléphone portable sur trois ou cinq minutes, à votre choix. Dites-vous que c'est le moment pour vous de vous détendre complètement et de profiter pleinement du silence régnant dans votre cœur.

C'est le moment pour vous de mettre en pause votre réflexion, sans vous concentrer sur quoi que ce soit. **Vous êtes encouragé à simplement vous détendre tranquillement dans le silence, en présence de votre esprit**.
À la respiration suivante, fermez lentement les yeux et commencez doucement à inspirer et expirer par le nez. En respirant, détendez les muscles de votre front, au niveau de vos yeux, de vos joues, de votre mâchoire et de votre langue.
Ne faites pas attention aux bruits qui pourraient vous parvenir en fond sonore. C'est normal et, pour l'instant, cela ne présente aucun intérêt pour vous. Détendez-vous simplement et, au cours des minutes suivantes, mettez-vous à l'écoute du silence dans votre cœur, plutôt que de votre bavardage mental.
Lorsque l'alarme se déclenche, ouvrez lentement les yeux et remarquez ce que vous ressentez. Ne reprenez pas aussitôt conscience de ce qui vous entoure. Continuez simplement à respirer sans contrainte et revenez tranquillement à l'instant présent et à votre environnement, sans vous précipiter.
Levez-vous et étirez-vous, puis poursuivez votre journée.

En créant cette ouverture, **votre intuition pourra se manifester** au niveau de votre conscience. Vous ne recevrez peut-être pas immédiatement d'idées intuitives, mais vous aurez au moins ouvert la porte pour qu'elles puissent vous parvenir à l'improviste. Ne soyez pas surpris si, à un certain moment de la journée, quelques nouvelles intuitions du type «Tiens donc!» vous viennent subitement à l'esprit. Tout du moins, vous découvrirez que vous êtes moins stressé et plus détendu durant la journée.

Je note ici 5 points clés pour faire silence:

- [ ] ....
- [ ] ....
- [ ] ....
- [ ] ....
- [ ] ....

Aujourd'hui, **je choisis** au moins **3 pratiques** :

- ☐ Relever le défi du jour
- ☐ Contempler mon tableau de vision
- ☐ Faire de l'exercice ou danser
- ☐ L'affirmation du jour = mantra du jour
- ☐ Méditer, être en silence ou prière
- ☐ Lire ma vision
- ☐ Lire un livre qui m'inspire
- ☐ Tenir mon journal d'intuition
- ☐ Être dans la gratitude
- ☐ Visualiser mes rêves
- ☐ Lire mes intentions du Défi des 100 jours
- ☐ Me réunir avec des délicieux cocréateurs
- ☐ Faire un vidéo-blog ou un blog sur le site
- ☐ Surfer sur le site du Défi des 100 jours
- ☐ Visionner la vidéo du jour de Sonia & Lilou
- ☐ Tirer une carte de tarot ou d'un autre jeu
- ☐ Autre : ....

Aujourd'hui, **mes résultats/succès** sont :

- ☐ ....
- ☐ ....
- ☐ ....
- ☐ ....
- ☐ ....
- ☐ ....
- ☐ ....
- ☐ ....
- ☐ ....
- ☐ ....

Aujourd'hui, j'ai **observé, appris, compris** que...

Aujourd'hui, je suis **reconnaissant** pour 5 choses, événements, personnes...

- ☐ ....
- ☐ ....
- ☐ ....
- ☐ ....
- ☐ ....

Date __/__/____

Lieu ___________

JOUR 19

Respirer pour surmonter la négativité

Affirmation du jour :

« Je respire pour me libérer de toute négativité. »

Mon intention

aujourd'hui est de...

Mon intuition

aujourd'hui me dit que...

Mon Défi du jour 19

Ce défi vous demandera aujourd'hui de **répondre intuitivement** plutôt que de réagir émotionnellement face à la vie. Au lieu de vous battre contre tout ou quiconque qui vous contrarie, restez ancré et respirez pour le surmonter.

Par exemple, si votre patron a passé une mauvaise journée et s'en prend à vous, prenez cinq inspirations profondes et imaginez l'énergie négative en circulation qui vous contourne plutôt que de vous imprégner.

Si votre bus ou votre train a du retard, ou si vous l'avez raté, ou s'il y a des bouchons, évacuez votre stress en respirant au lieu de le laisser vous bouleverser.

Le secret, c'est de laisser l'énergie négative se dissiper sans la retenir à l'intérieur du corps. Plus on se bat et on lutte contre elle, moins on est en mesure de prendre les décisions appropriées ou de se mettre à l'écoute d'un guidage intuitif.

En laissant la négativité se dissiper au lieu de la confiner dans notre corps, nous restons bien plus ancrés, ce qui nous permet d'être mieux guidés pour répondre le plus positivement à toute situation.

Il est important de comprendre que si, habituellement, vous tombez sous l'emprise de l'énergie négative, cela pourra représenter un défi d'envergure.

Afin de vous aider à relever ce défi, chaque fois que vous vous sentirez provoqué ou contrarié par ce que vous rencontrez, que ce soit les circonstances ou les personnes de votre entourage, prenez au moins cinq profondes inspirations sur le moment en expirant par le nez, la langue contre le palais. Inspirez et expirez très lentement, en imaginant l'énergie pesante ou négative qui s'éloigne en se fragmentant.
Lors de la cinquième expiration, centrez-vous dans votre cœur et demandez à votre intuition comment répondre au mieux à la situation.

Si l'expérience qui vous a fait réagir est particulièrement négative et intense, faites quelques pas en respirant. **Plus vous déplacerez l'énergie négative qui vous affecte grâce à votre respiration et au mouvement, plus vous serez ancré et guidé vers la réaction appropriée.**
Essayez cela toute la journée, ce qui fera toute la différence du point de vue positif quant à son déroulement.

En soirée, relatez vos résultats dans votre journal consacré à l'intuition. Une personne ou une situation en particulier vous a-elle posé un défi? Êtes-vous parvenu à évoluer par rapport à votre façon de penser habituelle? A-t-il été facile d'évacuer la négativité, au lieu de vous retrouver sous son emprise? Une fois libéré de l'énergie négative, avez-vous reçu des illuminations intuitives qui pourraient vous aider à éviter à l'avenir la négativité?
Écrivez toutes vos observations dans votre journal ou cahier d'exercices.

Je note ici 5 bonnes raisons d'aller au-delà de la négativité et des défis:

- [ ] ....
- [ ] ....
- [ ] ....
- [ ] ....
- [ ] ....

Aujourd'hui, **je choisis** au moins **3 pratiques** :

- ☐ Relever le défi du jour
- ☐ Contempler mon tableau de vision
- ☐ Faire de l'exercice ou danser
- ☐ L'affirmation du jour = mantra du jour
- ☐ Méditer, être en silence ou prière
- ☐ Lire ma vision
- ☐ Lire un livre qui m'inspire
- ☐ Tenir mon journal d'intuition
- ☐ Être dans la gratitude
- ☐ Visualiser mes rêves
- ☐ Lire mes intentions du Défi des 100 jours
- ☐ Me réunir avec des délicieux cocréateurs
- ☐ Faire un vidéo-blog ou un blog sur le site
- ☐ Surfer sur le site du Défi des 100 jours
- ☐ Visionner la vidéo du jour de Sonia & Lilou
- ☐ Tirer une carte de tarot ou d'un autre jeu
- ☐ Autre : ....

Aujourd'hui, **mes résultats/succès** sont

- ☐ ....
- ☐ ....
- ☐ ....
- ☐ ....
- ☐ ....
- ☐ ....
- ☐ ....
- ☐ ....
- ☐ ....
- ☐ ....
- ☐ ....

Aujourd'hui, j'ai **observé, appris, compris** que...

Aujourd'hui, je suis **reconnaissant** pour 5 choses, événements, personnes...

- ☐ ....
- ☐ ....
- ☐ ....
- ☐ ....
- ☐ ....

JOUR 20

Date __/__/____

Lieu ____________

Percevez l'humour en toute situation

Affirmation du jour :

« Rigole ! »

Mon intention

aujourd'hui est de…

Mon intuition

aujourd'hui me dit que…

Défi du jour 20

Quand la vie représente un défi, il est difficile de vous connecter à votre intuition. La peur prend le dessus et fait obstacle à votre Moi supérieur. Pour faire sauter cet obstacle rapidement, **cherchez à percevoir le côté humoristique de la situation.** Que pouvez-vous trouver de drôle dans votre situation, même si ce n'est que l'aspect dramatique entourant les circonstances? **Remarquez aussi ce qui se passe autour de vous aujourd'hui, et plus particulièrement tout ce qui vous fait rire ou vous frappe comme étant amusant.** C'est votre Moi supérieur qui essaie de vous présenter une autre perspective, avec quelques touches d'humour. Si tout le reste s'est révélé un échec, regardez ce soir à la télévision une émission ou un film comique, et constatez comment, quand vous riez, vous vous faites réceptif à de nouvelles idées et de nouveaux conseils qui vous permettront potentiellement de vous confronter du mieux possible à vos difficultés actuelles.

Je note ici 5 raisons de prendre moins au sérieux mes défis :

- [ ] ……
- [ ] ……
- [ ] ……
- [ ] ……
- [ ] ……

Aujourd'hui, **je choisis** au moins **3 pratiques** :

- ☐ Relever le défi du jour
- ☐ Contempler mon tableau de vision
- ☐ Faire de l'exercice ou danser
- ☐ L'affirmation du jour = mantra du jour
- ☐ Méditer, être en silence ou prière
- ☐ Lire ma vision
- ☐ Lire un livre qui m'inspire
- ☐ Tenir mon journal d'intuition
- ☐ Être dans la gratitude
- ☐ Visualiser mes rêves
- ☐ Lire mes intentions du Défi des 100 jours
- ☐ Me réunir avec des délicieux cocréateurs
- ☐ Faire un vidéo-blog ou un blog sur le site
- ☐ Surfer sur le site du Défi des 100 jours
- ☐ Visionner la vidéo du jour de Sonia & Lilou
- ☐ Tirer une carte de tarot ou d'un autre jeu
- ☐ Autre : ....

Aujourd'hui, **mes résultats/succès** sont

- ☐ ....
- ☐ ....
- ☐ ....
- ☐ ....
- ☐ ....
- ☐ ....
- ☐ ....
- ☐ ....
- ☐ ....
- ☐ ....
- ☐ ....

Aujourd'hui, j'ai **observé, appris, compris** que...

Aujourd'hui, je suis **reconnaissant** pour 5 choses, événements, personnes...

- ☐ ....
- ☐ ....
- ☐ ....
- ☐ ....
- ☐ ....

Partie 2

Écouter différemment

Date __/__/____

Lieu ___________

JOUR 21

Fiez-vous aux vibrations que vous percevez

Affirmation du jour :

«Je fais invariablement confiance aux vibrations que je perçois.»

Mon intention
aujourd'hui est de...

Mon intuition
aujourd'hui me dit que...

Défi du jour 21

Ce défi vous demandera de **vous fier à chaque pressentiment, vibration ou sentiment intuitif que vous aurez aujourd'hui**, même si vous n'avez pas la moindre idée de ce dont il s'agit, ni pourquoi vous avez ces impressions. Acceptez-les simplement, sans vous poser de questions. Ne demandez pas non plus à quelqu'un son opinion sur le sujet. Veillez à ne pas parler de votre intuition à des personnes qui pourraient la mettre en doute, au risque de vous faire également douter de vous.

Décidez de vous préparer à assumer toute la responsabilité de vos décisions de la journée, en évitant d'évaluer la contribution de quelqu'un d'autre à ce sujet. En relevant

ce défi, votre intuition pourra prendre toute sa place dans votre vie, ce qui vous permettra de vivre en harmonie avec le cours de l'existence.
Vous ne verrez peut-être pas immédiatement de résultats probants. Ce n'est pas nécessaire. Soyez confiant que l'Univers est un mystère que nous n'avons pas besoin de comprendre à chaque minute de la journée. Contentez-vous de savoir que vous êtes à son écoute, si vous avez eu l'intuition de faire ou de ne pas faire quelque chose.
L'une des décisions que vous pourrez prendre et qui vous donnera un sentiment intense de puissance personnelle, c'est de faire le choix d'écouter votre intuition sans la moindre question, en lui faisant confiance pour vous protéger et prendre soin de vous.

Évaluez les vibrations et faites tout ce qui vous inspire tout au long de la journée, même si vous ne pouvez en expliquer la raison. Vous n'avez d'ailleurs pas besoin de donner d'explications. C'est votre vie, et votre guide intérieur est l'un des moyens essentiels qui vous permettent de vous assurer qu'elle se déroule du mieux possible.

En fin de journée, enregistrez par écrit les expériences issues de ce défi. A-t-il été difficile de simplement écouter votre intuition si cela ne vous semblait pas très logique? Avez-vous vécu des dénouements inattendus ou positifs après vous être fié aux vibrations que vous aviez perçues? Avez-vous pu suivre votre intuition sans solliciter les conseils de quelqu'un d'autre sur le sujet? Qu'avez-vous ressenti?

Je note ici 5 raisons d'agir selon mon intuition tous les jours:

- [ ] ....
- [ ] ....
- [ ] ....
- [ ] ....
- [ ] ....

Aujourd'hui, je choisis au moins 3 pratiques :

- ☐ Relever le défi du jour
- ☐ Contempler mon tableau de vision
- ☐ Faire de l'exercice ou danser
- ☐ L'affirmation du jour = mantra du jour
- ☐ Méditer, être en silence ou prière
- ☐ Lire ma vision
- ☐ Lire un livre qui m'inspire
- ☐ Tenir mon journal d'intuition
- ☐ Être dans la gratitude
- ☐ Visualiser mes rêves
- ☐ Lire mes intentions du Défi des 100 jours
- ☐ Me réunir avec des délicieux cocréateurs
- ☐ Faire un vidéo-blog ou un blog sur le site
- ☐ Surfer sur le site du Défi des 100 jours
- ☐ Visionner la vidéo du jour de Sonia & Lilou
- ☐ Tirer une carte de tarot ou d'un autre jeu
- ☐ Autre : ....

Aujourd'hui, mes résultats/succès sont

- ☐ ....
- ☐ ....
- ☐ ....
- ☐ ....
- ☐ ....
- ☐ ....
- ☐ ....
- ☐ ....
- ☐ ....
- ☐ ....

Aujourd'hui, j'ai observé, appris, compris que...

....

Aujourd'hui, je suis reconnaissant pour 5 choses, événements, personnes...

- ☐ ....
- ☐ ....
- ☐ ....
- ☐ ....
- ☐ ....

JOUR 22

Date __/__/____

Lieu ___________

Renoncez à tout contrôle

Affirmation du jour :

«Je renonce à tout contrôle.»

Le nombre de petits moyens par lesquels on s'évertue à contrôler les événements est surprenant, une habitude qui, souvent, fait cependant obstacle à l'intuition, qui ne peut se manifester pour faciliter les choses.

Le secret, c'est d'accepter que notre méthode pour faire les choses comme il faut n'est pas forcément la meilleure, ni la seule. En renonçant à prendre le contrôle, vous vous ouvrirez et vous autoriserez à recevoir de l'assistance.

Mon intention aujourd'hui est de...

Mon intuition aujourd'hui me dit que...

Défi du jour 22

Ce défi vous demandera aujourd'hui de vous abstenir de tout contrôle, ce qui sera particulièrement difficile si vous avez énormément de responsabilités, ou l'impression que seul votre contrôle est la garantie du succès. En ayant toute conscience que cela peut être une requête déraisonnable, renoncer à contrôler ne signifie pas abandonner toute responsabilité. Cela demande en fait de **faire simplement un peu de place pour l'Univers**, et pour que les personnes dans votre vie puissent se présenter pour vous la faciliter. Si vous avez tendance à tout contrôler (et qui parmi nous n'y est pas un peu enclin?), ce défi sera un peu plus difficile à relever.

Commencez par renoncer progressivement au contrôle.

Si vous voulez que votre enfant mange des céréales au petit déjeuner et qu'il préfère de la glace, acceptez pour aujourd'hui.
Si vous êtes responsable d'un projet au travail et que l'un de vos collègues a d'autres idées pour le mettre à exécution, dites: «Oui, essayons!» à cette suggestion.
Si vous êtes en voiture et que la personne conduisant veut prendre une autre route que celle que vous aviez prévue, installez-vous confortablement et détendez-vous en la laissant aux commandes.

Découvrez sans peine vos comportements tendant au contrôle. En observant comment quelqu'un effectue une tâche, il vous suffira de remarquer à quel moment vous ressentez de la tension. À cet instant, prenez une bonne respiration et, à moins que vous ne couriez un danger imminent, détendez-vous, lâchez prise et constatez ce qui se passe.
Évaluez votre niveau d'anxiété et demandez-vous quelle est vraiment l'importance de ce qui se produit dans le tableau d'ensemble. Si c'est nettement sans importance, installez-vous confortablement et appréciez que quelqu'un d'autre se charge des responsabilités.
C'est en faisant la part belle à l'assentiment que l'on renforce l'intuition. Fréquemment, en étant tellement convaincus d'une certaine façon de procéder, nous nous déconnectons ou ignorons les impulsions intuitives qui nous permettraient de faire les choses autrement. Et qui sait quelles opportunités nous avons pu rater en ces occasions.
Alors, détendez-vous et accordez-vous un jour de congé dans votre mission pour régenter l'Univers.

Ce soir, notez dans votre journal ce que vous avez compris en renonçant à tout contrôler. Était-ce difficile? Était-ce plus difficile dans certains cas? A-t-il été plus facile de renoncer au contrôle envers certaines personnes? Un événement positif ou surprenant s'est-il produit à la suite de votre décision? Un incident déplaisant a-t-il eu lieu?

Je note ici 5 raisons de ne pas vouloir tout contrôler:

- ☐ ....
- ☐ ....
- ☐ ....
- ☐ ....
- ☐ ....

Aujourd'hui, **je choisis** au moins **3 pratiques** :

- ☐ Relever le défi du jour
- ☐ Contempler mon tableau de vision
- ☐ Faire de l'exercice ou danser
- ☐ L'affirmation du jour = mantra du jour
- ☐ Méditer, être en silence ou prière
- ☐ Lire ma vision
- ☐ Lire un livre qui m'inspire
- ☐ Tenir mon journal d'intuition
- ☐ Être dans la gratitude
- ☐ Visualiser mes rêves
- ☐ Lire mes intentions du Défi des 100 Jours
- ☐ Me réunir avec des délicieux cocréateurs
- ☐ Faire un vidéo-blog ou un blog sur le site
- ☐ Surfer sur le site du Défi des 100 Jours
- ☐ Visionner la vidéo du Jour de Sonia & Lilou
- ☐ Tirer une carte de tarot ou d'un autre jeu
- ☐ Autre : ....

Aujourd'hui, **mes résultats/succès** sont :

- ☐ ....
- ☐ ....
- ☐ ....
- ☐ ....
- ☐ ....
- ☐ ....
- ☐ ....
- ☐ ....
- ☐ ....
- ☐ ....

Aujourd'hui, j'ai **observé, appris, compris** que...

Aujourd'hui, je suis **reconnaissant** pour 5 choses, événements, personnes...

- ☐ ....
- ☐ ....
- ☐ ....
- ☐ ....
- ☐ ....

Date __/__/____

Lieu __________

JOUR 23

Laissez votre intuition prendre les décisions

Affirmation du jour :

«Je laisse mon intuition prendre les rênes.»

Mon intention

aujourd'hui est de...

Mon intuition

aujourd'hui me dit que...

Défi du jour 23

Aujourd'hui, chaque fois que vous devrez faire un choix ou prendre une décision, posez la main sur votre cœur et dites à voix haute: **«Mon intuition aujourd'hui me dit que... [terminer la phrase]»**, tout comme nous vous avons auparavant encouragé à procéder. Seulement, cette fois, au lieu de simplement annoncer ce que votre intuition vous suggère, agissez en fonction de cette suggestion. Ne vous contentez pas de le mentionner. Revendiquez-le.

Ce défi vous paraîtra peut-être au départ un peu ambitieux, mais vous devez maintenant avoir vécu suffisamment d'expériences intuitives positives pour savoir que vous **pouvez** sans risque suivre votre intuition. Laissez donc votre guide intérieur prendre les choses en main, et ses bienfaits ne tarderont pas à affluer.

Commencez par de petites décisions ne comportant aucun risque, par exemple quelle direction prendre pour vous rendre au travail en évitant

le trafic, ou que choisir au menu pour vous régaler au déjeuner. Cependant, efforcez-vous de dépasser les limites rassurantes en ce qui concerne votre ego, et laissez-vous également guider par votre intuition pour prendre aujourd'hui de plus importantes décisions.
Nous vous promettons que ce défi changera votre vie et vous procurera un tel sentiment de puissance personnelle que vous ne regarderez plus jamais en arrière.

Bonus

Répertoriez dans votre journal toutes les décisions que vous avez prises aujourd'hui, et ce que vous avez ressenti en laissant votre intuition prendre les choses en main. Il sera peut-être trop tôt pour parvenir à discerner ce qu'auront entraîné vos décisions, par conséquent ne vous en donnez pas la peine. L'intuition **a souvent besoin de temps** pour que l'on puisse en apprécier pleinement les bienfaits, alors accordez-lui le temps nécessaire.
Vous pourriez même être tenté de penser sur le moment que vous avez fait une erreur, soyez donc prêt à accepter cette éventualité.

N'oubliez pas, l'intuition perçoit ce qui est imperceptible à nos sens externes et, le moment venu, tout sera révélé.
Soyez patient et **félicitez-vous** d'avoir accueilli ce changement important dans votre vie.

Je note 5 petites décisions prises liées à l'intuition:

- [ ] ....
- [ ] ....
- [ ] ....
- [ ] ....
- [ ] ....

Aujourd'hui, **je choisis** au moins **3 pratiques** :

- ☐ Relever le défi du jour
- ☐ Contempler mon tableau de vision
- ☐ Faire de l'exercice ou danser
- ☐ L'affirmation du jour = mantra du jour
- ☐ Méditer, être en silence ou prière
- ☐ Lire ma vision
- ☐ Lire un livre qui m'inspire
- ☐ Tenir mon journal d'intuition
- ☐ Être dans la gratitude
- ☐ Visualiser mes rêves
- ☐ Lire mes intentions du Défi des 100 jours
- ☐ Me réunir avec des délicieux cocréateurs
- ☐ Faire un vidéo-blog ou un blog sur le site
- ☐ Surfer sur le site du Défi des 100 jours
- ☐ Visionner la vidéo du jour de Sonia & Lilou
- ☐ Tirer une carte de tarot ou d'un autre jeu
- ☐ Autre : ....

Aujourd'hui, **mes résultats/succès** sont

- ☐ ....
- ☐ ....
- ☐ ....
- ☐ ....
- ☐ ....
- ☐ ....
- ☐ ....
- ☐ ....
- ☐ ....
- ☐ ....

Aujourd'hui, j'ai **observé, appris, compris** que...

Aujourd'hui, je suis **reconnaissant** pour 5 choses, événements, personnes...

- ☐ ....
- ☐ ....
- ☐ ....
- ☐ ....
- ☐ ....

JOUR 24

Date __/__/____

Lieu __________

Servez-vous de votre intuition comme d'une boussole interne

Affirmation du jour :

«Je me laisse guider par ma boussole interne.»

Contrairement à la croyance populaire, l'intuition est bien plus qu'un mécanisme qui vous renvoie des impressions en répondant par «oui» ou par «non». Son fonctionnement s'apparente davantage à une boussole qui réagit en fonction de la direction vers laquelle vous vous dirigez ou souhaitez vous orienter. Comme vous pourrez le constater, cela fonctionne mieux quand on sait où l'on veut aller et qu'on est prêt à suivre les étapes pour atteindre sa destination, ce qui nous mène à notre défi d'aujourd'hui.

Mon intention

aujourd'hui est de...

Mon intuition

aujourd'hui me dit que...

Défi du jour 24

Consacrez quelques minutes à noter dans votre journal consacré à l'intuition les expériences vers lesquelles vous aimeriez qu'elle vous guide. Cela pourra être aussi simple que «Je veux trouver un emplacement où me garer» ou «Je veux être guidé vers la prochaine opportunité professionnelle ou relationnelle qui me sera la plus favorable» ou encore «Je veux retrouver mon authenticité et vivre en accord avec ce qui me tient à cœur».
En écrivant **vos objectifs** prévus, vérifiez par le biais de votre ventre et de votre cœur pour savoir si vous êtes vraiment prêt à être guidé dans cette direction. Cela pourra vous paraître insensé mais, souvent, on croit vouloir quelque chose sans y être réellement ouvert pour l'obtenir, car cela implique un changement.

Par exemple, disons que vous voulez un nouveau poste prestigieux alors que, en votre for intérieur, vous redoutez toute nouvelle situation, par conséquent, vous

ne serez pas assez ouvert ou réceptif pour suivre les étapes nécessaires afin d'atteindre cet objectif.
L'intuition vous indique des opportunités. Elle ne les livre pas à votre porte comme un produit commandé en ligne.

Si vous êtes vraiment disposé à recevoir ses conseils, votre ventre sera détendu et votre cœur sera ouvert et disponible. Si vous n'êtes pas prêt à suivre cette direction, votre ventre sera contracté et votre cœur sera fermé. Vous serez plutôt dans votre tête, à l'écoute de toutes ces raisons pour lesquelles ces expériences ne pourront que vous échapper.

Si vous n'êtes pas réceptif, mettez cet objectif de côté et concentrez-vous aujourd'hui sur un autre projet. Vous pourrez toujours y revenir à un autre moment. Une fois que vous aurez pris note de vos objectifs, rangez votre journal et respirez profondément, les yeux fermés. Demandez à votre Moi supérieur d'assumer la fonction de votre boussole en vous indiquant la meilleure direction qui vous permettra d'atteindre aisément ces objectifs, et le plus agréablement possible. Ensuite, au cours de la journée, **ralentissez et prêtez attention** à ce que vous ressentez au niveau du ventre et du cœur. Que ressentez-vous quand vous parlez? Vos propos vous donnent-ils l'impression de vous entraîner vers votre objectif, ou de vous en éloigner?
Si votre ventre et votre cœur vous donnent la sensation d'être contractés, c'est que vous avez dévié de votre cap et vous êtes éloigné de votre objectif. S'ils vous donnent la sensation d'être ouvert et détendu, c'est que vous progressez dans la bonne direction pour l'atteindre, alors continuez. Comme cela requiert de l'attention, vous pouvez programmer l'alarme sur votre téléphone portable ou votre montre afin de vérifier toutes les heures où vous en êtes.

Comme mentionné précédemment, vous n'obtiendrez peut-être aucun résultat dans l'immédiat qui vous permettra d'atteindre votre objectif, mais soyez sûr qu'en prêtant attention à votre boussole interne, vous êtes sur la voie du succès.

Je note ici 5 de mes objectifs:

- [ ] ....
- [ ] ....
- [ ] ....
- [ ] ....
- [ ] ....

Aujourd'hui, **je choisis** au moins **3 pratiques** :

- ☐ Relever le défi du jour
- ☐ Contempler mon tableau de vision
- ☐ Faire de l'exercice ou danser
- ☐ L'affirmation du jour = mantra du jour
- ☐ Méditer, être en silence ou prière
- ☐ Lire ma vision
- ☐ Lire un livre qui m'inspire
- ☐ Tenir mon journal d'intuition
- ☐ Être dans la gratitude
- ☐ Visualiser mes rêves
- ☐ Lire mes intentions du Défi des 100 jours
- ☐ Me réunir avec des délicieux cocréateurs
- ☐ Faire un vidéo-blog ou un blog sur le site
- ☐ Surfer sur le site du Défi des 100 jours
- ☐ Visionner la vidéo du jour de Sonia & Lilou
- ☐ Tirer une carte de tarot ou d'un autre jeu
- ☐ Autre : ....

Aujourd'hui, **mes résultats/succès** sont :

- ☐ ....
- ☐ ....
- ☐ ....
- ☐ ....
- ☐ ....
- ☐ ....
- ☐ ....
- ☐ ....
- ☐ ....
- ☐ ....

Aujourd'hui, j'ai **observé, appris, compris** que...

Aujourd'hui, je suis **reconnaissant** pour 5 choses, événements, personnes...

- ☐ ....
- ☐ ....
- ☐ ....
- ☐ ....
- ☐ ....

Date __/__/____

Lieu ___________

JOUR 25

Lâchez prise

Affirmation du jour :

«Je suis ouvert à de nouveaux conseils pour me guider à ce sujet.»

Votre intuition ne peut émerger si vous vous accrochez à des préjugés ou si vous restez bloqué en attendant que les choses se mettent en place d'une certaine façon, c'est-à-dire en fonction de votre point de vue.

Notre guide intérieur s'emploie à révéler la voie en accord avec le plan divin, et ce qui est bénéfique à tout un chacun au niveau supérieur. Mais souvent, selon nous, les événements devraient se dérouler autrement.

Nous ne pouvons accéder à ces conseils supérieurs en restant subordonnés à suivre nos plans comme nous l'entendons et à notre façon de voir les choses. Afin d'être disponibles pour ce que notre intuition a à nous offrir, nous devons renoncer à notre point de vue limité.

Mon intention

aujourd'hui est de...

Mon intuition

aujourd'hui me dit que...

Défi du jour 25

Ce défi vous demandera aujourd'hui de vous libérer de vos idées préconçues et d'abandonner tout attachement à ce qui fonctionne habituellement comme vous l'aviez envisagé.

Chaque fois que vous vous retrouverez en proie à une obsession, à trop vous concentrer, dans l'objectif que les choses se passent comme vous l'aviez prévu, ou à croire que votre point de vue sur le moment est exact, dites plutôt: «Je me libère, je lâche prise et je fais confiance à mon guide intérieur pour m'indiquer la voie.» Soyez réceptif à de nouvelles informations en renonçant à vos points de vue dépassés.

Bonus Vidéo du jour

Branchez votre webcam ou écrivez un blog sur le site du Défi des 100 jours (www.defides100jours.com) et parlez de votre Défi des 100 jours. Vous pouvez partager là où vous en êtes dans le developement de votre intuition. Si vous ne souhaitez pas faire un vidéo-blog, alors écrivez un blog sur le site. Soutenez aussi d'autres participants en ajoutant un commentaire d'encouragement sur leurs pages ou vidéos!

Je note ici 5 idées préconcues que j'ai:

- ☐ ....
- ☐ ....
- ☐ ....
- ☐ ....
- ☐ ....

Aujourd'hui, je choisis au moins 3 pratiques :

- ☐ Relever le défi du jour
- ☐ Contempler mon tableau de vision
- ☐ Faire de l'exercice ou danser
- ☐ L'affirmation du jour = mantra du jour
- ☐ Méditer, être en silence ou prière
- ☐ Lire ma vision
- ☐ Lire un livre qui m'inspire
- ☐ Tenir mon journal d'intuition
- ☐ Être dans la gratitude
- ☐ Visualiser mes rêves
- ☐ Lire mes intentions du Défi des 100 jours
- ☐ Me réunir avec des délicieux cocréateurs
- ☐ Faire un vidéo-blog ou un blog sur le site
- ☐ Surfer sur le site du Défi des 100 jours
- ☐ Visionner la vidéo du jour de Sonia & Lilou
- ☐ Tirer une carte de tarot ou d'un autre jeu
- ☐ Autre : ....

Aujourd'hui, mes résultats/succès sont

- ☐ ....
- ☐ ....
- ☐ ....
- ☐ ....
- ☐ ....
- ☐ ....
- ☐ ....
- ☐ ....
- ☐ ....
- ☐ ....

Aujourd'hui, j'ai observé, appris, compris que...

....

Aujourd'hui, je suis reconnaissant pour 5 choses, événements, personnes...

- ☐ ....
- ☐ ....
- ☐ ....
- ☐ ....
- ☐ ....

Félicitations, vous avez accompli avec succès 25 % de votre Défi des 100 jours !

Prenez le temps de répondre aux questions suivantes, et partagez vos réponses sur le site du Défi des 100 jours www.defides100jours.com. Cette étape se révélera extrêmement bénéfique. Lorsque vous faites une pause, réfléchissez et soyez reconnaissant pour les expériences vécues, cela vous aide à intégrer tous les outils merveilleux dont vous enrichissez votre vie chaque jour.

1. Prenez le temps de passer en revue les 25 derniers jours, en vous concentrant en particulier sur vos succès et ce dont vous êtes le plus reconnaissant.

2. À présent, méditez sur certaines de vos déceptions ou choses que vous n'avez pas encore achevées dans votre Défi. Vous êtes-vous surpris en plein délit de procrastination, ou ne tenant pas vos engagements?

3. En passant en revue ces 25 premiers jours, pouvez-vous en identifier les exercices les plus bénéfiques?

4. Existe-t-il quelqu'un dans votre famille, votre communauté, ou au sein du Défi des 100 jours, avec qui vous aimeriez partager vos expériences et qui pourrait vous soutenir?

5. À ce stade du Défi, qu'avez-vous appris sur l'intuition et sur vos capacités intuitives?

6. Écrivez ce que vous ressentez à propos de vos résultats.

7. Écrivez ce qui s'est bien passé, et ce qui s'est mal passé.

8. S'il y a quoi que ce soit que vous gardez en vous au sujet de votre participation à développer votre intuition en 100 jours, c'est le moment de vous pardonner et de passer à autre chose !

9. Maintenant que 25 jours se sont écoulés, c'est le moment de le fêter, de vous accorder des petits plaisirs, de réitérer vos engagements sur les pratiques que vous voulez mettre en place; de passer en revue, de revoir et élargir votre vision de vous-même, et de réviser vos autres intentions pour ce Défi, notées en début de cahier. Si cela n'est pas déjà fait, allez-y !

10. Fêtez ! Célébrez ! Dansez ! Faites-vous masser ! Vous êtes délicieux !

Date __/__/____

Lieu __________

JOUR 26

Buvez beaucoup d'eau

Affirmation du jour :

« Je vide mon verre. »

Il est très important de boire beaucoup d'eau pour vous hydrater si vous voulez que votre intuition vous serve du mieux possible. Quand le corps est en état de déshydratation, la conscience faiblit considérablement, et d'importants indices nous échappent.

Mon intention

aujourd'hui est de...

Mon intuition

aujourd'hui me dit que...

Défi du jour 26

Aujourd'hui, buvez un petit verre d'eau toutes les heures, tout au long de la journée, après avoir programmé l'alarme sur votre téléphone portable ou votre montre pour vous le rappeler. De manière surprenante, une action aussi simple contribuera vraiment à amplifier votre conscience et affûtera votre capacité de concentration, toutes deux nécessaires au bon fonctionnement d'un esprit vif et intuitif.

Je note ici 5 raisons de boire de l'eau régulièrement tous les jours :

- [ ]
- [ ]
- [ ]
- [ ]
- [ ]

Aujourd'hui, **je choisis** au moins **3 pratiques** :

- ☐ Relever le défi du jour
- ☐ Contempler mon tableau de vision
- ☐ Faire de l'exercice ou danser
- ☐ L'affirmation du jour = mantra du jour
- ☐ Méditer, être en silence ou prière
- ☐ Lire ma vision
- ☐ Lire un livre qui m'inspire
- ☐ Tenir mon journal d'intuition
- ☐ Être dans la gratitude
- ☐ Visualiser mes rêves
- ☐ Lire mes intentions du Défi des 100 jours
- ☐ Me réunir avec des délicieux cocréateurs
- ☐ Faire un vidéo-blog ou un blog sur le site
- ☐ Surfer sur le site du Défi des 100 jours
- ☐ Visionner la vidéo du jour de Sonia & Lilou
- ☐ Tirer une carte de tarot ou d'un autre jeu
- ☐ Autre : ....

Aujourd'hui, **mes résultats/succès** sont :

☐ ....
☐ ....
☐ ....
☐ ....
☐ ....
☐ ....
☐ ....
☐ ....
☐ ....
☐ ....

Aujourd'hui, j'ai **observé, appris, compris** que...

Aujourd'hui, je suis **reconnaissant** pour 5 choses, événements, personnes...

☐ ....
☐ ....
☐ ....
☐ ....
☐ ....

Date __/__/____

Lieu ___________

JOUR 27

Mangez plus de fruits et de légumes

Affirmation du jour :

«Mangeons sainement.»

Votre corps sert de récepteur intuitif, par conséquent il fonctionnera mieux en tant que tel si votre **alimentation est saine**. L'un des meilleurs moyens de l'alimenter est en consommant plein de fruits et de légumes en accompagnement de l'eau que nous vous avons encouragé à boire hier. Ces aliments à la vibration élevée le nourrissent en favorisant par ailleurs la digestion. Mieux vous nourrirez votre corps et digérerez, plus il y aura d'amélioration au niveau de sa capacité de réceptivité.

Mon intention

aujourd'hui est de...

Mon intuition

aujourd'hui me dit que...

Défi du jour 27

Aujourd'hui, consommez très peu ou pas du tout de viande. Prenez des repas plus légers que d'habitude, en privilégiant surtout les légumes verts et quelques fruits. Éliminez le sucre, le pain et l'alcool, et examinez votre énergie.

Votre intuition s'est-elle améliorée grâce à cette alimentation plus légère et plus saine?

Plus votre corps se sentira allégé, énergisé et moins fatigué par une digestion trop lente, plus il sera facile pour vous de vous connecter aux vibrations les plus subtiles de votre intuition.

Bonus Vidéo du jour

Faites un vidéo-blog aujourd'hui si vous le souhaitez! Partagez devant la caméra de votre ordinateur portable ou de votre téléphone ce que vous avez appris sur votre intuition et sur vous-même. Vous pouvez aussi écrire un blog sur le site du Défi (www.defides100Jours.com) si vous n'avez pas le temps ou si vous préférez vous exprimer par écrit. Soyez authentique!

Je note ici 5 raisons de manger plus sainement:

- ☐ ....
- ☐ ....
- ☐ ....
- ☐ ....
- ☐ ....

Aujourd'hui, **je choisis** au moins **3 pratiques** :

- ☐ Relever le défi du jour
- ☐ Contempler mon tableau de vision
- ☐ Faire de l'exercice ou danser
- ☐ L'affirmation du jour = mantra du jour
- ☐ Méditer, être en silence ou prière
- ☐ Lire ma vision
- ☐ Lire un livre qui m'inspire
- ☐ Tenir mon journal d'intuition
- ☐ Être dans la gratitude
- ☐ Visualiser mes rêves
- ☐ Lire mes intentions du Défi des 100 jours
- ☐ Me réunir avec des délicieux cocréateurs
- ☐ Faire un vidéo-blog ou un blog sur le site
- ☐ Surfer sur le site du Défi des 100 jours
- ☐ Visionner la vidéo du jour de Sonia & Lilou
- ☐ Tirer une carte de tarot ou d'un autre jeu
- ☐ Autre :

Aujourd'hui, **mes résultats/succès** sont

Aujourd'hui, j'ai **observé, appris, compris** que...

Aujourd'hui, je suis **reconnaissant** pour 5 choses, événements, personnes...

CHAPITRE 6 **DÉTOX**

JOUR 28

Date __/__/____

Lieu __________

Restez calme

Affirmation du jour :

« Je reste calme. »

On accède mieux à son intuition dans un état de calme, de sérénité, ce qui, comme nous le savons tous, est plus facile à dire qu'à faire, du moins sans pratique. Cette exploration vous permettra de vous exercer au cours de la journée à respirer et à vous détendre, au lieu de dramatiser.

Réagir en dramatisant provoque à l'intérieur du corps des raz-de-marée d'énergie perturbée et, une fois causés, notre corps subit une décharge d'adrénaline et nous nous retrouvons en proie au syndrome « bats-toi, fuis ou reste figé sur place », en perdant tout contact avec notre cœur ou notre conscience supérieure.

Mon intention

aujourd'hui est de...

Mon intuition

aujourd'hui me dit que...

Défi du jour 28

Votre exploration consistera au cours de la journée à vous exercer à respirer cinq fois avant de réagir face à autrui ou à une situation donnée. Si quelqu'un vous coupe la route dans la circulation, respirez profondément cinq fois. Si quelqu'un arrive en retard à un rendez-vous, au lieu de vous agiter, respirez cinq fois. Si c'est vous qui êtes en retard au rendez-vous, respirez cinq fois profondément, etc.

À chaque respiration, dites-vous: «Je reste calme.»
Demandez ensuite à votre intuition de vous guider pour trouver le meilleur moyen de gérer la situation.
Veillez cependant à respirer cinq fois au préalable.
Sinon, vous serez jusque-là dans un état d'agitation où vous ne pourrez accéder qu'à votre ego, votre vibration personnelle s'étant affaiblie.

Au lieu de réagir, rassurez-vous, **vous pourrez ainsi conserver votre calme et rester réceptif à votre Moi supérieur et à votre guide intérieur.**
Dans cet état, votre Moi supérieur pourra se manifester en vous indiquant en l'espace de quelques instants comment apaiser la situation, ou vous entraîner vers une autre, plus propice, où vous serez davantage ancré.
Plus vous serez discipliné en restant calme et ancré au lieu de laisser votre ego réagir, plus vous saurez vous connecter rapidement et profondément à votre intuition.

Bonus Une fois que vous aurez recouvré votre calme, demandez à votre intuition: «Comment puis-je répondre du mieux possible à ceci? Guide-moi.» En silence, percevez la direction que votre Moi supérieur cherche à vous indiquer. Étant donné que vous vous êtes exercé à ouvrir votre canal intuitif, vous serez aussi surpris que ravi de constater que vous êtes guidé.

Je note ici 5 façons de retrouver mon calme au quotidien:

- [ ] ....
- [ ] ....
- [ ] ....
- [ ] ....
- [ ] ....

Aujourd'hui, **je choisis** au moins **3 pratiques** :

- ☐ Relever le défi du jour
- ☐ Contempler mon tableau de vision
- ☐ Faire de l'exercice ou danser
- ☐ L'affirmation du jour = mantra du jour
- ☐ Méditer, être en silence ou prière
- ☐ Lire ma vision
- ☐ Lire un livre qui m'inspire
- ☐ Tenir mon journal d'intuition
- ☐ Être dans la gratitude
- ☐ Visualiser mes rêves
- ☐ Lire mes intentions du Défi des 100 jours
- ☐ Me réunir avec des délicieux cocréateurs
- ☐ Faire un vidéo-blog ou un blog sur le site
- ☐ Surfer sur le site du Défi des 100 jours
- ☐ Visionner la vidéo du jour de Sonia & Lilou
- ☐ Tirer une carte de tarot ou d'un autre jeu
- ☐ Autre : ....

Aujourd'hui, **mes résultats/succès** sont :

Aujourd'hui, j'ai **observé, appris, compris** que…

Aujourd'hui, je suis **reconnaissant** pour 5 choses, événements, personnes…

Date __/__/____

Lieu __________

JOUR 29

Faites preuve de souplesse

Affirmation du jour :

«Je suis souple.»

L'intuition se présente souvent par surprise en nous demandant de procéder on ne peut plus différemment par rapport à ce que nos projets requéraient à l'origine. Cela signifie que, pour profiter de ces conseils venant de l'intérieur pour nous guider, on doit être prêt à faire preuve de souplesse et à changer de plans si nécessaire.

Des études montrent qu'il est bien plus facile d'être souple mentalement si on l'est également physiquement. Aujourd'hui, exercez-vous à être aussi souple que possible, que ce soit physiquement ou mentalement.

Mon intention

aujourd'hui est de...

Mon intuition

aujourd'hui me dit que...

Défi du jour 29

Commencez la journée par quelques **étirements.** En position debout, penchez-vous doucement d'un côté à l'autre, d'avant en arrière, puis intégrez quelques mouvements circulaires du bassin comme si vous faisiez tourner un cerceau dans chaque direction.

Balancez les bras et balancez-vous d'avant en arrière pour atténuer toute la rigidité dans votre corps. Remuez les mains et les pieds.

Faites ces exercices plusieurs fois aujourd'hui.

Mettez cette souplesse en pratique en vous autorisant au cours de la journée à changer d'avis, de direction, de plan, aussi souvent que vous le souhaitez. Remarquez si vous résistez ou non à ces changements, tout en mettant votre respiration à contribution pour y faire face.
Rappelez-vous que la souplesse est le secret de l'intuition et qu'elle vous permettra d'être guidé beaucoup plus facilement que si vous en manquiez.
Appréciez pleinement la liberté et le plaisir qu'entraîne la souplesse.

Bonus Dans votre journal consacré à l'intuition, notez tous les moyens par lesquels vous vous êtes autorisé aujourd'hui à être plus souple que d'habitude, ainsi que l'effet que cela a eu sur vous. Cela vous a-t-il plu? Vous êtes-vous senti déstabilisé? Cette expérience a-t-elle eu un résultat positif ? Avez-vous découvert quelque chose de nouveau? Avez-vous rencontré des problèmes après avoir fait preuve de davantage de souplesse? Écrivez tout. Bon travail!

Je note ici 5 façons de faire preuve de souplesse:

- [ ] ....
- [ ] ....
- [ ] ....
- [ ] ....
- [ ] ....

Aujourd'hui, **je choisis** au moins **3 pratiques** :

- ☐ Relever le défi du jour
- ☐ Contempler mon tableau de vision
- ☐ Faire de l'exercice ou danser
- ☐ L'affirmation du jour = mantra du jour
- ☐ Méditer, être en silence ou prière
- ☐ Lire ma vision
- ☐ Lire un livre qui m'inspire
- ☐ Tenir mon journal d'intuition
- ☐ Être dans la gratitude
- ☐ Visualiser mes rêves
- ☐ Lire mes intentions du Défi des 100 jours
- ☐ Me réunir avec des délicieux cocréateurs
- ☐ Faire un vidéo-blog ou un blog sur le site
- ☐ Surfer sur le site du Défi des 100 jours
- ☐ Visionner la vidéo du jour de Sonia & Lilou
- ☐ Tirer une carte de tarot ou d'un autre jeu
- ☐ Autre : ....

Aujourd'hui, **mes résultats/succès** sont :

- ☐ ....
- ☐ ....
- ☐ ....
- ☐ ....
- ☐ ....
- ☐ ....
- ☐ ....
- ☐ ....
- ☐ ....
- ☐ ....
- ☐ ....

Aujourd'hui, j'ai **observé, appris, compris** que...

....

Aujourd'hui, je suis **reconnaissant** pour 5 choses, événements, personnes...

- ☐ ....
- ☐ ....
- ☐ ....
- ☐ ....
- ☐ ....

JOUR 30

Date __/__/____

Lieu __________

Dansez jusqu'à épuisement

Affirmation du jour :

«Allez, on danse!»

Si nous voulons vraiment bénéficier de notre intuition et de son pouvoir supérieur, il nous faut **renouer avec la souplesse** – que ce soit de l'esprit ou du corps – et la **spontanéité**. En étant raides et en cherchant à contrôler notre corps, nous faisons obstacle à notre intuition en l'empêchant d'appliquer ses pouvoirs magiques à notre existence.

Mon intention

aujourd'hui est de...

Mon intuition

aujourd'hui me dit que...

Défi du jour 30

Votre défi consistera aujourd'hui à vous ménager de l'espace pour que votre intuition vous anime, **en dansant comme un fou sur de la musique bruyante.** Déconnectez-vous mentalement en vous laissant porter par la musique et en vous centrant dans votre cœur.

Se dandiner en faisant de petits pas d'avant en arrière ne fera pas l'affaire. L'astuce, c'est de complètement vous laisser aller et de remuer, de vous secouer et de vous trémousser en toute désinvolture. Si vous parvenez à persuader un ou deux amis de se joindre à votre petite fête, ce sera d'autant mieux, étant donné que ce sera plus facile de relever ce défi en leur compagnie, car vous pourrez ainsi vous aider mutuellement à vous abandonner et à vous mouvoir sur la musique.

Assurez-vous d'avoir programmé deux ou trois de vos morceaux dansants favoris, prêts à être joués aussi fort que vous pourrez vous le permettre. Puis fermez les yeux, **sentez le rythme** et **laissez-vous porter** par la musique.

Ondulez des hanches, balancez les bras, levez les pieds, pivotez et tournoyez. Plus vos mouvements seront **amples**, plus cette expérience sera enrichissante. Entreprenez ce défi même si vous n'avez aucune envie de danser. En fait, voilà une raison supplémentaire de vous y mettre. Quand on perd l'envie de danser, cela veut dire qu'on s'est déconnecté de son esprit, ce qui ne mène jamais à de bonnes choses ou à des résultats positifs.

S'abandonner à la musique s'apparente beaucoup à s'abandonner à son intuition et à la laisser nous animer à la place de la peur ou de notre quête de contrôle. Plus vous vous abandonnerez à la musique, plus vite vous vous reconnecterez à votre merveilleux esprit et à votre Moi supérieur. Dansez de dix à quinze minutes au moins, et prenez plaisir à vous y adonner.

Bonus
Vidéo du jour

Faites un vidéo-blog aujourd'hui si vous le souhaitez! Partagez devant la caméra de votre ordinateur portable ou de votre téléphone ce que vous avez appris sur votre intuition et sur vous-même. Vous pouvez aussi écrire un blog sur le site du Défi (www.defides100Jours.com) si vous n'avez pas le temps ou si vous préférez vous exprimer par écrit. Soyez authentique!

Je note ici 5 raisons de danser plus souvent:

- [ ] ....
- [ ] ....
- [ ] ....
- [ ] ....
- [ ] ....

Aujourd'hui, **je choisis** au moins **3 pratiques** :

- ☐ Relever le défi du jour
- ☐ Contempler mon tableau de vision
- ☐ Faire de l'exercice ou danser
- ☐ L'affirmation du jour = mantra du jour
- ☐ Méditer, être en silence ou prière
- ☐ Lire ma vision
- ☐ Lire un livre qui m'inspire
- ☐ Tenir mon journal d'intuition
- ☐ Être dans la gratitude
- ☐ Visualiser mes rêves
- ☐ Lire mes intentions du Défi des 100 Jours
- ☐ Me réunir avec des délicieux cocréateurs
- ☐ Faire un vidéo-blog ou un blog sur le site
- ☐ Surfer sur le site du Défi des 100 Jours
- ☐ Visionner la vidéo du jour de Sonia & Lilou
- ☐ Tirer une carte de tarot ou d'un autre jeu
- ☐ Autre : ....

Aujourd'hui, **mes résultats/succès** sont :

- ☐ ....
- ☐ ....
- ☐ ....
- ☐ ....
- ☐ ....
- ☐ ....
- ☐ ....
- ☐ ....
- ☐ ....
- ☐ ....

Aujourd'hui, j'ai **observé, appris, compris** que...

Aujourd'hui, je suis **reconnaissant** pour 5 choses, événements, personnes...

- ☐ ....
- ☐ ....
- ☐ ....
- ☐ ....
- ☐ ....

Date __/__/____

Lieu ___________

JOUR 31

Ancrez-vous dans le présent

Affirmation du jour :

«Je fais des choix bien ancrés.»

Bien que notre intuition semble se manifester sans rime ni raison, nous pouvons en fait la développer constamment, à condition de savoir recevoir les messages qu'elle nous transmet intuitivement.

Après tout, l'intuition est une véritable énergie qui transporte des informations, pas si différente des ondes radio qui transportent des données et que nous recevons dans notre transistor ou notre ordinateur.

Plus la radio ou l'ordinateur seront «ancrés», plus ils recevront le signal diffusé ; donc, plus nous serons ancrés, plus nous serons également en mesure de recevoir des signaux intuitifs.

Le corps est le point de départ pour s'ancrer dans le présent. En lui donnant ce qui est nécessaire à son bon fonctionnement, il devient un récepteur réglé avec une extrême précision. Cependant, chaque corps n'a pas les mêmes besoins.

Mon intention

aujourd'hui est de...

Mon intuition

aujourd'hui me dit que...

Défi du jour 31

Le défi d'aujourd'hui vous invite à **reconnaître ce dont a besoin votre corps pour se sentir ancré, afin de le lui fournir.** Pour certaines personnes, un petit déjeuner consistant est nécessaire pour bien commencer la journée et s'ancrer, même si ce n'est pas dans la tradition française d'en prendre un aussi copieux.

Pour certains, s'ancrer signifie avoir plein de temps le matin sans devoir se presser, par conséquent ils ont peut-être besoin de plus de temps que d'autres. Certaines personnes s'ancrent en se prélassant longuement et en se détendant dans un bon bain chaud, tandis que d'autres ressentent la nécessité d'aller promener le chien, ou simplement d'un peu de solitude pour se recentrer.

Plus vous saurez ce qui vous apaise, vous centre, vous met à l'aise, vous détend et pourquoi c'est important de le favoriser, plus votre intuition se développera.

Munissez-vous de votre journal consacré à vos expériences intuitives et réfléchissez à ce qui vous permet de vous ancrer. Notez les trois ou quatre éléments qui contribuent à ce que vous vous sentiez plus ancré, puis honorez-les aujourd'hui.

Bonus

Tout comme certaines choses nous ancrent, d'autres nuisent à notre ancrage en nous inquiétant ou en nous déstabilisant, ce qui est également important de reconnaître afin de s'en préserver.

Munissez-vous de votre dictaphone et enregistrez trois ou quatre exemples de ce qui vous déstabilise ou provoque en vous de l'agitation, comme se presser le matin, consommer trop de café, être exposé à de la musique forte ou dissonante, ou perdre du temps au travail en bavardant pour finir par prendre du retard.

Lorsque vous aurez identifié de quoi il s'agit, **évitez tout au long de la journée ces situations**, et remarquez si, en résultat, vous vous sentez ou non plus connecté et guidé.

Je note ici 5 façons et raisons de m'ancrer:

- [ ] ....
- [ ] ....
- [ ] ....
- [ ] ....
- [ ] ....

Aujourd'hui, **je choisis** au moins **3 pratiques** :

- ☐ Relever le défi du jour
- ☐ Contempler mon tableau de vision
- ☐ Faire de l'exercice ou danser
- ☐ L'affirmation du jour = mantra du jour
- ☐ Méditer, être en silence ou prière
- ☐ Lire ma vision
- ☐ Lire un livre qui m'inspire
- ☐ Tenir mon journal d'intuition
- ☐ Être dans la gratitude
- ☐ Visualiser mes rêves
- ☐ Lire mes intentions du Défi des 100 jours
- ☐ Me réunir avec des délicieux cocréateurs
- ☐ Faire un vidéo-blog ou un blog sur le site
- ☐ Surfer sur le site du Défi des 100 jours
- ☐ Visionner la vidéo du jour de Sonia & Lilou
- ☐ Tirer une carte de tarot ou d'un autre jeu
- ☐ Autre : ....

Aujourd'hui, **mes résultats/succès** sont

☐ ....
☐ ....
☐ ....
☐ ....
☐ ....
☐ ....
☐ ....
☐ ....
☐ ....
☐ ....
☐ ....

Aujourd'hui, j'ai **observé, appris, compris** que...

Aujourd'hui, je suis **reconnaissant** pour 5 choses, événements, personnes...

☐ ....
☐ ....
☐ ....
☐ ....
☐ ....

JOUR 32

Date __/__/____

Lieu __________

Mettez-vous à l'écoute de votre corps

Affirmation du jour :

«J'écoute mon corps.»

Nous faisons l'expérience de l'intuition au niveau du corps. Celui-ci ressent l'énergie. Lorsqu'il la reçoit, il la transmet à l'esprit d'où vous pouvez ensuite utiliser cette information pour prendre des décisions mieux informées que si elles étaient uniquement contrôlées par l'intellect. C'est pourquoi nous décrivons souvent notre intuition par le biais de réactions physiques, comme «Je le sens dans les tripes» ou «Ça m'a hérissé les poils sur la nuque et donné la chair de poule».

Notre esprit est trop occupé à penser et a si souvent trop à faire, au point que ces énergies subtiles particulièrement importantes et fréquemment protectrices, qui cherchent à attirer notre attention et à nous aider, nous échappent. Il est donc important de prendre l'habitude de prêter périodiquement attention à notre corps afin de prendre conscience de toutes les énergies qui y sont entreposées, attendant que nous remarquions leur présence.

Mon intention

aujourd'hui est de...

Mon intuition

aujourd'hui me dit que...

Défi du jour 32

Aujourd'hui, asseyez-vous calmement quelques minutes et **examinez mentalement votre corps** pour voir s'il pourrait contenir une énergie dont il serait fondamental de tenir compte. Commencez par fermer les yeux et, à partir des pieds, laissez votre attention parcourir tranquillement votre corps, en passant ensuite aux mollets, aux genoux, aux cuisses, aux fesses et au bassin. Respirez lentement tout en le parcourant ainsi mentalement et avec la plus grande attention, puis constatez si vous ressentez dans ces zones de la tension, du stress, de l'anxiété ou de l'agitation.

Si c'est le cas, **posez à votre corps les questions suivantes à voix haute: D'où vient cette tension, ce stress,** etc.? Est-ce strictement physique ou y a-t-il un message plus profond à découvrir? Qu'est-ce que cela essaie de me dire? Ce stress est-il lié à un événement qui s'est produit dans ma vie actuelle? S'agit-il d'une énergie que je retiens depuis longtemps? Écoutez votre corps lorsqu'il répondra à vos questions. Prenez votre temps en restant ouvert à ce qu'il vous raconte. Évitez de réagir ou d'avoir des préjugés, ou même d'essayer de faire sens de ce qu'il vous dit.

Poursuivez l'examen de votre corps à partir du bassin, au ventre, aux hanches, au bas puis en haut du dos, aux épaules. Faites à nouveau une pause. Remarquez-vous de la tension ou du stress?

Demandez à votre corps si ce n'est que physique, ou si l'énergie tente de vous informer et de vous protéger à sa manière. Reprenez l'examen en remontant par le cou, la gorge, l'arrière puis l'avant de la tête, le front, le sommet du crâne, l'arrière des yeux, puis terminez par le dessus de la tête.

Respirez et détendez-vous en procédant à cet examen. Ne vous précipitez pas.

Arrêtez chaque fois que vous remarquerez la moindre tension pour demander à votre corps de vous dire de quoi il s'agit. N'oubliez pas de répondre à voix haute. Soyez curieux de savoir ce dont il a à vous faire part.

Votre corps, votre boussole intuitive la plus performante, ne ment jamais.

Vous serez surpris du nombre d'informations intuitives auxquelles vous aurez accès rien qu'en effectuant mentalement cet examen physique et en posant à votre corps des questions sur l'énergie qu'il contient.

Bonus Programmez aujourd'hui votre montre ou votre téléphone portable pour que l'alarme se déclenche toutes les trois ou quatre heures, afin de vous rappeler d'arrêter et de procéder à un examen, à la recherche d'informations intuitives. En en prenant ainsi l'habitude, vous vous exercerez à rester connecté, au lieu de vous déconnecter.

Je note ici 5 façons dont mon corps communique avec moi:

- [ ] ....
- [ ] ....
- [ ] ....
- [ ] ....
- [ ] ....

Aujourd'hui, **je choisis** au moins **3 pratiques** :

- ☐ Relever le défi du jour
- ☐ Contempler mon tableau de vision
- ☐ Faire de l'exercice ou danser
- ☐ L'affirmation du jour = mantra du jour
- ☐ Méditer, être en silence ou prière
- ☐ Lire ma vision
- ☐ Lire un livre qui m'inspire
- ☐ Tenir mon journal d'intuition
- ☐ Être dans la gratitude
- ☐ Visualiser mes rêves
- ☐ Lire mes intentions du Défi des 100 jours
- ☐ Me réunir avec des délicieux cocréateurs
- ☐ Faire un vidéo-blog ou un blog sur le site
- ☐ Surfer sur le site du Défi des 100 jours
- ☐ Visionner la vidéo du jour de Sonia & Lilou
- ☐ Tirer une carte de tarot ou d'un autre jeu
- ☐ Autre : ....

Aujourd'hui, **mes résultats/succès** sont :

- ☐ ....
- ☐ ....
- ☐ ....
- ☐ ....
- ☐ ....
- ☐ ....
- ☐ ....
- ☐ ....
- ☐ ....

Aujourd'hui, j'ai **observé, appris, compris** que...

Aujourd'hui, je suis **reconnaissant** pour 5 choses, événements, personnes...

- ☐ ....
- ☐ ....
- ☐ ....
- ☐ ....
- ☐ ....

Date __/__/____

Lieu __________

JOUR 33

Concentrez-vous sur votre ventre

Affirmation du jour :

«Je reporte mon attention à l'intérieur de mon ventre pour être guidé.»

En ce qui concerne l'intuition, vous ne pourrez pas y puiser mentalement. Vous ne la trouverez que lorsque vous porterez toute votre attention sur votre corps, car celui-ci dit la vérité. La plupart des gens cherchent à être guidés en réfléchissant de manière désordonnée, ce qui ne fait qu'ajouter à leur confusion et à leur désarroi.

Mon intention

aujourd'hui est de...

Mon intuition

aujourd'hui me dit que...

Défi du jour 33

Aujourd'hui, chaque fois que vous souhaiterez être guidé ou obtenir une réponse intuitive, prenez une profonde inspiration et reportez votre attention sur votre corps, quelque part entre votre cœur et votre ventre. **C'est à cet endroit que vous percevrez votre connaissance profonde, ainsi que ce qui est vrai et bon pour vous à cet instant.** Au lieu de trouver la réponse, percevez-la au niveau de cette région de votre corps. Vous n'aurez plus à la deviner. Vous sentirez ce qui est en accord avec vous lorsque l'ensemble de votre corps résonnera avec ces conseils venant de votre guide intérieur. Par conséquent, ne les évaluez pas avec votre tête, mais avec votre cœur et votre ventre.

Je note ici 5 raisons d'être à l'écoute de mon corps.

- [ ]
- [ ]
- [ ]
- [ ]
- [ ]

Aujourd'hui, **je choisis** au moins **3 pratiques** :

- ☐ Relever le défi du jour
- ☐ Contempler mon tableau de vision
- ☐ Faire de l'exercice ou danser
- ☐ L'affirmation du jour = mantra du jour
- ☐ Méditer, être en silence ou prière
- ☐ Lire ma vision
- ☐ Lire un livre qui m'inspire
- ☐ Tenir mon journal d'intuition
- ☐ Être dans la gratitude
- ☐ Visualiser mes rêves
- ☐ Lire mes intentions du Défi des 100 Jours
- ☐ Me réunir avec des délicieux cocréateurs
- ☐ Faire un vidéo-blog ou un blog sur le site
- ☐ Surfer sur le site du Défi des 100 Jours
- ☐ Visionner la vidéo du jour de Sonia & Lilou
- ☐ Tirer une carte de tarot ou d'un autre jeu
- ☐ Autre : ....

Aujourd'hui, **mes résultats/succès** sont :

- ☐ ....
- ☐ ....
- ☐ ....
- ☐ ....
- ☐ ....
- ☐ ....
- ☐ ....
- ☐ ....
- ☐ ....

Aujourd'hui, j'ai **observé, appris, compris** que...

Aujourd'hui, je suis **reconnaissant** pour 5 choses, événements, personnes...

- ☐ ....
- ☐ ....
- ☐ ....
- ☐ ....
- ☐ ....

Date __/__/____

Lieu ___________

JOUR 34

Tenez compte de vos émotions

Affirmation du jour :

« Qu'est-ce que je ressens en ce moment ? »

L'intuition circule dans notre corps sensible, par conséquent, à moins d'être réceptifs à ce que nous éprouvons, elle demeurera pour nous imperceptible. De ce fait, il est important et, oui, nécessaire, d'être réceptif à vos sentiments au lieu de les refouler et de vivre en privilégiant les pensées rationnelles.

Mon intention aujourd'hui est de...

Mon intuition aujourd'hui me dit que...

Défi du jour 34

Votre défi consistera aujourd'hui à prendre conscience de **vos émotions et à quel endroit vous les ressentez** dans votre corps.

Par exemple, si vous vous sentez stressé, où le ressentez-vous le plus fortement physiquement? Au niveau de la poitrine? À l'arrière de la tête? Au creux de l'estomac?

Vous pouvez également appliquer cette méthode à d'autres émotions. Vous sentez-vous insécurisé? En colère? Frustré? Accablé? Heureux? Affectueux? Triste? Inquiet? Ou ressentez-vous plusieurs de ces émotions?

Tout au long de la journée, en identifiant ce que vous éprouvez émotionnellement, évaluez ce que vous ressentez physiquement et à quel endroit de votre corps.

Si l'émotion est intense et vous donne une sensation de forte contraction ou de constriction, surmontez-la en respirant, puis transmettez un sentiment d'acceptation.

Si vous avez peur de perdre le contrôle, allez faire une petite promenade en respirant pour essayer de surmonter ce sentiment préoccupant et accepter également cette émotion. Ne défendez pas ni n'éprouvez le besoin de justifier ce que vous ressentez. **Acceptez simplement cette émotion et surmontez-la en respirant**.

Remarquez en le faisant si ce que vous ressentez physiquement s'est modifié. Est-ce que ça s'est atténué? Intensifié? Ou n'a pas évolué?

Si vous avez l'habitude d'être connecté à vos émotions, ce défi devrait s'avérer facile. Cependant, en cas contraire, si vous réprimez vos émotions en privilégiant le raisonnement, ce défi pourra au début vous paraître déroutant. Soyez patient et curieux en explorant.

Demandez-vous: «Qu'est-ce que je ressens?» et écoutez ce que vous répond votre corps. Interrogez-vous ensuite sur la nature de ce sentiment, et depuis combien de temps il se trouve là. Demandez à l'émotion que vous ressentez ce qu'elle cherche à vous dire, et écoutez-la très attentivement. Respirez tout en explorant.

Y a-t-il d'autres émotions sous-jacentes à cette émotion initiale? Comme de la tristesse sous-jacente à la colère? Ou de la peur sous-jacente à l'impatience? Soyez clair et définissez à voix haute ces émotions. Vous pourriez dire, par exemple: «Je me sens triste» Ou bien encore: «Je me sens apeuré.» Ou: «Je me sens accablé.»

Notez si vous remarquez d'autres régions dans votre corps en prenant conscience de vos émotions et en les identifiant.

Demandez à votre intuition quoi faire pour atténuer une émotion négative ou intensifier une émotion positive. En fin de journée, consacrez dix minutes à transcrire vos émotions dans votre journal consacré à vos expériences intuitives. Quelles sont les émotions les plus intenses qui vous animent en ce moment? Que vous transmet votre intuition à leur sujet?

Faites preuve de curiosité et acceptez tout ce qui se présentera.

Je note ici 5 endroits où les émotions se manifestent dans mon corps:

- ☐ ....
- ☐ ....
- ☐ ....
- ☐ ....
- ☐ ....

Aujourd'hui, **je choisis** au moins **3 pratiques** :

- ☐ Relever le défi du jour
- ☐ Contempler mon tableau de vision
- ☐ Faire de l'exercice ou danser
- ☐ L'affirmation du jour = mantra du jour
- ☐ Méditer, être en silence ou prière
- ☐ Lire ma vision
- ☐ Lire un livre qui m'inspire
- ☐ Tenir mon journal d'intuition
- ☐ Être dans la gratitude
- ☐ Visualiser mes rêves
- ☐ Lire mes intentions du Défi des 100 jours
- ☐ Me réunir avec des délicieux cocréateurs
- ☐ Faire un vidéo-blog ou un blog sur le site
- ☐ Surfer sur le site du Défi des 100 jours
- ☐ Visionner la vidéo du jour de Sonia & Lilou
- ☐ Tirer une carte de tarot ou d'un autre jeu
- ☐ Autre : ....

Aujourd'hui, **mes résultats/succès** sont

- ☐ ....
- ☐ ....
- ☐ ....
- ☐ ....
- ☐ ....
- ☐ ....
- ☐ ....
- ☐ ....
- ☐ ....
- ☐ ....
- ☐ ....

Aujourd'hui, j'ai **observé, appris, compris** que...

Aujourd'hui, je suis **reconnaissant** pour 5 choses, événements, personnes...

- ☐ ....
- ☐ ....
- ☐ ....
- ☐ ....
- ☐ ....

JOUR 35

Date __/__/____

Lieu __________

Écoutez votre corps

Affirmation du jour :

«Mon corps dit la vérité.»

Votre corps vous guide à tout moment, ce qui peut se traduire par des gargouillements, une gorge nouée, des poils dressés sur la nuque, voire une envie irrésistible de se lever pour partir en courant.

Mon intention

aujourd'hui est de...

Mon intuition

aujourd'hui me dit que...

Défi du jour 35

Prêtez attention à ce que votre corps vous dit aujourd'hui. Il s'agit d'un mécanisme unique en son genre qui vous renvoie des sentiments intuitifs, et il est extrêmement facile de s'y connecter.

Plusieurs fois dans la journée, parcourez mentalement l'ensemble de votre corps avec une grande attention.

Demandez-vous: «Comment est-ce que je me sens actuellement?» Puis: «Que me dit mon corps en ce moment même?» Répondez à voix haute pour intensifier les signaux qu'il vous transmettra. Ne réfléchissez pas trop avant de répondre. Considérez comme réponse la première idée qui vous viendra à l'esprit et suivez ce que vous en percevrez. Considérez ce défi comme une assurance maladie.

Bonus 1 Tout en parcourant mentalement votre corps, enregistrez les réponses à ces questions sur le dictaphone de votre téléphone portable. Vous pouvez aussi faire un vidéo-blog pour le site du Défi des 100 jours www.defides100jours.com.

Bonus 2 Procédez à cet examen au moins trois ou quatre fois aujourd'hui, et constatez s'il en découle des messages, récurrents ou nouveaux.

Aujourd'hui, faites un video-blog ou blog sur le site du Defi des 100 jours pour partager avec la communauté du Défi vos succès, vos transformations et ce que vous avez observé sur vous et l'intuition.

Bonus Vidéo du jour

Je note ici 5 façons dont mon corps s'exprime:

- ....
- ....
- ....
- ....
- ....

Aujourd'hui, **je choisis** au moins **3 pratiques** :

- ☐ Relever le défi du jour
- ☐ Contempler mon tableau de vision
- ☐ Faire de l'exercice ou danser
- ☐ L'affirmation du jour = mantra du jour
- ☐ Méditer, être en silence ou prière
- ☐ Lire ma vision
- ☐ Lire un livre qui m'inspire
- ☐ Tenir mon journal d'intuition
- ☐ Être dans la gratitude
- ☐ Visualiser mes rêves
- ☐ Lire mes intentions du Défi des 100 jours
- ☐ Me réunir avec des délicieux cocréateurs
- ☐ Faire un vidéo-blog ou un blog sur le site
- ☐ Surfer sur le site du Défi des 100 jours
- ☐ Visionner la vidéo du jour de Sonia & Lilou
- ☐ Tirer une carte de tarot ou d'un autre jeu
- ☐ Autre :

Aujourd'hui, **mes résultats/succès** sont :

Aujourd'hui, j'ai **observé, appris, compris** que...

Aujourd'hui, je suis **reconnaissant** pour 5 choses, événements, personnes...

Date __/__/____

Lieu __________

JOUR 36

Voyez au-delà des apparences

Affirmation du jour :

«Je suis très attentif à l'énergie des autres en évitant de m'égarer sous son emprise.»

Mon intention

aujourd'hui est de...

Mon intuition

aujourd'hui me dit que...

Défi du jour 36

Aujourd'hui, déployez encore plus votre conscience et votre sensibilité en cherchant à voir **au-delà des apparences.** Gardez en mémoire que l'intuition correspond à la capacité d'être réceptif à d'autres énergies subtiles que celles paraissant évidentes, et de comprendre ce qu'elles transmettent.

Aujourd'hui, lors de vos rapports avec les autres, **remarquez si vous êtes capable de percevoir au-delà des mots que vous entendez et d'être réceptif aux véritables sentiments d'autrui.** Pouvez-vous dire si quelqu'un dit ou non la vérité? Parvenez-vous à percevoir au-delà de ce que quelqu'un exprime par les mots, et à discerner ce qu'ils veulent vraiment dire? Êtes-vous capable de faire la distinction entre ce que vous entendez et ce qui vous donne le sentiment d'être vrai?

Prêtez grande attention aux personnes avec lesquelles vous vous entretiendrez aujourd'hui, et efforcez-vous d'aller au-delà d'une relation superficielle pour approfondir en percevant ce qui se passe véritablement en eux.

Bonus Prenez votre cahier et notez vos aperçus, sans vous soucier de leur exactitude. À ce stade de votre Défi, tout ce qui importe, c'est de vous exercer à faire attention à ce qui se passe au-delà des relations superficielles avec les autres, et de laisser votre intuition vous alerter afin de percevoir ce qui est au-delà des apparences. Gardez à l'esprit qu'il ne s'agit pas d'un test, mais d'une EXPLORATION. Prenez simplement note de ce que vous ressentez, sans juger. Soyez simplement conscient.
Le fait de vous connecter à votre intuition n'est en aucun cas une question d'être «correct», mais de prendre conscience d'autrui à un niveau plus profond, ce qui vous permettra de vous laisser guider par votre intuition dans vos relations.

Je note ici 5 raisons de regarder au-delà des apparences:

- ☐ ....
- ☐ ....
- ☐ ....
- ☐ ....
- ☐ ....

Aujourd'hui, **je choisis** au moins **3 pratiques** :

- ☐ Relever le défi du jour
- ☐ Contempler mon tableau de vision
- ☐ Faire de l'exercice ou danser
- ☐ L'affirmation du jour = mantra du jour
- ☐ Méditer, être en silence ou prière
- ☐ Lire ma vision
- ☐ Lire un livre qui m'inspire
- ☐ Tenir mon journal d'intuition
- ☐ Être dans la gratitude
- ☐ Visualiser mes rêves
- ☐ Lire mes intentions du Défi des 100 jours
- ☐ Me réunir avec des délicieux cocréateurs
- ☐ Faire un vidéo-blog ou un blog sur le site
- ☐ Surfer sur le site du Défi des 100 jours
- ☐ Visionner la vidéo du jour de Sonia & Lilou
- ☐ Tirer une carte de tarot ou d'un autre jeu
- ☐ Autre : ....

Aujourd'hui, **mes résultats/succès** sont :

- ☐ ....
- ☐ ....
- ☐ ....
- ☐ ....
- ☐ ....
- ☐ ....
- ☐ ....
- ☐ ....
- ☐ ....
- ☐ ....
- ☐ ....

Aujourd'hui, j'ai **observé, appris, compris** que...

Aujourd'hui, je suis **reconnaissant** pour 5 choses, événements, personnes...

- ☐ ....
- ☐ ....
- ☐ ....
- ☐ ....
- ☐ ....

JOUR 37

Date __/__/____

Lieu __________

Autorisez-vous à vous interroger

Affirmation du jour :

«Je me demande..................

........................»

L'intuition émerge à la fois du côté droit du cerveau, créatif, intuitif et artistique, et de l'intelligence du cœur. Passer du côté gauche, logique, au côté droit du cerveau requiert de l'entraînement, surtout si vous n'en avez pas l'habitude.

L'un des moyens pour faire le plus rapidement connaissance avec votre nature intuitive consiste à vous interroger, à voix haute, sur de nombreux sujets, et SANS attendre une réponse à vos questionnements.

Mon intention

aujourd'hui est de...

Mon intuition

aujourd'hui me dit que...

Défi du jour 37

Laissez simplement votre imagination s'éveiller et se faire plus réceptive à un univers mystérieux: celui qui vous permettra de recevoir facilement des conseils et toute information, à l'improviste et à tout moment. Procédez en vous posant des questions.

Essayez dès maintenant. **Dites à voix haute: «Je me demande...», tout en prenant conscience du changement qui se produit au niveau de votre esprit et de votre corps.** La première chose qui se produit, c'est que vous réduirez au silence votre bavardage mental pour vous mettre à l'écoute, une qualité essentielle pour être intuitivement guidé.

Posez-vous aujourd'hui à voix haute une centaine de questions. Peu importe ce dont il s'agit. Vous pouvez vous en poser dix à la fois.

Par exemple:

«Je me demande pourquoi le ciel est bleu.»

«Je me demande ce qui est en solde ce mois-ci dans ma boutique préférée.»

«Je me demande où j'irai en vacances dans deux ans.»

«Je me demande ce qui ferait plaisir à ma meilleure amie pour son anniversaire.»

«Je me demande où rencontrer l'âme sœur.»

«Je me demande si la personne assise à côté de moi dans le métro vient d'une grande famille.»

Grâce à cette exploration, votre esprit pourra se faire plus réceptif à un apport intuitif, ce qui vous permettra de vous exercer à développer votre intuition, en vous encourageant à vous ouvrir au monde et à de nouvelles informations, ainsi qu'à de nouvelles façons de penser et de percevoir, qui contribueront toutes à l'évolution de votre esprit intuitif.

Bonus 1 Posez-vous cent questions en les écrivant.

Bonus 2 Rassemblez des amis ou la famille, puis posez-vous cent questions à tour de rôle.

Je note ici 5 questions dont je n'ai pas la réponse:

- ☐ ....
- ☐ ....
- ☐ ....
- ☐ ....
- ☐ ....

Aujourd'hui, **je choisis** au moins **3 pratiques** :

- ☐ Relever le défi du jour
- ☐ Contempler mon tableau de vision
- ☐ Faire de l'exercice ou danser
- ☐ L'affirmation du jour = mantra du jour
- ☐ Méditer, être en silence ou prière
- ☐ Lire ma vision
- ☐ Lire un livre qui m'inspire
- ☐ Tenir mon journal d'intuition
- ☐ Être dans la gratitude
- ☐ Visualiser mes rêves
- ☐ Lire mes intentions du Défi des 100 jours
- ☐ Me réunir avec des délicieux cocréateurs
- ☐ Faire un vidéo-blog ou un blog sur le site
- ☐ Surfer sur le site du Défi des 100 jours
- ☐ Visionner la vidéo du jour de Sonia & Lilou
- ☐ Tirer une carte de tarot ou d'un autre jeu
- ☐ Autre : ....

Aujourd'hui, **mes résultats/succès** sont :

- ☐ ....
- ☐ ....
- ☐ ....
- ☐ ....
- ☐ ....
- ☐ ....
- ☐ ....
- ☐ ....
- ☐ ....
- ☐ ....

Aujourd'hui, j'ai **observé, appris, compris** que...

Aujourd'hui, je suis **reconnaissant** pour 5 choses, événements, personnes...

- ☐ ....
- ☐ ....
- ☐ ....
- ☐ ....
- ☐ ....

Date __/__/____

Lieu ___________

JOUR 38

Concentrez-vous sur des pensées affectueuses

Affirmation du jour :

«Je m'aime et j'aime autrui.»

L'intuition est une énergie subtile qui s'intensifie grâce aux vibrations plus puissantes des pensées affectueuses, que ce soit envers autrui ou soi-même.

Mon intention

aujourd'hui est de...

Mon intuition

aujourd'hui me dit que...

Défi du jour 38

Toute la journée, prenez conscience de ce que vous vous dites, ainsi que de ce que vous dites des autres. **Choisissez de vous parler avec bienveillance au cours de la journée.** Concentrez-vous également au sujet d'autrui sur des pensées affectueuses et bienveillantes, même envers ceux qui vous ont fait souffrir ou vous ont contrarié. Cela intensifiera très rapidement votre vibration personnelle et amplifiera votre capacité à recevoir de votre Moi supérieur des conseils aptes à vous guider.

Si vous vous retrouvez quand même en proie à des pensées malveillantes ou à tenir des propos désobligeants à l'encontre de quelqu'un ou de vous-même, il vous suffira, dès l'instant où vous prendrez conscience de votre erreur, de dire «J'annule tout» pour retrouver votre concentration, et de remplacer ce qui était négatif par une pensée affectueuse et bienveillante.

Cette pratique ouvrira très rapidement la voie à un flot plus intense d'intuitions et favorisera une guérison complète. Essayez-la dès aujourd'hui et appréciez pleinement le flot d'intuitions et de synchronicités qui en découlera.

Je note ici 5 raisons d'être bienveillant envers moi-même et autrui:

- [ ] ....
- [ ] ....
- [ ] ....
- [ ] ....
- [ ] ....

Aujourd'hui, **je choisis** au moins **3 pratiques** :

- ☐ Relever le défi du jour
- ☐ Contempler mon tableau de vision
- ☐ Faire de l'exercice ou danser
- ☐ L'affirmation du jour = mantra du jour
- ☐ Méditer, être en silence ou prière
- ☐ Lire ma vision
- ☐ Lire un livre qui m'inspire
- ☐ Tenir mon journal d'intuition
- ☐ Être dans la gratitude
- ☐ Visualiser mes rêves
- ☐ Lire mes intentions du Défi des 100 jours
- ☐ Me réunir avec des délicieux cocréateurs
- ☐ Faire un vidéo-blog ou un blog sur le site
- ☐ Surfer sur le site du Défi des 100 jours
- ☐ Visionner la vidéo du jour de Sonia & Lilou
- ☐ Tirer une carte de tarot ou d'un autre jeu
- ☐ Autre : ....

Aujourd'hui, **mes résultats/succès** sont

- ☐ ....
- ☐ ....
- ☐ ....
- ☐ ....
- ☐ ....
- ☐ ....
- ☐ ....
- ☐ ....
- ☐ ....
- ☐ ....
- ☐ ....

Aujourd'hui, j'ai **observé, appris, compris** que...

....

Aujourd'hui, je suis **reconnaissant** pour 5 choses, événements, personnes...

- ☐ ....
- ☐ ....
- ☐ ....
- ☐ ....
- ☐ ....

JOUR 39

Date __/__/____

Lieu __________

Faites intuitivement un tour d'horizon à distance

Affirmation du jour :

«Vérifions ça !»

Voici l'une des découvertes enthousiasmantes que vous ferez : avec peu d'attention, vous pourrez vous servir de vos capacités intuitives pour évaluer avant votre arrivée les vibrations d'un lieu, des gens et des événements, afin de vous préparer, de mieux cerner et de connaître plus en profondeur une personne ou une situation et, si nécessaire, vous protéger de la négativité.

Mon intention

aujourd'hui est de…

Mon intuition

aujourd'hui me dit que…

Défi du jour 39

Commencez par appliquer cette méthode simple pour faire intuitivement un tour d'horizon à distance avant de vous rendre au travail. Choisissez la personne que vous souhaitez évaluer ainsi, comme un client potentiel, votre patron ou votre collègue.

Fermez les yeux, faites venir cette personne à votre esprit et imaginez-la sous la forme d'une boule d'énergie de lumière blanche. Examinez-la mentalement de haut en bas pour voir si vous remarquez dans son champ énergétique quelque chose de bénéfique ou de toxique. Reportez votre conscience d'un côté à l'autre, puis recommencez.

Percevez-vous une énergie positive? Une énergie négative? Des problèmes d'ordre physique? Des préoccupations?

Tout en poursuivant votre examen mentalement, demandez ce qu'il est important de connaître pour vous mettre en contact avec cette personne le plus positivement et fructueusement pour vous deux.

Faites confiance à tout ce qui vous viendra à l'esprit, énoncez-le à voix haute et, si possible, notez-le par écrit. Le moment n'est pas propice pour «vous faire une idée» si ce que vous avez perçu grâce à votre évaluation intuitive est «exact». **Contentez-vous de vous y fier et d'agir en fonction.**

En présence de cette personne, utilisez les informations que vous avez reçues pour vous mettre positivement en relation avec elle.

Une autre façon géniale d'utiliser cette méthode d'évaluation à distance, c'est si vous naviguez sur les sites de rencontres ou de recherche d'emploi sur Internet. Ce défi vous permettra de vous mettre à l'écoute de bien plus que juste les informations disponibles. Il pourra vous mener à des relations positives et vous évitera de perdre du temps avec celles qui pourraient être négatives.

Cette méthode vous permettra également d'évaluer à distance l'énergie des lieux, par exemple, les endroits où vous voulez vous rendre, ou en cherchant un appartement ou une destination de vacances. Vous pourrez aussi vous en servir pour choisir un restaurant.

En fait, **les applications de cette méthode d'évaluation à distance sont infinies.** Le secret pour relever ce défi, c'est de prendre tout votre temps, et de faire confiance à ce que vous ressentez sans laisser interférer votre cerveau gauche, logique.

En fin de journée, écrivez dans votre journal où vous consignez vos expériences intuitives ce qui a découlé de ce défi. Qu'est-ce qui était le plus facile à évaluer ainsi? Qu'est-ce qui était le plus difficile? Le côté logique de votre cerveau a-t-il interféré?

Une dernière remarque: cette méthode d'évaluation intuitive à distance, pratique et utile pour obtenir des informations sur les lieux et les gens, manquera cependant de précision si vous vous en servez pour «espionner» en entretenant de mauvaises intentions.

Le secret, c'est d'être neutre quand vous y recourez, sans avoir au préalable la moindre suspicion ou attitude négative qui risque de rendre confuse toute interprétation précise.

Privilégiez donc la neutralité d'un bout à l'autre.

Je note ici 5 points clés résumant cet exercice, notés dans mon journal intuitif:

- [ ] ....
- [ ] ....
- [ ] ....
- [ ] ....
- [ ] ....

Aujourd'hui, **je choisis** au moins **3 pratiques** :

- ☐ Relever le défi du jour
- ☐ Contempler mon tableau de vision
- ☐ Faire de l'exercice ou danser
- ☐ L'affirmation du jour = mantra du jour
- ☐ Méditer, être en silence ou prière
- ☐ Lire ma vision
- ☐ Lire un livre qui m'inspire
- ☐ Tenir mon journal d'intuition
- ☐ Être dans la gratitude
- ☐ Visualiser mes rêves
- ☐ Lire mes intentions du Défi des 100 jours
- ☐ Me réunir avec des délicieux cocréateurs
- ☐ Faire un vidéo-blog ou un blog sur le site
- ☐ Surfer sur le site du Défi des 100 jours
- ☐ Visionner la vidéo du jour de Sonia & Lilou
- ☐ Tirer une carte de tarot ou d'un autre jeu
- ☐ Autre : ....

Aujourd'hui, **mes résultats/succès** sont :

- ☐ ....
- ☐ ....
- ☐ ....
- ☐ ....
- ☐ ....
- ☐ ....
- ☐ ....
- ☐ ....
- ☐ ....
- ☐ ....

Aujourd'hui, j'ai **observé, appris, compris** que...

Aujourd'hui, je suis **reconnaissant** pour 5 choses, événements, personnes...

- ☐ ....
- ☐ ....
- ☐ ....
- ☐ ....
- ☐ ....

Date __/__/____

Lieu __________

JOUR 40

Fixez vos limites

Affirmation du jour :

«Cet espace est à moi.»

Mon intention

aujourd'hui est de...

Mon intuition

aujourd'hui me dit que...

Défi du jour 40

Aujourd'hui, employez-vous à distinguer votre énergie de celle des autres en établissant des limites énergétiques saines, ce qui présuppose de prendre conscience de l'effet qu'a sur vous l'énergie d'autrui.

Au contact d'une énergie fortement dominatrice, êtes-vous capable de rester fidèle à vous-même, ou vous adaptez-vous en réaction? Dites-vous facilement «oui» pour accepter, et «non» pour décliner? Ou avez-vous peur de la réaction éventuelle d'autrui?

Êtes-vous facilement réactif ou perturbé au contact de l'énergie des autres? Si c'est le cas, vos limites du point de vue énergétique sont vulnérables, et l'énergie d'autrui, que ce soit à proximité ou à distance,

peut prendre le dessus en vous empêchant de vous écouter et d'assumer la responsabilité de mener actuellement votre vie comme vous l'entendez.
Pour prendre conscience de votre intuition et être en mesure de la suivre, il est nécessaire que vous vous distanciez de l'influence dominatrice que les autres pourraient avoir sur vous.
Au cours de la journée, lorsque vous ressentirez l'énergie de quelqu'un d'autre, particulièrement si elle a un effet négatif ou commence à vous prendre sous son emprise, dites à voix haute: «Ce n'est PAS moi. Cette énergie n'est PAS la mienne.»

Bonus 1 Si vous vous retrouvez sous l'emprise de l'énergie de quelqu'un, ne restez pas, tout simplement. Courez aux toilettes, sortez prendre l'air ou dites: «Excusez-moi, j'ai oublié quelque chose» et partez.
Restez plaisant, mais soyez rapide avant que l'énergie de la personne concernée ne prenne le dessus.

Bonus 2 Notez dans votre journal les noms des personnes dont l'énergie vous pose le plus de défi, ou à proximité desquelles il vous est difficile de rester.

Je note ici 5 façon de me distancier de l'influence dominatrice d'autrui:

- [ ] ....
- [ ] ....
- [ ] ....
- [ ] ....
- [ ] ....

Aujourd'hui, **je choisis** au moins **3 pratiques** :

- ☐ Relever le défi du jour
- ☐ Contempler mon tableau de vision
- ☐ Faire de l'exercice ou danser
- ☐ L'affirmation du jour = mantra du jour
- ☐ Méditer, être en silence ou prière
- ☐ Lire ma vision
- ☐ Lire un livre qui m'inspire
- ☐ Tenir mon journal d'intuition
- ☐ Être dans la gratitude
- ☐ Visualiser mes rêves
- ☐ Lire mes intentions du Défi des 100 jours
- ☐ Me réunir avec des délicieux cocréateurs
- ☐ Faire un vidéo-blog ou un blog sur le site
- ☐ Surfer sur le site du Défi des 100 jours
- ☐ Visionner la vidéo du jour de Sonia & Lilou
- ☐ Tirer une carte de tarot ou d'un autre jeu
- ☐ Autre : ....

Aujourd'hui, **mes résultats/succès** sont

- ☐ ....
- ☐ ....
- ☐ ....
- ☐ ....
- ☐ ....
- ☐ ....
- ☐ ....
- ☐ ....
- ☐ ....
- ☐ ....

Aujourd'hui, j'ai **observé, appris, compris** que...

....

Aujourd'hui, je suis **reconnaissant** pour 5 choses, événements, personnes...

- ☐ ....
- ☐ ....
- ☐ ....
- ☐ ....
- ☐ ....

Partie 3

Sous hautes vibrations

Date __/__/____

Lieu ___________

JOUR 41

Évitez de solliciter l'opinion d'autrui

Affirmation du jour :

«Je n'écoute que mon cœur.»

Au sujet de la recherche de conseils pour se guider, nombreux sont ceux qui, au lieu de se mettre à l'écoute de leur propre cœur et de leur intuition, ont pour habitude de demander leur opinion aux autres. Malheureusement, non seulement cette habitude les empêche de se connecter à leur intuition, mais elle les accable, sans parler de la confusion générée par les opinions d'autrui, ce qui rend la situation d'autant plus difficile à vivre.

Quand il s'agit de solliciter l'opinion des autres, les personnes dotées d'une forte intuition limpide sont très sélectives. Généralement, elles ne la demandent qu'à ceux qu'elles estiment et respectent sincèrement, uniquement si elles en viennent à les solliciter, et, même alors, elles ne la leur demandent qu'en cas de nécessité absolue.

Elles préfèrent par habitude intérioriser et vérifier quelle est la direction à suivre auprès de leur guide intérieur.

Mon intention

aujourd'hui est de...

Mon intuition

aujourd'hui me dit que...

Défi
du jour 41

Ce défi vous invitera à **les imiter aujourd'hui**. Abstenez-vous de demander à quiconque son opinion ou sa contribution concernant les problèmes de votre vie, à moins que ce ne soit absolument nécessaire, par exemple, si vous avez besoin de renseignements pour un nouveau projet professionnel.

Si vous constatez que certaines personnes vous disent spontanément comment vous devriez vivre votre vie, interrompez-les gentiment en disant: **«Merci, j'apprécie votre sollicitude, cependant, je vais suivre mon cœur. Je suis sûr que tout se passera bien.» Puis changez de sujet.**
Après avoir ainsi abrégé leur contribution, attendez-vous à des froncements de sourcils ou à pire encore. Ne vous en offensez pas. Ces personnes n'essaient que de vous apporter de l'aide et ont peut-être eu l'impression que vous en aviez besoin.
Prenez donc conscience de la manière dont vous sollicitez l'opinion d'autrui, que ce soit consciemment ou inconsciemment, alors qu'en réalité vous vous refusez d'en avoir la nécessité.

Vous procédez en n'arrêtant pas de vous plaindre, ou en vous tracassant sans cesse au sujet de vos problèmes en présence de vos amis qui, de ce fait, vous donnent souvent leur opinion parce qu'ils sont lassés de vous en entendre parler. Prenez-en conscience, cela vous évitera de tomber dans le piège.

Si vous avez besoin de conseils, asseyez-vous tranquillement et fermez les yeux, puis mettez-vous intuitivement à l'écoute. Demandez à votre Moi supérieur quoi faire. Soyez patient. Les réponses viendront à vous.

Je note ici les 5 opinions que je ne vais pas écouter:

- [ ] ....
- [ ] ....
- [ ] ....
- [ ] ....
- [ ] ....

Aujourd'hui, **je choisis** au moins **3 pratiques** :

- ☐ Relever le défi du jour
- ☐ Contempler mon tableau de vision
- ☐ Faire de l'exercice ou danser
- ☐ L'affirmation du jour = mantra du jour
- ☐ Méditer, être en silence ou prière
- ☐ Lire ma vision
- ☐ Lire un livre qui m'inspire
- ☐ Tenir mon journal d'intuition
- ☐ Être dans la gratitude
- ☐ Visualiser mes rêves
- ☐ Lire mes intentions du Défi des 100 jours
- ☐ Me réunir avec des délicieux cocréateurs
- ☐ Faire un vidéo-blog ou un blog sur le site
- ☐ Surfer sur le site du Défi des 100 jours
- ☐ Visionner la vidéo du jour de Sonia & Lilou
- ☐ Tirer une carte de tarot ou d'un autre jeu
- ☐ Autre : ....

Aujourd'hui, **mes résultats/succès** sont

- ☐ ....
- ☐ ....
- ☐ ....
- ☐ ....
- ☐ ....
- ☐ ....
- ☐ ....
- ☐ ....
- ☐ ....
- ☐ ....

Aujourd'hui, j'ai **observé, appris, compris** que...

....

Aujourd'hui, je suis **reconnaissant** pour 5 choses, événements, personnes...

- ☐ ....
- ☐ ....
- ☐ ....
- ☐ ....
- ☐ ....

JOUR 42

Date __/__/____

Lieu __________

Identifiez et assumez vos qualités positives

Affirmation du jour :

«Je suis merveilleux.»

L'intuition se développe grâce à **l'énergie positive**, plus particulièrement lorsque cette positivité vous concerne personnellement.
Il est à regretter que bon nombre d'entre nous portent en eux des opinions si négatives que la porte menant à l'intuition est claquée, puis irrémédiablement condamnée.

Mon intention

aujourd'hui est de...

Mon intuition

aujourd'hui me dit que...

Défi du jour 42

Aujourd'hui, nous allons rouvrir cette porte en vous demandant d'**identifier autant de vos qualités positives que possible.** Commencez par les répertorier dans votre journal consacré à l'intuition. Remarquez ce que vous éprouvez en lisant ensuite cette liste à voix haute. Pouvez-vous sentir votre cœur qui s'ouvre peu à peu? Nous vous promettons que ce sera le cas.

Demandez ensuite à quelqu'un de répertorier sur le papier ses qualités positives. Puis consacrez un moment pour vous lire l'un à l'autre votre liste. De nouveau, prêtez attention à ce que vous ressentez tout en prenant connaissance de vos qualités respectives.

Au début, cela pourra vous paraître un peu inconfortable ou déstabilisant, mais que cela ne vous arrête pas pour autant. Quand vous aurez fini, demandez à votre

ami ou à votre proche s'il a quelque chose à ajouter à cette liste. Puis écoutez ce qu'il a à dire, avec le cœur et l'esprit ouverts. En écoutant ce dont il a à vous faire part, n'interférez pas, n'opposez aucune résistance ou ne niez rien par souci de modestie ou d'embarras à la suite d'un échange aussi sincère.

Remarquez comment cette émulation positive influe sur votre cœur et votre esprit. Prêtez par ailleurs attention à la manière dont leur énergie se transforme lorsqu'on ajoute des qualités positives à votre liste. Cela s'appliquera aussi lorsque vous reconnaîtrez les qualités positives d'autrui. Remarquez alors comment votre énergie change et votre cœur s'épanouit.

Assurez-vous que la personne que vous choisirez pour relever avec vous aujourd'hui ce défi est quelqu'un qui vous soutient sincèrement, comme vous la soutenez pareillement.

Ce défi s'apparente beaucoup à arroser un jardin fleuri. Grâce à cette pratique, nous vous promettons de magnifiques développements à venir.

Je note ici mes TOP 5 qualités positives:

- [ ] ....
- [ ] ....
- [ ] ....
- [ ] ....
- [ ] ....

Aujourd'hui, **je choisis** au moins **3 pratiques** :

- ☐ Relever le défi du jour
- ☐ Contempler mon tableau de vision
- ☐ Faire de l'exercice ou danser
- ☐ L'affirmation du jour = mantra du jour
- ☐ Méditer, être en silence ou prière
- ☐ Lire ma vision
- ☐ Lire un livre qui m'inspire
- ☐ Tenir mon journal d'intuition
- ☐ Être dans la gratitude
- ☐ Visualiser mes rêves
- ☐ Lire mes intentions du Défi des 100 jours
- ☐ Me réunir avec des délicieux cocréateurs
- ☐ Faire un vidéo-blog ou un blog sur le site
- ☐ Surfer sur le site du Défi des 100 jours
- ☐ Visionner la vidéo du jour de Sonia & Lilou
- ☐ Tirer une carte de tarot ou d'un autre jeu
- ☐ Autre : ....

Aujourd'hui, **mes résultats/succès** sont :

- ☐ ....
- ☐ ....
- ☐ ....
- ☐ ....
- ☐ ....
- ☐ ....
- ☐ ....
- ☐ ....
- ☐ ....
- ☐ ....

Aujourd'hui, j'ai **observé, appris, compris** que...

Aujourd'hui, je suis **reconnaissant** pour 5 choses, événements, personnes...

- ☐ ....
- ☐ ....
- ☐ ....
- ☐ ....
- ☐ ....

Date __/__/____

Lieu ___________

JOUR 43

Faites preuve de reconnaissance

Affirmation du jour :

«Je suis si reconnaissant d'avoir de l'intuition.»

Les intuitions viennent plus facilement à l'esprit en exprimant votre reconnaissance et **en ouvrant votre cœur**. Pour cela, le moyen le plus rapide sera de vous exercer à être reconnaissant pour tout ce qui fait partie de votre vie aujourd'hui. En **exprimant ainsi ouvertement votre gratitude**, vous remarquerez de plus en plus de raisons de le faire et qui auraient pu échapper jusque-là à votre attention.

Cela se vérifie particulièrement si nous avons pour habitude de nous plaindre, ou d'avoir le sentiment que notre vie est loin d'être épanouissante. Dans ce cas, nous avons tendance à nous déconnecter de ce qui est merveilleux, y compris de notre intuition, qui pourrait pourtant nous donner une vie plus merveilleuse encore, à condition d'ouvrir notre cœur.

Mon intention

aujourd'hui est de…

Mon intuition

aujourd'hui me dit que…

Défi du jour 43

Ce défi vous demandera aujourd'hui d'exprimer ouvertement votre gratitude envers tout ce qui fait partie de votre vie. Vous pourriez ainsi exprimer votre gratitude pour vous être réveillé ce matin, ou pour ce délicieux café que vous avez pris au petit déjeuner. Vous pourriez être reconnaissant que le soleil brille, ou qu'il se soit finalement mis à pleuvoir, ou encore d'avoir de quoi manger sur votre table, ainsi qu'une famille et des amis avec lesquels le partager.

Être reconnaissant présente d'infinies possibilités, car tout dans la vie est un cadeau.

L'une des choses méritant votre reconnaissance, c'est votre intuition et combien elle opère à merveille en ce qui vous concerne. Être reconnaissant pour ce qui se trouve dans votre vie s'apparente à arroser un jardin. Tout ce pour quoi vous êtes reconnaissant se développera.

En ayant un cœur reconnaissant, votre intuition favorisera le développement progressif de tout ce que vous désirez.

Bonus

Exprimez dans votre journal votre gratitude envers tout ce dont votre intuition vous a fait cadeau aujourd'hui.

Bonus

Vidéo du jour

Réalisez une brève vidéo où vous exprimerez tout ce pour quoi vous êtes reconnaissant et partagez-la sur le site du Défi des 100 jours.

Je note ici 5 raisons d'être reconnaissant d'avoir de l'intuition:

- [ ] ....
- [ ] ....
- [ ] ....
- [ ] ....
- [ ] ....

Aujourd'hui, **je choisis** au moins **3 pratiques** :

- ☐ Relever le défi du jour
- ☐ Contempler mon tableau de vision
- ☐ Faire de l'exercice ou danser
- ☐ L'affirmation du jour = mantra du jour
- ☐ Méditer, être en silence ou prière
- ☐ Lire ma vision
- ☐ Lire un livre qui m'inspire
- ☐ Tenir mon journal d'intuition
- ☐ Être dans la gratitude
- ☐ Visualiser mes rêves
- ☐ Lire mes intentions du Défi des 100 jours
- ☐ Me réunir avec des délicieux cocréateurs
- ☐ Faire un vidéo-blog ou un blog sur le site
- ☐ Surfer sur le site du Défi des 100 jours
- ☐ Visionner la vidéo du jour de Sonia & Lilou
- ☐ Tirer une carte de tarot ou d'un autre jeu
- ☐ Autre : ....

Aujourd'hui, **mes résultats/succès** sont

☐ ....
☐ ....
☐ ....
☐ ....
☐ ....
☐ ....
☐ ....
☐ ....
☐ ....
☐ ....
☐ ....

Aujourd'hui, j'ai **observé, appris, compris** que...

Aujourd'hui, je suis **reconnaissant** pour 5 choses, événements, personnes...

☐ ....
☐ ....
☐ ....
☐ ....
☐ ....

JOUR 44

Date __/__/____

Lieu __________

Recherchez des exemples à suivre

Affirmation du jour :

«Comme les plus grands leaders et innovateurs, moi aussi, je fais confiance aux vibrations que je perçois grâce à mon intuition.»

On hésite parfois à se fier à son intuition, de peur que ce ne soit pas une source fiable ou légitime d'informations favorisant la prise de décisions. Cependant, certains innovateurs éminents mondiaux et des leaders ayant connu le succès, comme Richard Branson, le fondateur de Virgin, et Mark Zuckerberg, le créateur de Facebook, n'ont pas caché que d'avoir fait confiance à leur intuition les a menés vers leur remarquable succès.

Mon intention

aujourd'hui est de...

Mon intuition

aujourd'hui me dit que...

Défi du jour 44

Aujourd'hui, votre défi sera de découvrir autant de personnes que possible, que ce soit dans votre vie ou des personnalités publiques, qui, librement, ouvertement, **ont suivi leur intuition jusqu'à la réussite.** Notez ci-contre chaque exemple qui vous viendra à l'esprit.

Je note ici 5 personnes qui ont suivi leur intuition :

- ☐ ....
- ☐ ....
- ☐ ....
- ☐ ....
- ☐ ....

Aujourd'hui, **je choisis** au moins **3 pratiques** :

- ☐ Relever le défi du jour
- ☐ Contempler mon tableau de vision
- ☐ Faire de l'exercice ou danser
- ☐ L'affirmation du jour = mantra du jour
- ☐ Méditer, être en silence ou prière
- ☐ Lire ma vision
- ☐ Lire un livre qui m'inspire
- ☐ Tenir mon journal d'intuition
- ☐ Être dans la gratitude
- ☐ Visualiser mes rêves
- ☐ Lire mes intentions du Défi des 100 jours
- ☐ Me réunir avec des délicieux cocréateurs
- ☐ Faire un vidéo-blog ou un blog sur le site
- ☐ Surfer sur le site du Défi des 100 jours
- ☐ Visionner la vidéo du jour de Sonia & Lilou
- ☐ Tirer une carte de tarot ou d'un autre jeu
- ☐ Autre : ……………………

Aujourd'hui, **mes résultats/succès** sont

- ☐ ……………………
- ☐ ……………………
- ☐ ……………………
- ☐ ……………………
- ☐ ……………………
- ☐ ……………………
- ☐ ……………………
- ☐ ……………………
- ☐ ……………………
- ☐ ……………………

Aujourd'hui, j'ai **observé, appris, compris** que…

Aujourd'hui, je suis **reconnaissant** pour 5 choses, événements, personnes…

- ☐ ……………………
- ☐ ……………………
- ☐ ……………………
- ☐ ……………………
- ☐ ……………………

JOUR 45

Date __/__/____

Lieu __________

Passez à l'action en suivant deux intuitions

Affirmation du jour :

« J'ai peur, mais j'agirai malgré tout en fonction de mon intuition. »

Notre faculté intuitive ne nous sera d'aucune utilité si nous n'agissons pas au bon moment en fonction des sentiments qu'elle nous transmet.

Mon intention

aujourd'hui est de...

Mon intuition

aujourd'hui me dit que...

Défi du jour 45

Ce défi vous demandera aujourd'hui de **passer à l'action** en suivant au moins deux intuitions, ce qui pourra être aussi simple que de passer un coup de fil ou d'envoyer un mail amical à quelqu'un auquel vous venez de penser. Cela pourra prendre également la forme d'une action bien plus importante, comme postuler pour un emploi, dans lequel vous n'avez aucune expérience mais que vous aimeriez essayer, ou commencer à écrire ce livre sur lequel votre intuition vous a encouragé à travailler.

Le secret, c'est de vous permettre de passer à l'action **à la suite d'une intuition, sans y réfléchir avec votre cerveau logique** pour y trouver une quelconque justification. Lancez-vous intuitivement et voyez simplement

ce qui se passe. Appréciez de vous laisser motiver aujourd'hui par autre chose que la logique.
Notez dans votre journal quelles sont les actions que vous avez entreprises et ce qui en a découlé.

Ne perdez pas courage si rien de positif ne résulte immédiatement de votre décision. Bien souvent, on ne peut évaluer précisément ou instantanément les bénéfices résultant du fait d'avoir suivi son intuition, alors ne prenez pas la peine de vous demander si c'était la chose à faire.
Laissez le temps vous le confirmer. L'important, c'est que vous soyez prêt à passer à l'action en suivant votre intuition, sans avoir besoin de la garantie immédiate que c'était ce qu'il fallait faire.

Bonus
Vidéo du jour

Réalisez une brève vidéo sur le choix que vous aurez fait pour agir en fonction de votre intuition, et envoyez-la nous. Quels sont vos sentiments? Avez-vous eu peur d'essayer? Qu'avez-vous ressenti en le faisant quand même? Enregistrez vos impressions en prenant cette importante décision. Que ressentez-vous après avoir choisi de passer à l'action en suivant les suggestions de votre intuition? Postez-la sur le site du Défi des 100 jours et partagez-la!

Je note ici 5 raisons d'agir plus souvent en fonction de mon intuition:

- [ ] ....
- [ ] ....
- [ ] ....
- [ ] ....
- [ ] ....

Aujourd'hui, **je choisis** au moins **3 pratiques** :

- ☐ Relever le défi du jour
- ☐ Contempler mon tableau de vision
- ☐ Faire de l'exercice ou danser
- ☐ L'affirmation du jour = mantra du jour
- ☐ Méditer, être en silence ou prière
- ☐ Lire ma vision
- ☐ Lire un livre qui m'inspire
- ☐ Tenir mon journal d'intuition
- ☐ Être dans la gratitude
- ☐ Visualiser mes rêves
- ☐ Lire mes intentions du Défi des 100 Jours
- ☐ Me réunir avec des délicieux cocréateurs
- ☐ Faire un vidéo-blog ou un blog sur le site
- ☐ Surfer sur le site du Défi des 100 Jours
- ☐ Visionner la vidéo du jour de Sonia & Lilou
- ☐ Tirer une carte de tarot ou d'un autre jeu
- ☐ Autre : ....

Aujourd'hui, **mes résultats/succès** sont :

- ☐ ....
- ☐ ....
- ☐ ....
- ☐ ....
- ☐ ....
- ☐ ....
- ☐ ....
- ☐ ....
- ☐ ....
- ☐ ....

Aujourd'hui, j'ai **observé, appris, compris** que...

Aujourd'hui, je suis **reconnaissant** pour 5 choses, événements, personnes...

- ☐ ....
- ☐ ....
- ☐ ....
- ☐ ....
- ☐ ....

Date __/__/____

Lieu ___________

JOUR 46

Prenez vos distances

Affirmation du jour :

«Je m'éloigne des mauvaises vibrations.»

Notre intuition fonctionne en fait à tout moment. Il est plutôt surprenant que l'activer ne soit pas le défi le plus insurmontable auquel nous nous retrouvions confrontés quand il s'agit de faire l'expérience d'une vie guidée. Le plus grand **défi** auquel nous faisons face, c'est **de nous mettre à l'écoute de notre intuition** et d'agir rapidement en fonction.

Mon intention

aujourd'hui est de...

Mon intuition

aujourd'hui me dit que...

Défi du jour 46

Ce défi vous demandera d'agir tout au long de la journée en fonction de votre intuition, particulièrement si vous sentez une «**mauvaise onde**» ou une **énergie négative** qui vous accable ou qui semble toxique pour votre esprit. Si vous avez cette impression, levez-vous et partez, tout simplement.

Ce défi change la donne, car les personnes dotées d'une forte intuition réagissent rapidement à ce qu'elles ressentent, simplement comme ça, sans faute, et **si elles ne se sentent pas bien, elles s'en vont**, car elles savent que ce qu'elles ont ressenti est bien réel, et nocif si elles s'attardent.

Si vous partez, vous n'avez pas à en faire tout un drame. Par exemple, si en entrant dans un restaurant pour dîner, les ondes ne vous plaisent pas, dites simplement que vous devez y aller et sortez. N'ignorez pas ce que vous éprouvez et ne vous obligez pas à vous asseoir malgré tout par pure politesse. En refoulant ce que vous ressentez, vous pourriez le regretter plus tard.

Faites simplement demi-tour et partez. Vous êtes libre d'agir ainsi, même si vous êtes déjà assis, et si vous n'avez rien commandé.
Vous êtes même libre de le faire après avoir passé commande, si vous êtes prêt à régler la note. Quant à nous, nous n'aurions pas la moindre hésitation.
Si vous êtes accompagné, dites simplement: «Je suis désolé, mais j'ai le sentiment de devoir partir. J'espère que cela ne vous embête pas. Allons ailleurs.»
Si quelqu'un rencontré dans un cadre social vous transmet de mauvaises vibrations, présentez-lui vos excuses et partez. Nul besoin d'être grossier, ce que nous ne recommandons pas d'ailleurs, puisque cela ne fera qu'attirer davantage de mauvaises ondes. Dites simplement: «Veuillez m'excuser, j'avais oublié que j'avais quelque chose à faire» avant de vous éclipser.
Si vous vous retrouvez en train d'assister à une conversation extrêmement négative, comme des ragots ou des critiques, partez. Aucune explication n'est nécessaire.
Faire ce choix pourra vous sembler étrange, mais il s'agit d'un choix qu'il serait préférable de vous inculquer.

Votre intuition est avant tout un **système d'alarme** qui fonctionne pour vous protéger. Si elle vous avertit de prendre garde au sujet d'une situation diffusant de mauvaises ondes et que vous n'en tenez pas compte, attendez-vous à en subir les conséquences. Faites connaître aux personnes de votre entourage qu'il s'agit de votre défi d'aujourd'hui pour qu'elles n'interfèrent pas, ou bien qu'elles y participent si elles le souhaitent.

Certains s'inquiètent de se tromper en agissant ainsi. Nous répondons à cela que l'important n'est pas d'avoir raison, mais de se sentir à l'aise en évitant de se mettre en danger. **Décider de s'éloigner des mauvaises vibrations est toujours prudent et sensé,** et cela peut également vous sauver la vie. Essayez dès aujourd'hui, c'est absolument libératoire!

Je note ici 5 raisons de s'éloigner des mauvaises ondes:

- ☐ ....
- ☐ ....
- ☐ ....
- ☐ ....
- ☐ ....

Aujourd'hui, **je choisis** au moins **3 pratiques** :

- ☐ Relever le défi du jour
- ☐ Contempler mon tableau de vision
- ☐ Faire de l'exercice ou danser
- ☐ L'affirmation du jour = mantra du jour
- ☐ Méditer, être en silence ou prière
- ☐ Lire ma vision
- ☐ Lire un livre qui m'inspire
- ☐ Tenir mon journal d'intuition
- ☐ Être dans la gratitude
- ☐ Visualiser mes rêves
- ☐ Lire mes intentions du Défi des 100 jours
- ☐ Me réunir avec des délicieux cocréateurs
- ☐ Faire un vidéo-blog ou un blog sur le site
- ☐ Surfer sur le site du Défi des 100 jours
- ☐ Visionner la vidéo du jour de Sonia & Lilou
- ☐ Tirer une carte de tarot ou d'un autre jeu
- ☐ Autre : ....

Aujourd'hui, **mes résultats/succès** sont :

Aujourd'hui, j'ai **observé, appris, compris** que...

Aujourd'hui, je suis **reconnaissant** pour 5 choses, événements, personnes...

JOUR 47

Date __/__/____

Lieu ___________

Un problème, dix solutions

Affirmation du jour :

«Il y a toujours une solution.»

Principalement en raison de l'habitude et du conditionnement, notre cerveau logique réprime souvent les possibilités avant même de nous laisser une chance d'explorer les réponses intuitives et les solutions effectives. Si on nous a répété sans cesse que quelque chose n'est pas possible, on en vient à le croire, même si c'est faux.

Mon intention

aujourd'hui est de...

Mon intuition

aujourd'hui me dit que...

Défi du jour 47

Votre défi consistera aujourd'hui à **faire fi de ces perceptions habituelles et limitées pour trouver des idées permettant d'aboutir à dix solutions possibles à chaque problème** ou situation difficile auxquels vous êtes actuellement confronté.

Écrivez dans votre journal consacré à l'intuition quel est votre problème prioritaire, puis cherchez dix solutions potentielles pour le résoudre. Soyez aussi fou que vous le souhaitez.

Par exemple, disons que vous voulez davantage d'argent et de liberté financière, ce qui vous pose un problème. Votre cerveau logique vous dit que ce n'est pas possible, étant donné qu'il ne voit que les revenus venant de votre emploi actuel comme la seule ressource dont vous disposerez TOUJOURS, ce qui refoule votre intuition comme votre créativité.

Votre cœur intuitif, d'un autre côté, ne reconnaît pas de telles limitations et adorerait vous guider, si seulement vous lui en laissiez la chance.

En mettant votre imagination et votre créativité à contribution, couchez sur le papier dix moyens qui pourraient vous permettre de gagner plus d'argent, par exemple:

1. Je pourrais commencer à tenir un blog et ainsi attirer des abonnés et des annonceurs pour me sponsoriser.
2. Je pourrais faire des cookies et les vendre au coin de la rue.
3. Je pourrais être autoentrepreneur et créer une agence de création de sites internet.
4. Je pourrais rédiger un e-book sur un sujet qui m'est familier, puis l'autopublier et le vendre en ligne sur Internet.
5. Je pourrais vendre tout ce que je possède et investir en bourse l'argent récolté.
6. Je pourrais vendre des affaires à la brocante.
7. Je pourrais donner des cours chez moi pour apprendre à s'habiller avec élégance ou à réparer son ordinateur.
8. Je pourrais organiser une collecte de fonds et demander aux gens de me confier leurs dons.
9. Je pourrais faire preuve d'autant de générosité que possible, ce qui m'apporterait de nouvelles choses positives en abondance.
10. Je pourrais créer ma webTV et parcourir le monde, tout en inspirant des milliers de personnes (Lilou: «Oui, c'est ça!»).

Plus vous serez imaginatif, plus votre intuition pourra se mettre en action et vous guider vers le succès. Aujourd'hui, au lieu d'avoir l'impression que vous êtes coincé et n'avez aucune option face à vos problèmes et difficultés, mettez votre imagination à contribution et trouvez dix solutions que vous n'avez pas encore essayées et qui pourraient vous apporter une solution.

Prenez garde à toute forme de cynisme ou de réticence que vous pourriez entretenir lors de ce défi. L'ego abhorre les solutions et prospère grâce à la souffrance et au drame, alors prenez garde à ce genre de sabotage.

Bonus Invitez au moins trois amis à faire cet exercice avec vous. Ajoutez dix solutions supplémentaires par ami. Si vous êtes trois, trouvez trente solutions par problème, en vous concentrant ensemble sur le problème de l'un de vous. Attendez-vous à bien vous amuser et à être surpris des réponses qui se présenteront.

Je note ici les 5 solutions qui m'inspirent le plus:

- [ ] ....
- [ ] ....
- [ ] ....
- [ ] ....
- [ ] ....

Aujourd'hui, **je choisis** au moins **3 pratiques** :

- ☐ Relever le défi du jour
- ☐ Contempler mon tableau de vision
- ☐ Faire de l'exercice ou danser
- ☐ L'affirmation du jour = mantra du jour
- ☐ Méditer, être en silence ou prière
- ☐ Lire ma vision
- ☐ Lire un livre qui m'inspire
- ☐ Tenir mon journal d'intuition
- ☐ Être dans la gratitude
- ☐ Visualiser mes rêves
- ☐ Lire mes intentions du Défi des 100 jours
- ☐ Me réunir avec des délicieux cocréateurs
- ☐ Faire un vidéo-blog ou un blog sur le site
- ☐ Surfer sur le site du Défi des 100 jours
- ☐ Visionner la vidéo du jour de Sonia & Lilou
- ☐ Tirer une carte de tarot ou d'un autre jeu
- ☐ Autre : ....

Aujourd'hui, **mes résultats/succès** sont :

- ☐ ....
- ☐ ....
- ☐ ....
- ☐ ....
- ☐ ....
- ☐ ....
- ☐ ....
- ☐ ....
- ☐ ....
- ☐ ....

Aujourd'hui, j'ai **observé, appris, compris** que...

....

Aujourd'hui, je suis **reconnaissant**
pour 5 choses, événements, personnes...

- ☐ ....
- ☐ ....
- ☐ ....
- ☐ ....
- ☐ ....

Date __/__/____

Lieu __________

JOUR 48

La nuit porte conseil

Affirmation du jour :

« Je laisse reposer le problème le temps d'aller me reposer. »

Avec ce flot incessant de mails, de SMS et d'appels téléphoniques qui nous bombardent tous les jours, il peut paraître difficile de se mettre à l'écoute de son intuition pour obtenir les conseils qui pourraient potentiellement nous guider. En vue de vous connecter à votre moi plus profond, l'un des meilleurs moyens d'éviter ces intrusions consistera à éliminer la pression lorsqu'il s'agira de vous mettre à l'écoute à la demande.

Mon intention

aujourd'hui est de...

Mon intuition

aujourd'hui me dit que...

Défi du jour 48

Aujourd'hui, choisissez plutôt de **vous donner un peu plus de temps**, ainsi que la tranquillité nécessaire, pour vous mettre à l'écoute de votre intuition, en mettant le problème en veilleuse le temps d'une bonne nuit de repos, avant de vous y repencher le lendemain.

Répertoriez tout questionnement qui se présentera aujourd'hui, en attente d'une réponse ou d'une inspiration de votre part, en vous disant: «On verra ça demain au réveil.»
Si vous souhaitez un peu de soulagement sur le moment, écrivez simplement ce qu'est le problème ou le questionnement dans votre journal où vous consignez vos expériences intuitives. Dites-vous que vous avez la ferme intention de vous accorder une bonne nuit de sommeil afin de prendre du recul par rapport à l'intensité et au stress dont vous faites actuellement l'expérience, puis éclaircissez tout cela une fois que vous aurez pris du repos.
Dormez en laissant le problème reposer.

Dès le réveil le lendemain matin, notez toutes les idées ou inspirations qui vous sont venues sur le sujet que vous avez laissé reposer le temps d'une nuit. Sentez-vous libre également de le faire à tout moment dans la journée.

Je note ici 5 raisons de me donner un peu plus de temps plus souvent:

- ☐ ....
- ☐ ....
- ☐ ....
- ☐ ....
- ☐ ....
- ☐ ....
- ☐ ....

Aujourd'hui, **je choisis** au moins **3 pratiques** :

- ☐ Relever le défi du jour
- ☐ Contempler mon tableau de vision
- ☐ Faire de l'exercice ou danser
- ☐ L'affirmation du jour = mantra du jour
- ☐ Méditer, être en silence ou prière
- ☐ Lire ma vision
- ☐ Lire un livre qui m'inspire
- ☐ Tenir mon journal d'intuition
- ☐ Être dans la gratitude
- ☐ Visualiser mes rêves
- ☐ Lire mes intentions du Défi des 100 jours
- ☐ Me réunir avec des délicieux cocréateurs
- ☐ Faire un vidéo-blog ou un blog sur le site
- ☐ Surfer sur le site du Défi des 100 jours
- ☐ Visionner la vidéo du jour de Sonia & Lilou
- ☐ Tirer une carte de tarot ou d'un autre jeu
- ☐ Autre : ....

Aujourd'hui, **mes résultats/succès** sont

- ☐ ....
- ☐ ....
- ☐ ....
- ☐ ....
- ☐ ....
- ☐ ....
- ☐ ....
- ☐ ....
- ☐ ....
- ☐ ....

Aujourd'hui, j'ai **observé, appris, compris** que...

Aujourd'hui, je suis **reconnaissant** pour 5 choses, événements, personnes...

- ☐ ....
- ☐ ....
- ☐ ....
- ☐ ....
- ☐ ....

JOUR 49

Date __/__/____

Lieu __________

Dansez pendant quinze minutes (ou plus)

Affirmation du jour :

«Danse ! Danse ! Danse ! »

Afin de vous libérer le plus rapidement de votre esprit égotique et de son contrôle, pour permettre à votre esprit et à votre intuition plus profonde de prendre toute leur place, dansez jusqu'à épuisement, encore une fois.

Mon intention

aujourd'hui est de...

Mon intuition

aujourd'hui me dit que...

Défi du jour 49

Ce défi ne veut cependant pas dire qu'il faut vous trémousser tout en ayant la tête envahie de pensées, mais qu'il faut mettre la musique en route et vous laisser complètement entraîner par ses sonorités. **Nous voulons que vous dansiez jusqu'à ce que vous en oubliiez totalement de penser.** Pour parvenir à relever ce défi, vous pouvez, par exemple, aller danser en boîte de nuit. Ce n'est cependant pas la meilleure méthode. Il vaut mieux vous adonner à la danse dans l'intimité de votre foyer. Afin d'y parvenir avec succès, il sera utile de programmer à l'avance votre musique et de la faire jouer assez fort pour qu'elle vous porte. Choisissez de préférence des morceaux qui ne vous inciteront pas à cogiter. Ce qu'on appelle la «musique du monde» sera plus particulièrement adaptée, et la musique de Gabrielle Roth d'autant mieux.

Prenez conscience de la résistance que vous éprouvez, et de votre réticence à vous lancer.

Danser de cette manière suppose de se dégager de l'emprise de l'ego, et vous pouvez être sûr qu'il essaiera d'interférer. Cependant, cela fait un moment que vous relevez ces défis et vous approchez de la fin, alors continuez pour terminer en apothéose.

Vous pouvez être sûr que vous retrouverez votre spontanéité, que vous sentirez votre esprit prendre le dessus et vous faire bouger, en libérant toutes les énergies entravées qui vous empêchent d'être tout à fait et authentiquement vous-même.

Cela vous permettra de vous reconnecter à votre moi intuitif dans toute sa puissance, complètement en mouvement.

Avant d'aller vous coucher, écrivez dans votre journal tout ce qui vous vient à l'esprit, sans aucune intention spécifique. Laissez votre stylo danser sur le papier.

Je note ici 5 raisons de danser plus souvent :

- ☐ ....
- ☐ ....
- ☐ ....
- ☐ ....
- ☐ ....

Aujourd'hui, **je choisis** au moins **3 pratiques** :

- ☐ Relever le défi du jour
- ☐ Contempler mon tableau de vision
- ☐ Faire de l'exercice ou danser
- ☐ L'affirmation du jour = mantra du jour
- ☐ Méditer, être en silence ou prière
- ☐ Lire ma vision
- ☐ Lire un livre qui m'inspire
- ☐ Tenir mon journal d'intuition
- ☐ Être dans la gratitude
- ☐ Visualiser mes rêves
- ☐ Lire mes intentions du Défi des 100 jours
- ☐ Me réunir avec des délicieux cocréateurs
- ☐ Faire un vidéo-blog ou un blog sur le site
- ☐ Surfer sur le site du Défi des 100 jours
- ☐ Visionner la vidéo du jour de Sonia & Lilou
- ☐ Tirer une carte de tarot ou d'un autre jeu
- ☐ Autre : ....

Aujourd'hui, **mes résultats/succès** sont :

Aujourd'hui, j'ai **observé, appris, compris** que…

Aujourd'hui, je suis **reconnaissant** pour 5 choses, événements, personnes…

Date __/__/____

Lieu ___________

JOUR 50

Discernez les bonnes des mauvaises vibrations

Affirmation du jour :

«Je sens nettement les bonnes comme les mauvaises vibrations, et je suis à l'écoute de ce qu'elles ont à me transmettre.»

En développant votre intuition, vous ne tarderez pas à prendre conscience que votre corps est le principal récepteur des messages intuitifs, et que différents types de messages influent sur ses diverses parties.

Par exemple, vous pourriez ressentir au niveau de l'estomac ou par une contraction de la gorge des «mauvaises vibrations», ou des avertissements d'ordre énergétique vous prévenant du danger ou des circonstances négatives, alors que les «bonnes vibrations», ou celles qui sont positives, auront plutôt tendance à influer sur la région du cœur, ou autour du front ou des oreilles. Vous pourriez percevoir une vibration d'avertissement par des picotements sur la nuque, et une vibration positive en ayant la chair de poule sur les bras. Il se peut cependant que quelqu'un d'autre ressente les bonnes et les mauvaises ondes dans d'autres régions du corps.

Mon intention

aujourd'hui est de...

Mon intuition

aujourd'hui me dit que...

Défi du jour 50

Il est important de reconnaître de quelle manière les bonnes comme les mauvaises vibrations influent sur **votre corps**, ainsi, en sentant leur présence, vous saurez agir immédiatement en fonction de ces perceptions.

Cela pourra vous protéger du danger, ainsi que vous alerter en cas d'opportunités positives qui, sinon, vous auraient peut-être échappé.

Votre défi consistera aujourd'hui à prêter attention à quel endroit de votre corps vous ressentez les vibrations négatives ou positives.

Chaque fois que vous sentirez physiquement un certain type de vibration, aussi subtile soit-elle, arrêtez-vous et identifiez cette sensation en la définissant à voix haute.
Analysez ensuite cette sensation pour discerner **s'il s'agit d'une bonne ou d'une mauvaise vibration**. La définir à voix haute vous aidera à explorer cette vibration. Par exemple, dites: «Je ressens une sensation crispée au creux de l'estomac et je pense qu'il pourrait s'agir d'un avertissement au sujet de...» puis complétez spontanément votre phrase. En vous connectant correctement, l'énergie se détendra. En cas contraire, dites à nouveau: «Je pense qu'il pourrait s'agir d'un avertissement au sujet de...» puis terminez la phrase. Répétez le procédé jusqu'à ce que l'énergie vous donne l'impression de s'atténuer. Il n'y a d'ailleurs aucun doute à ce sujet.
De manière surprenante, une fois que vous aurez commencé à vous interroger à voix haute sur la nature de ce que vous ressentez, il ne vous faudra pas longtemps pour vous concentrer sur ce que cela pourrait être.
Procédez ainsi toute la journée chaque fois que vous ressentirez physiquement une vibration.
Cela pourrait ne se produire qu'une ou deux fois, ou plusieurs fois dans la journée.

En soirée, écrivez dans votre journal consacré à l'intuition ce que vous avez retiré de ce défi. Concentrez-vous sur les questions suivantes: où dans votre corps ressentez-vous généralement les mauvaises vibrations? Et les bonnes vibrations? Pouvez-vous faire la différence? Sinon, pouvez-vous deviner où vous ressentez les bonnes et les mauvaises vibrations? Souvent, en le devinant, vous vous connectez en fait précisément à la réponse, ce qui **vous permet de suivre vos sentiments intuitifs sans hésitation** et peut faire toute la différence dans la vie pour vous sentir rassuré et en sécurité dans le monde.

Je note ici 5 façons de détecter les bonnes et les mauvaises ondes:

- [ ] ....
- [ ] ....
- [ ] ....
- [ ] ....
- [ ] ....

Aujourd'hui, **je choisis** au moins **3 pratiques** :

- ☐ Relever le défi du jour
- ☐ Contempler mon tableau de vision
- ☐ Faire de l'exercice ou danser
- ☐ L'affirmation du jour = mantra du jour
- ☐ Méditer, être en silence ou prière
- ☐ Lire ma vision
- ☐ Lire un livre qui m'inspire
- ☐ Tenir mon journal d'intuition
- ☐ Être dans la gratitude
- ☐ Visualiser mes rêves
- ☐ Lire mes intentions du Défi des 100 jours
- ☐ Me réunir avec des délicieux cocréateurs
- ☐ Faire un vidéo-blog ou un blog sur le site
- ☐ Surfer sur le site du Défi des 100 jours
- ☐ Visionner la vidéo du jour de Sonia & Lilou
- ☐ Tirer une carte de tarot ou d'un autre jeu
- ☐ Autre : ....

Aujourd'hui, **mes résultats/succès** sont

- ☐ ....
- ☐ ....
- ☐ ....
- ☐ ....
- ☐ ....
- ☐ ....
- ☐ ....
- ☐ ....
- ☐ ....
- ☐ ....

Aujourd'hui, j'ai **observé, appris, compris** que...

....

....

....

Aujourd'hui, je suis **reconnaissant** pour 5 choses, événements, personnes...

- ☐ ....
- ☐ ....
- ☐ ....
- ☐ ....
- ☐ ....

Félicitations !

Vous êtes à la moitié de votre Défi des 100 jours !

Félicitations ! Il faut fêter ça dès maintenant !

1. Prenez le temps de passer en revue ce que vous avez accompli jusqu'à présent dans votre Défi, en vous concentrant en particulier sur ce dont vous êtes le plus reconnaissant.

2. À présent, réfléchissez à certaines de vos déceptions ou choses que vous n'avez pas encore achevées dans votre Défi. Vous êtes-vous surpris en plein délit de procrastination, ou ne tenant pas vos engagements?

3. En passant en revue ces deux premiers mois, pouvez-vous identifier des outils ou des pratiques que vous pourriez mettre en place pour mieux vous accompagner?

4 Existe-t-il quelqu'un dans votre famille, votre communauté, ou au sein du Défi des 100 jours, avec qui vous aimeriez partager vos expériences et qui pourrait vous soutenir?

5. À ce stade du Défi, qu'avez-vous appris sur vous-même et sur votre vie?

6. Écrivez ce que vous ressentez à propos de vos résultats intuitifs et autres.

7. Écrivez ce qui s'est bien passé, et ce qui s'est mal passé.

8. S'il y a quoi que ce soit que vous gardez en vous au sujet de votre participation au Défi des 100 jours, c'est le moment de vous pardonner et de passer à autre chose !

9. Maintenant que la moitié du chemin est parcourue, c'est le moment de le fêter, de vous accorder des petits plaisirs, de réitérer vos engagements sur les pratiques que vous voulez mettre en place;
et de passer en revue, de revoir et d'élargir vos buts et votre vision.

10. Êtes-vous émerveillé par vos résultats? Quelle a été votre expérience la plus incroyable? Quelle a été la chose la plus magique, ou la plus belle synchronicité, qui vous soit arrivée?

Date __/__/____

Lieu __________

JOUR 51

Vivez l'instant présent

Affirmation du jour :

«Je me concentre sur le présent.»

Ressasser le passé est une activité mentale qui peut se révéler anxiogène et qui fait obstacle au bonheur. Cela vous empêche de faire pleinement l'expérience de toutes ces merveilleuses opportunités et ces merveilleux bienfaits vers lesquels votre intuition cherche aujourd'hui à vous guider.

Mon intention

aujourd'hui est de...

Mon intuition

aujourd'hui me dit que...

Défi du jour 51

Si vous vous rendez compte que vous pensez sans cesse au passé, le défi du jour vous invitera à procéder autrement. Si vous vous y surprenez, arrêtez, **prenez une profonde inspiration par le nez et concentrez-vous sur une vision concrète, droit devant vous**, à cet instant. Voyez-la, puis décrivez-la.

Par exemple, disons que vous êtes en train de repenser à votre dernière relation sentimentale, en vous sentant bouleversé au souvenir de votre conversation avant votre séparation. Dès l'instant où vous vous y surprendrez, respirez, regardez autour de vous et nommez à voix haute la première chose que vous voyez, comme «l'écran de mon ordi» ou «un arbre feuillu par la fenêtre ouverte». Répétez-le pendant une minute, puis détendez-vous.

Quand vous aurez terminé, constatez combien votre esprit est reposé et apaisé.
Il s'agit du parfait état d'esprit pour recevoir des conseils de la part de votre guide intérieur.

Ce défi ne vous demande pas de faire table rase du passé. Si vous avez l'habitude d'y penser, ce ne sera pas chose facile, mais si vous remarquez que vos pensées dérivent dans cette direction, au lieu de vous attarder sur ce qui est révolu, vous pourrez choisir de réagir autrement en vous concentrant sur ce qui est actuellement là, tangible.

Nommez ce que vous voyez pendant une minute chaque fois que vous vous surprendrez à vous appesantir sur le passé, ce qui brisera le sortilège en vous faisant revenir au présent, à un état d'esprit ouvert et accueillant envers votre guide intérieur.

Bonus Lorsque vous aurez nommé ce que vous voyez, écrivez-le dans votre journal consacré à l'intuition et résumez les points principaux ci-dessous. Cette pratique permet de vraiment desserrer l'étau qui emprisonne l'esprit dans le passé et, de surcroît, de vous faire profondément retrouver un cœur comme un esprit ouverts et réceptifs, ce qui fera venir à vous toutes les opportunités et les cadeaux que l'instant présent a à vous offrir.

Je note ici 5 cadeaux que l'instant présent m'offre:

- ☐ ....
- ☐ ....
- ☐ ....
- ☐ ....
- ☐ ....

Aujourd'hui, **je choisis** au moins **3 pratiques** :

- ☐ Relever le défi du jour
- ☐ Contempler mon tableau de vision
- ☐ Faire de l'exercice ou danser
- ☐ L'affirmation du jour = mantra du jour
- ☐ Méditer, être en silence ou prière
- ☐ Lire ma vision
- ☐ Lire un livre qui m'inspire
- ☐ Tenir mon journal d'intuition
- ☐ Être dans la gratitude
- ☐ Visualiser mes rêves
- ☐ Lire mes intentions du Défi des 100 jours
- ☐ Me réunir avec des délicieux cocréateurs
- ☐ Faire un vidéo-blog ou un blog sur le site
- ☐ Surfer sur le site du Défi des 100 jours
- ☐ Visionner la vidéo du jour de Sonia & Lilou
- ☐ Tirer une carte de tarot ou d'un autre jeu
- ☐ Autre : ....

Aujourd'hui, **mes résultats/succès** sont :

- ☐ ....
- ☐ ....
- ☐ ....
- ☐ ....
- ☐ ....
- ☐ ....
- ☐ ....
- ☐ ....
- ☐ ....
- ☐ ....

Aujourd'hui, j'ai **observé, appris, compris** que...

....

....

....

Aujourd'hui, je suis **reconnaissant** pour 5 choses, événements, personnes...

- ☐ ....
- ☐ ....
- ☐ ....
- ☐ ....
- ☐ ....

JOUR 52

Date __/__/____

Lieu ___________

Vous rappelez-vous de ce que vous aimez ?

Affirmation du jour :

«J'aime.............................»

(complétez la phrase)

L'intuition suit les intérêts naturels et fonctionne mieux dans vos domaines de prédilection, étant donné que dans ces domaines votre cœur est ouvert. Par exemple, si vous aimez votre famille, vous remarquerez que votre intuition vous guide fréquemment en ce qui concerne vos proches. Ou si vous aimez votre profession, vous vous sentirez souvent inspiré et guidé intuitivement au travail. Ou si vous aimez vos amis, vous aurez des intuitions tout le temps à leur sujet. En d'autres termes, l'intuition suit votre cœur et ce que vous aimez le plus.

Malheureusement, dans notre société, nous nous concentrons bien trop souvent sur ce que nous n'aimons pas. En fait, la plupart des gens emploient couramment ce genre d'expression : «Je déteste… », par exemple : «Je déteste ce temps. Je déteste les bouchons. Je déteste mes cheveux, ou mes jambes, ou mon postérieur. Je déteste mon boulot.» L'expression «Je déteste» incite votre cœur à se fermer, ainsi que votre intuition tout aussi vite.

Mon intention

aujourd'hui est de…

Mon intuition

aujourd'hui me dit que…

Défi du jour 52

Votre défi consistera aujourd'hui à **prendre conscience** de tout ce que vous aimez. Dressez-en une liste aussi longue que possible et, avant d'en prendre note, énoncez-la à voix haute.

Par exemple:

J'aime passer les vacances en bord de mer.

J'aime rire et passer du bon temps avec des amis.
J'aime ma famille.
J'aime mon chien ou mon chat.
J'aime voyager.
J'aime le parfum de la lavande.
J'aime écrire mon journal.
J'aime me promener dans de magnifiques jardins publics.
J'aime le café savoureux accompagné d'un croissant.

Chaque fois que vous direz «J'aime» à voix haute, vous ouvrirez un peu plus **votre cœur**, ce qui permettra à votre intuition de se manifester. En exprimant oralement, comme en écrivant, ce que vous aimez, vous ouvrirez votre cœur, en établissant la connexion qui y mène et est nécessaire pour être intuitivement guidé. De surcroît, cela vous donnera le moral.

Bonus Invitez un ou deux amis à se joindre à vous pour partager entre vous ce que vous aimez en prenant un café. Cela vous permettra de souligner ce que vous aimez, et installera une atmosphère positive entre amis qui vous encouragera d'autant plus à développer votre intuition et à en faire bon usage.

Je note ici le top 5 de ce que j'aime:

- ☐ ....
- ☐ ....
- ☐ ....
- ☐ ....
- ☐ ....

Aujourd'hui, je choisis au moins 3 pratiques :

- ☐ Relever le défi du jour
- ☐ Contempler mon tableau de vision
- ☐ Faire de l'exercice ou danser
- ☐ L'affirmation du jour = mantra du jour
- ☐ Méditer, être en silence ou prière
- ☐ Lire ma vision
- ☐ Lire un livre qui m'inspire
- ☐ Tenir mon journal d'intuition
- ☐ Être dans la gratitude
- ☐ Visualiser mes rêves
- ☐ Lire mes intentions du Défi des 100 jours
- ☐ Me réunir avec des délicieux cocréateurs
- ☐ Faire un vidéo-blog ou un blog sur le site
- ☐ Surfer sur le site du Défi des 100 jours
- ☐ Visionner la vidéo du jour de Sonia & Lilou
- ☐ Tirer une carte de tarot ou d'un autre jeu
- ☐ Autre : ....

Aujourd'hui, mes résultats/succès sont :

- ☐ ....
- ☐ ....
- ☐ ....
- ☐ ....
- ☐ ....
- ☐ ....
- ☐ ....
- ☐ ....
- ☐ ....
- ☐ ....

Aujourd'hui, j'ai observé, appris, compris que...

....

Aujourd'hui, je suis reconnaissant pour 5 choses, événements, personnes...

- ☐ ....
- ☐ ....
- ☐ ....
- ☐ ....
- ☐ ....

Date __/__/____

Lieu ___________

JOUR 53

Soyez positif

Affirmation du jour :

« La vie est belle ! »

Rien ne fait plus vite obstacle à l'intuition que le fait d'être cynique ou négatif, deux terribles habitudes issues de l'ego qui réduisent votre vibration personnelle en vous empêchant par ailleurs de vous construire une vie épanouie.
En étant négatif ou cynique, vous laissez votre ego prendre le dessus sur votre intuition, qui contribue pourtant toujours à vous protéger et à vous guider vers les merveilles que la vie peut vous offrir.

L'intuition s'épanouit quand vous êtes positif et que vous vous attendez à ce que d'heureux événements se produisent, étant donné qu'avec une attitude positive vous intensifiez votre vibration personnelle et ouvrez votre cœur, vous arrêtez de pleurer sur votre sort pour vous mettre à l'écoute de votre voix intérieure qui œuvre à canaliser votre attention, afin de découvrir quand, où, comment et avec qui se dérouleront de merveilleuses expériences à venir.

Par conséquent, un simple changement d'attitude ouvrira la voie pour que votre intuition vous indique comment vous pourrez contribuer dès aujourd'hui à une merveilleuse expérience de vie.

Mon intention

aujourd'hui est de…

Mon intuition

aujourd'hui me dit que…

Défi du jour 53

Entraînez-vous aujourd'hui à être positif et optimiste, indépendamment de ce qui se passera dans la journée. Voyez la vie non pas comme si elle était contre vous, mais comme si elle était de votre côté. Recherchez les aspects positifs de tout ce dont vous ferez l'expérience, même dans les situations difficiles.

Si vous traversez actuellement une période éprouvante, cela pourra vous paraître au-delà de vos forces, cependant, **tentez sincèrement l'expérience.** En étant positif, votre vibration personnelle s'intensifiera et votre esprit comme votre cœur s'ouvriront, ce qui est essentiel pour recevoir les conseils qui vous sont nécessaires et vous éviter de vous retrouver confronté à des événements négatifs.

Adoptez donc l'attitude appropriée en voyant le bon côté des choses. Attendez-vous à ce que des événements extraordinaires se produisent aujourd'hui et, comme on dit: «Après la pluie, le beau temps». Soyez particulièrement attentif à tout message intérieur venant de votre intuition, et à ce qui vous sera ainsi transmis. Vous allez vivre une belle journée, alors appréciez-la pleinement.

Bonus 1 Notez dans votre journal tous les événements positifs qui se sont produits aujourd'hui, aussi anodins soient-ils. Cela vous permettra de vous exercer à **remarquer** votre guide intérieur à l'œuvre pour vous en ce moment même, apportant avec lui de nombreux bienfaits et de merveilleuses surprises.

Bonus 2 Discutez avec les autres en étant positif. Ne vous plaignez pas ou évitez d'être tenté de vous joindre à la conversation si certaines personnes s'apitoient sur leur sort. Choisissez plutôt de partager ce qui est positif et inspirant, ce qui vous permettra de ne pas sombrer à un niveau inférieur de vibration, où seul l'ego inquiet s'exprime et où l'intuition s'efface.

Je note ici 5 raisons d'être positif tous les jours:

- [ ] ....
- [ ] ....
- [ ] ....
- [ ] ....
- [ ] ....

Aujourd'hui, **je choisis** au moins **3 pratiques** :

- ☐ Relever le défi du jour
- ☐ Contempler mon tableau de vision
- ☐ Faire de l'exercice ou danser
- ☐ L'affirmation du jour = mantra du jour
- ☐ Méditer, être en silence ou prière
- ☐ Lire ma vision
- ☐ Lire un livre qui m'inspire
- ☐ Tenir mon journal d'intuition
- ☐ Être dans la gratitude
- ☐ Visualiser mes rêves
- ☐ Lire mes intentions du Défi des 100 jours
- ☐ Me réunir avec des délicieux cocréateurs
- ☐ Faire un vidéo-blog ou un blog sur le site
- ☐ Surfer sur le site du Défi des 100 jours
- ☐ Visionner la vidéo du jour de Sonia & Lilou
- ☐ Tirer une carte de tarot ou d'un autre jeu
- ☐ Autre : ……………………………………

Aujourd'hui, **mes résultats/succès** sont

- ☐ ……………………………………
- ☐ ……………………………………
- ☐ ……………………………………
- ☐ ……………………………………
- ☐ ……………………………………
- ☐ ……………………………………
- ☐ ……………………………………
- ☐ ……………………………………
- ☐ ……………………………………
- ☐ ……………………………………

Aujourd'hui, j'ai **observé, appris, compris** que…

……………………………………

Aujourd'hui, je suis **reconnaissant** pour 5 choses, événements, personnes…

- ☐ ……………………………………
- ☐ ……………………………………
- ☐ ……………………………………
- ☐ ……………………………………
- ☐ ……………………………………

JOUR 54

Date __/__/____

Lieu ___________

Définissez vos intentions

Affirmation du jour :

« Mon intention aujourd'hui est de........................ »

L'intuition fonctionne mieux lorsque vous êtes sûr de votre objectif ou de vos intentions. Aujourd'hui, consacrez quelques instants à définir de quoi il s'agit actuellement. Faites une liste de trois ou quatre intentions tout au plus. Ainsi, vous ne vous retrouverez pas dépassé ou exposé à l'échec après avoir demandé à votre intuition de vous guider sur trop de sujets à la fois.

Mon intention

aujourd'hui est de...

Mon intuition

aujourd'hui me dit que...

Défi du jour 54

Notez vos intentions dans votre journal consacré à l'intuition, puis relisez-les à voix haute et remarquez toute réticence ou réserve que vous éprouvez quant au fait de vous engager à les concrétiser. Si c'est le cas avec une certaine intention, c'est qu'elle manque d'authenticité pour le moment, par conséquent éliminez-la de votre liste. Si vous vous sentez absolument clair et disposé pour que ces intentions se réalisent, dites alors à votre intuition que vous êtes prêt à recevoir ses conseils qui vous permettront de les concrétiser.

Plusieurs fois aujourd'hui, relisez à voix haute les intentions que vous aurez répertoriées, en remarquant si vous recevez des sentiments intuitifs qui pourraient vous guider et que vous noterez également.

Par exemple, vous pourriez dire: «Mon intention aujourd'hui est d'acheter un appartement dans ce quartier.» En le lisant à voix haute, vous remarquerez peut-être que vous avez le sentiment intuitif de consulter immédiatement les petites annonces immobilières, ou de parler de votre intention à la personne avec laquelle vous prenez un café.
Si vous recevez intuitivement des conseils qui pourraient vous guider, agissez en fonction sans tarder.

Bonus
Vidéo du jour

Faites un vidéo-blog aujourd'hui sur les synchronicités et signes que vous avez rencontrés! Partagez devant la caméra de votre ordinateur portable ou de votre téléphone ce que vous avez appris sur votre intuition et sur vous-même. Vous pouvez aussi écrire un blog sur le site du Défi (www.defides100Jours.com) si vous n'avez pas le temps ou si vous préférez vous exprimer par écrit. Soyez authentique!

Je note ici mes intentions:

- ☐ ....
- ☐ ....
- ☐ ....
- ☐ ....
- ☐ ....

Aujourd'hui, **je choisis** au moins **3 pratiques** :

- ☐ Relever le défi du jour
- ☐ Contempler mon tableau de vision
- ☐ Faire de l'exercice ou danser
- ☐ L'affirmation du jour = mantra du jour
- ☐ Méditer, être en silence ou prière
- ☐ Lire ma vision
- ☐ Lire un livre qui m'inspire
- ☐ Tenir mon journal d'intuition
- ☐ Être dans la gratitude
- ☐ Visualiser mes rêves
- ☐ Lire mes intentions du Défi des 100 Jours
- ☐ Me réunir avec des délicieux cocréateurs
- ☐ Faire un vidéo-blog ou un blog sur le site
- ☐ Surfer sur le site du Défi des 100 Jours
- ☐ Visionner la vidéo du Jour de Sonia & Lilou
- ☐ Tirer une carte de tarot ou d'un autre jeu
- ☐ Autre : ....

Aujourd'hui, **mes résultats/succès** sont :

- ☐ ....
- ☐ ....
- ☐ ....
- ☐ ....
- ☐ ....
- ☐ ....
- ☐ ....
- ☐ ....
- ☐ ....
- ☐ ....

Aujourd'hui, j'ai **observé, appris, compris** que...

Aujourd'hui, je suis **reconnaissant** pour 5 choses, événements, personnes...

- ☐ ....
- ☐ ....
- ☐ ....
- ☐ ....
- ☐ ....

Date __/__/____

Lieu __________

JOUR 55

Dire oui à la vie

Affirmation du jour :

«Oui, merci.»

L'une des façons dont fonctionne votre intuition, c'est que, grâce à elle, vous vous **retrouvez au bon endroit au bon moment**, soit pour recevoir de l'aide, soit pour en apporter à quelqu'un. Si ce genre d'incroyable **synchronicité** se manifeste dans votre vie, cela signifie que vous êtes ouvert et réceptif à l'idée d'offrir votre aide ou de demander qu'on vous aide, et de l'accepter spontanément et de bonne grâce quand on vous l'offre.

Nous sommes si nombreux à avoir été éduqués pour être autonomes que nous ne reconnaissons même plus que nous sommes intuitivement en position de recevoir, au point que nous ne nous accordons pas ce merveilleux soutien en déclinant ces propositions secourables.

Mon intention

aujourd'hui est de...

Mon intuition

aujourd'hui me dit que...

Défi du jour 55

Le défi d'aujourd'hui vous invite à être ouvert et réceptif à toute forme d'aide et d'encouragement qui se présentera, que ce soit vous qui en proposiez ou quelqu'un qui vous en offre. Aujourd'hui, dites **«oui»** à ces ouvertures, même si vous trouvez cela un peu inconfortable.

Notre intuition nous sert à nous mettre positivement à l'écoute d'autrui mais, si nous voulons vraiment profiter des bienfaits qu'apportera ce genre de rencontres «synchronistiques», il nous reste à briser de vieilles habitudes qui nous donnent l'impression d'être coupés des autres.

Bonus Vidéo du jour

Faites un vidéo-blog aujourd'hui si vous le souhaitez! Partagez devant la caméra de votre ordinateur portable ou de votre téléphone ce que vous avez appris sur votre intuition et sur vous-même. Vous pouvez aussi écrire un blog sur le site du Défi (www.defides100Jours.com) si vous n'avez pas le temps ou si vous préférez vous exprimer par écrit. Soyez authentique!

Je note ici 5 grands «OUI» à la vie:

- [ ] ....
- [ ] ....
- [ ] ....
- [ ] ....
- [ ] ....

Aujourd'hui, **je choisis** au moins **3 pratiques** :

- ☐ Relever le défi du jour
- ☐ Contempler mon tableau de vision
- ☐ Faire de l'exercice ou danser
- ☐ L'affirmation du jour = mantra du jour
- ☐ Méditer, être en silence ou prière
- ☐ Lire ma vision
- ☐ Lire un livre qui m'inspire
- ☐ Tenir mon journal d'intuition
- ☐ Être dans la gratitude
- ☐ Visualiser mes rêves
- ☐ Lire mes intentions du Défi des 100 jours
- ☐ Me réunir avec des délicieux cocréateurs
- ☐ Faire un vidéo-blog ou un blog sur le site
- ☐ Surfer sur le site du Défi des 100 jours
- ☐ Visionner la vidéo du jour de Sonia & Lilou
- ☐ Tirer une carte de tarot ou d'un autre jeu
- ☐ Autre : ....

Aujourd'hui, **mes résultats/succès** sont

- ☐ ....
- ☐ ....
- ☐ ....
- ☐ ....
- ☐ ....
- ☐ ....
- ☐ ....
- ☐ ....
- ☐ ....
- ☐ ....

Aujourd'hui, j'ai **observé, appris, compris** que...

Aujourd'hui, je suis **reconnaissant** pour 5 choses, événements, personnes...

- ☐ ....
- ☐ ....
- ☐ ....
- ☐ ....
- ☐ ....

Partie 4

L'ouverture des perceptions

Date __/__/____

Lieu ___________

JOUR 56

Considérez positivement l'intuition

Affirmation du jour :

«J'adore avoir des intuitions. Ça marche pour moi !»

Bien que l'on redoute souvent de se retrouver le sujet de moqueries, ou d'être jugé pour avoir été à l'écoute de sa voix intérieure, l'un des moyens les plus efficaces pour approfondir son intuition est d'en parler aux autres.
Voici venu le jour de vous libérer de cette peur en faisant part avec enthousiasme à autrui des conseils que vous avez intérieurement reçus pour vous guider.

Mon intention

aujourd'hui est de...

Mon intuition

aujourd'hui me dit que...

Défi du jour 56

La première étape sera d'en parler de manière positive. Évitez de vous tendre vous-même le piège d'être jugé en parlant négativement de votre intuition, comme en disant : «J'ai fait une expérience bizarre...» ou «Quelque chose des plus étranges m'est arrivé...»
Dites plutôt : «J'ai connu une expérience des plus fantastiques...», avant de mentionner aux autres comment le fait d'écouter votre intuition vous a aidé.

S'il y en a qui ne vous prennent pas au sérieux ou qui insinuent que vous avez perdu la raison, au lieu de chercher à vous justifier, répondez-leur : **«Cela se pourrait, mais je préfère quand même suivre mon intuition. Ça fonctionne pour moi.»** En ne faisant simplement pas un secret de votre intuition et en la mettant en lumière en présence d'autres personnes, peu importe leurs réactions, il s'agit de l'une des meilleures décisions que vous pourrez prendre dans votre vie, et dont vous retirerez un énorme sentiment de puissance personnelle.

Simplement en vous y confrontant directement, ce défi vous libérera de la peur de la désapprobation, ce qui vous permettra de rester profondément à l'écoute de votre esprit et de votre guide intérieur.
Avec un peu de chance, vous découvrirez que la désapprobation n'est d'ailleurs pas aussi redoutable que vous le pensiez, surtout si vous ne cherchez pas à vous défendre. Contentez-vous d'accepter d'être en désaccord sur le sujet sans attaquer des opinions autres que les vôtres.
En fait, en accueillant d'autres points de vue, ce défi se révélera plutôt amusant. En parlant de votre intuition, plus vous parviendrez à une certaine décontraction, plus il vous sera facile de vous y connecter, ainsi que plus souvent.

Essayez ce défi au moins trois fois aujourd'hui, avec une personne différente à chaque fois.
Notez leurs réactions, ainsi que comment vous y réagissez vous-même.

Attention: ne leur faites pas part de vos sentiments intuitifs en ce qui concerne leur vie. Ne leur faites part que de ce que votre intuition vous dit sur la vôtre. Une contribution non sollicitée, de quelque ordre que ce soit, ne sera jamais appréciée. Tout aussi tentant que puisse paraître le fait d'offrir vos conseils, S'IL VOUS PLAÎT, gardez-les pour vous aujourd'hui. Si une personne vous demande votre aide intuitive, contentez-vous de l'encourager à interroger son cœur pour obtenir les réponses.

À la fin de la journée, relatez votre expérience dans votre journal.
À qui avez-vous fait part de vos sentiments intuitifs et quelle a été sa réaction? Était-ce positif ? Négatif ? Neutre? Curieux?
Plus important encore, qu'avez-vous ressenti en faisant cette expérience? Vous a-t-elle plu? Avez-vous rencontré une réaction négative? Était-ce libératoire? Avez-vous eu peur? Ou était-ce amusant?

Bonus Notez le nom des personnes auxquelles vous avez fait part de vos sentiments intuitifs aujourd'hui, et comment elles y ont réagi.

Je note ici 5 façons de voir positivement mon intuition:

- ☐ ....
- ☐ ....
- ☐ ....
- ☐ ....
- ☐ ....

Aujourd'hui, **je choisis** au moins **3 pratiques** :

- ☐ Relever le défi du jour
- ☐ Contempler mon tableau de vision
- ☐ Faire de l'exercice ou danser
- ☐ L'affirmation du jour = mantra du jour
- ☐ Méditer, être en silence ou prière
- ☐ Lire ma vision
- ☐ Lire un livre qui m'inspire
- ☐ Tenir mon journal d'intuition
- ☐ Être dans la gratitude
- ☐ Visualiser mes rêves
- ☐ Lire mes intentions du Défi des 100 jours
- ☐ Me réunir avec des délicieux cocréateurs
- ☐ Faire un vidéo-blog ou un blog sur le site
- ☐ Surfer sur le site du Défi des 100 jours
- ☐ Visionner la vidéo du jour de Sonia & Lilou
- ☐ Tirer une carte de tarot ou d'un autre jeu
- ☐ Autre : ....

Aujourd'hui, **mes résultats/succès** sont

- ☐ ....
- ☐ ....
- ☐ ....
- ☐ ....
- ☐ ....
- ☐ ....
- ☐ ....
- ☐ ....
- ☐ ....
- ☐ ....
- ☐ ....

Aujourd'hui, j'ai **observé, appris, compris** que...

Aujourd'hui, je suis **reconnaissant** pour 5 choses, événements, personnes...

- ☐ ....
- ☐ ....
- ☐ ....
- ☐ ....
- ☐ ....

JOUR 57

Date __/__/____

Lieu __________

Amusez-vous avec vos crayons

Affirmation du jour :

« J'adore mes crayons. »

L'être humain a tendance à recourir à l'un ou l'autre hémisphère de son cerveau. La plupart, cependant, préfèrent celui de gauche, qui est linéaire, pratique et analytique, alors que celui de droite est créatif, intuitif et spontané.

Il va sans dire qu'il nous faut utiliser le côté gauche de notre cerveau, qui nous guide de tant de manières du point de vue pratique. Cependant, en y étant subordonnés, nous nous déconnectons malheureusement de notre intuition, ainsi que de notre créativité.

Il vaut bien mieux vivre en approchant la vie avec l'intégralité de son cerveau et de son cœur.

Mon intention

aujourd'hui est de...

Mon intuition

aujourd'hui me dit que...

Défi du jour 57

Votre défi consistera aujourd'hui à solliciter **l'hémisphère droit** de votre cerveau dès votre réveil, ce qui permettra à votre enfant intérieur de s'éveiller et de s'amuser.

Achetez un paquet de crayons ou de feutres de couleur, puis munissez-vous d'une feuille de papier uni et laissez votre **artiste intérieur** s'exprimer

comme il l'entend en réalisant autant de dessins amusants et loufoques que possible. Le défi sera de dessiner comme quand vous étiez enfant, en évitant de réaliser un dessin esthétiquement satisfaisant ou «correct». En d'autres termes, amusez-vous bien!

Évitez de juger vos créations. Contentez-vous d'y **prendre plaisir**. Ce que vous obtiendrez picturalement de vos efforts n'est aucunement le but de l'exercice, qui est de vivre joyeusement une merveilleuse expérience spontanée, créative et intuitivement inspirée.

Bonus Prenez une photo de votre œuvre avec votre téléphone portable et ajoutez-la sur le site du Défi des 100 jours, dans la section photo, ou sur votre blog ou sur facebook avec le hashtag #defides100jours.

Je note ici 5 raisons de laisser mon artiste intérieur s'exprimer plus souvent:

- ☐ ....
- ☐ ....
- ☐ ....
- ☐ ....
- ☐ ....

Aujourd'hui, **je choisis** au moins **3 pratiques** :

- ☐ Relever le défi du jour
- ☐ Contempler mon tableau de vision
- ☐ Faire de l'exercice ou danser
- ☐ L'affirmation du jour = mantra du jour
- ☐ Méditer, être en silence ou prière
- ☐ Lire ma vision
- ☐ Lire un livre qui m'inspire
- ☐ Tenir mon journal d'intuition
- ☐ Être dans la gratitude
- ☐ Visualiser mes rêves
- ☐ Lire mes intentions du Défi des 100 jours
- ☐ Me réunir avec des délicieux cocréateurs
- ☐ Faire un vidéo-blog ou un blog sur le site
- ☐ Surfer sur le site du Défi des 100 jours
- ☐ Visionner la vidéo du jour de Sonia & Lilou
- ☐ Tirer une carte de tarot ou d'un autre jeu
- ☐ Autre : ....

Aujourd'hui, **mes résultats/succès** sont :

- ☐ ....
- ☐ ....
- ☐ ....
- ☐ ....
- ☐ ....
- ☐ ....
- ☐ ....
- ☐ ....
- ☐ ....

Aujourd'hui, j'ai **observé, appris, compris** que...

Aujourd'hui, je suis **reconnaissant** pour 5 choses, événements, personnes...

- ☐ ....
- ☐ ....
- ☐ ....
- ☐ ....
- ☐ ....

Date __/__/____

Lieu ___________

JOUR 58

Attendez-vous à être surpris

Affirmation du jour :

« Surprenez-moi avec quelque chose de positif. »

Nous bloquons souvent notre intuition et notre capacité à être guidés, étant donné que nous avons déjà décidé comment les choses allaient se dérouler à l'avenir en nous basant sur nos expériences passées.
Nous le faisons si souvent et si inconsciemment que nous sommes rarement présents dans l'instant, et d'autant moins réceptifs aux nouvelles énergies qui se manifestent pour favoriser un dénouement plus positif.
Nous nous disons ce genre de choses : « Il n'y a pas d'emplois intéressants à trouver pour le moment », « Je ne rencontrerai plus jamais personne. Tout le monde est déjà pris », « On ne peut pas faire confiance aux hommes (ou aux femmes). Ce ne sont que des égoïstes », « Ma famille ne m'aidera jamais. Elle ne se soucie pas de moi, ni de savoir si je suis heureux », etc.

Bien que ces sentiments et ces convictions intimes puissent vous paraître bien réels sur le moment, ce n'est en aucun cas la vérité absolue. En confondant ce genre d'impressions avec la vérité absolue, vous perdrez le contact avec votre intuition qui cherche à vous guider vers une issue plus positive et satisfaisante. Vous serez également démoralisé et renoncerez trop rapidement à vos projets.
Cela nous conduit au défi du jour.

Mon intention

aujourd'hui est de...

Mon intuition

aujourd'hui me dit que...

Défi du jour 58

Juste pour aujourd'hui, mettez en veilleuse toutes vos idées préconçues au sujet de l'existence, des opportunités et des personnes dans votre vie, ou de votre entourage en général, pour être plutôt ouvert à l'idée de rencontrer des surprises.

Cela pourra représenter un certain défi, étant donné que bon nombre de nos opinions et suppositions font tellement partie de notre paysage mental que nous n'avons même pas conscience d'entretenir de telles croyances.

Pour vous aider à relever ce défi, **remarquez simplement ce que vous vous dites au moment où vous vous sentez négatif, inquiet ou en colère.**
Il s'agira probablement d'une supposition négative au sujet de quelqu'un ou d'une situation, et qui pourrait fort bien ne pas être vraie.

Brisez ce sentiment en disant à voix haute: «Bien que cela puisse me donner l'***impression*** d'être vrai, je peux accepter que ça ne l'est peut-être pas.» Demandez ensuite à l'Univers de vous surprendre avec un point de vue différent et un dénouement plus positif.
Renoncez également à ce que vous pourriez croire qu'en sera l'issue. Attendez-vous simplement à être surpris.
Finalement, à chaque événement inattendu et positif, aussi insignifiant ou fortuit soit-il, dites «merci» à voix haute.

Bonus

À la fin de la journée, écrivez dans votre journal consacré à votre intuition toutes les expériences positives et surprenantes que vous avez vécues aujourd'hui. Concentrez-vous très attentivement sur les événements de la journée, car il est facile d'oublier ce qui s'est passé de bien pour ne se concentrer que sur ce qui a contrarié ou déçu.

Combien de surprises avez-vous eues? Si vous n'en avez eu aucune, ne vous y attardez pas. Vous en aurez peut-être demain.

Je note ici mes 5 TOP expériences positives et suprenantes de la journée:

- [ ] ....
- [ ] ....
- [ ] ....
- [ ] ....
- [ ] ....

Aujourd'hui, **je choisis** au moins **3 pratiques** :

- ☐ Relever le défi du jour
- ☐ Contempler mon tableau de vision
- ☐ Faire de l'exercice ou danser
- ☐ L'affirmation du jour = mantra du jour
- ☐ Méditer, être en silence ou prière
- ☐ Lire ma vision
- ☐ Lire un livre qui m'inspire
- ☐ Tenir mon journal d'intuition
- ☐ Être dans la gratitude
- ☐ Visualiser mes rêves
- ☐ Lire mes intentions du Défi des 100 jours
- ☐ Me réunir avec des délicieux cocréateurs
- ☐ Faire un vidéo-blog ou un blog sur le site
- ☐ Surfer sur le site du Défi des 100 jours
- ☐ Visionner la vidéo du jour de Sonia & Lilou
- ☐ Tirer une carte de tarot ou d'un autre jeu
- ☐ Autre : ....

Aujourd'hui, **mes résultats/succès** sont

- ☐ ....
- ☐ ....
- ☐ ....
- ☐ ....
- ☐ ....
- ☐ ....
- ☐ ....
- ☐ ....
- ☐ ....
- ☐ ....
- ☐ ....

Aujourd'hui, j'ai **observé, appris, compris** que...

Aujourd'hui, je suis **reconnaissant** pour 5 choses, événements, personnes...

- ☐ ....
- ☐ ....
- ☐ ....
- ☐ ....
- ☐ ....

JOUR 59

Date __/__/____

Lieu ___________

Vérifiez si vos réactions énergétiques sont ouvertes ou fermées

Affirmation du jour :

« Je vérifie si mes réactions énergétiques sont ouvertes ou fermées. »

Comme vous l'apprenez sans doute actuellement, vous mettre à l'écoute de votre intuition est une nouvelle faculté qui se développe avec le temps, uniquement par la pratique et une prise de conscience assidues.

Mon intention

aujourd'hui est de...

Mon intuition

aujourd'hui me dit que...

Défi du jour 59

Ce défi vous invite à renforcer encore davantage votre prise de conscience en **étant attentif à votre réaction énergétique** face à ce que vous avez le projet de faire aujourd'hui.

À chaque nouvelle entreprise, vérifiez quelques instants, par le biais de votre ventre et de votre cœur, ce que votre intuition a à en dire. Si vous vous sentez détendu, ouvert et communicatif au niveau du cœur et du ventre, considérez-le comme votre indice intuitif que l'expérience à venir vous sera très favorable, et qu'elle est en accord avec la vérité de votre esprit et votre bien-être suprême.

En revanche, si vous ressentez que votre énergie est fermée ou contractée au niveau du ventre ou du cœur, votre intuition essaie de vous alerter de renoncer à votre projet ou d'en changer, ou d'être particulièrement vigilant, étant donné que l'expérience qui vous attend n'est pas en accord pour le moment avec la vérité émanant de votre esprit, ni avec votre bien-être suprême.

Notez bien que nous disons «**pour le moment**». Votre intuition vous suggérera peut-être de reconsidérer vos plans ou de les remettre à plus tard car, en fonction de votre esprit, le moment est mal choisi.
Le secret est de ne pas chercher à comprendre pourquoi votre intuition vous alerte. Contentez-vous de l'accepter et d'agir en fonction sans vous poser de questions. Il se pourrait que vous ayez ultérieurement l'occasion de comprendre pourquoi mais, si vous ne tenez pas compte de l'avertissement sur le moment, il sera peut-être trop tard pour éviter une expérience désagréable ou vouée à l'échec.
Par conséquent, juste pour aujourd'hui, soyez simplement confiant, et suivez votre cœur et votre instinct sans la moindre hésitation.

Je note ici 5 points clés résumant cet exercice:

- [ ] ....
- [ ] ....
- [ ] ....
- [ ] ....
- [ ] ....

Aujourd'hui, **je choisis** au moins **3 pratiques** :

- ☐ Relever le défi du jour
- ☐ Contempler mon tableau de vision
- ☐ Faire de l'exercice ou danser
- ☐ L'affirmation du jour = mantra du jour
- ☐ Méditer, être en silence ou prière
- ☐ Lire ma vision
- ☐ Lire un livre qui m'inspire
- ☐ Tenir mon journal d'intuition
- ☐ Être dans la gratitude
- ☐ Visualiser mes rêves
- ☐ Lire mes intentions du Défi des 100 Jours
- ☐ Me réunir avec des délicieux cocréateurs
- ☐ Faire un vidéo-blog ou un blog sur le site
- ☐ Surfer sur le site du Défi des 100 Jours
- ☐ Visionner la vidéo du jour de Sonia & Lilou
- ☐ Tirer une carte de tarot ou d'un autre jeu
- ☐ Autre : ....

Aujourd'hui, **mes résultats/succès** sont :

☐ ....
☐ ....
☐ ....
☐ ....
☐ ....
☐ ....
☐ ....
☐ ....
☐ ....

Aujourd'hui, j'ai **observé, appris, compris** que...

Aujourd'hui, je suis **reconnaissant** pour 5 choses, événements, personnes...

☐ ....
☐ ....
☐ ....
☐ ....
☐ ....

Date __/__/____

Lieu ___________

JOUR 60

Priez

Affirmation du jour :

«Je prie pour être guidé.»

Prier est un puissant moyen d'ouvrir votre cœur et d'accéder à la guidance divine. En priant, vous mettez de côté votre contrôle personnel, celui de votre ego, pour demander à Dieu son aide. Il n'y a pas de méthode particulière pour prier.

Mon intention

aujourd'hui est de...

Mon intuition

aujourd'hui me dit que...

Défi du jour 60

Si vous en avez déjà l'habitude, continuez comme vous le faites et **demandez à Dieu de vous guider aujourd'hui.** Si vous n'en avez pas l'habitude ou ne le faites jamais, il ne s'agit que d'une conversation intime entre vous et votre Créateur aimant. Retirez-vous simplement dans un lieu tranquille à l'intérieur de votre cœur, et épanchez-le en vous adressant à Lui. Cela n'a pas à être exprimé par des mots. Dieu vous connaît, ainsi que ce dont vous avez besoin. Confiez tous vos soucis et toutes vos préoccupations à votre Créateur aimant, en Lui demandant de vous guider du mieux possible pour avancer.

Asseyez-vous tranquillement et percevez votre connexion à Dieu. Même si elle est faible, soyez confiant que c'est là que vos prières seront entendues et répondues.

Lorsque vous priez, ne demandez pas que les choses se passent comme vous le voulez. Demandez simplement qu'elles se passent du mieux possible pour vous, puis soyez confiant qu'il en sera ainsi.

Vous souhaiterez peut-être prier également pour ne pas perdre patience, étant donné que la synchronisation divine n'est pas la même que la vôtre.

Une fois que vous aurez prié, relâchez tout contrôle et laissez vos préoccupations entre les mains de Dieu.

Avant d'aller vous coucher, notez vos prières dans votre journal consacré à l'intuition. Cela les renforcera, en vous permettant de surcroît de relâcher tout contrôle.

Je note ici 5 raisons de prier plus souvent :

- [ ] ...
- [ ] ...
- [ ] ...
- [ ] ...
- [ ] ...

Aujourd'hui, **je choisis** au moins **3 pratiques** :

- ☐ Relever le défi du jour
- ☐ Contempler mon tableau de vision
- ☐ Faire de l'exercice ou danser
- ☐ L'affirmation du jour = mantra du jour
- ☐ Méditer, être en silence ou prière
- ☐ Lire ma vision
- ☐ Lire un livre qui m'inspire
- ☐ Tenir mon journal d'intuition
- ☐ Être dans la gratitude
- ☐ Visualiser mes rêves
- ☐ Lire mes intentions du Défi des 100 jours
- ☐ Me réunir avec des délicieux cocréateurs
- ☐ Faire un vidéo-blog ou un blog sur le site
- ☐ Surfer sur le site du Défi des 100 jours
- ☐ Visionner la vidéo du jour de Sonia & Lilou
- ☐ Tirer une carte de tarot ou d'un autre jeu
- ☐ Autre : ....

Aujourd'hui, **mes résultats/succès** sont

- ☐ ....
- ☐ ....
- ☐ ....
- ☐ ....
- ☐ ....
- ☐ ....
- ☐ ....
- ☐ ....
- ☐ ....
- ☐ ....

Aujourd'hui, j'ai **observé, appris, compris** que...

....

....

....

Aujourd'hui, je suis **reconnaissant** pour 5 choses, événements, personnes...

- ☐ ....
- ☐ ....
- ☐ ....
- ☐ ....
- ☐ ....

JOUR 61

Date __/__/____

Lieu __________

Faites quelque chose de nouveau et de différent

Affirmation du jour :

« J'aime faire des choses différentes. »

Mon intention

aujourd'hui est de...

Mon intuition

aujourd'hui me dit que...

Défi du jour 61

Essayez aujourd'hui de **faire des choses différentes**, de sortir de votre train-train. Par exemple, plutôt que d'aller dîner dans votre restaurant chinois habituel, rendez-vous dans un établissement proposant de la cuisine éthiopienne. Plutôt que de regarder la même émission ce soir, voyez si vous pourriez éteindre la télé pour écrire une histoire courte ou un poème. Au lieu de rester assis à discuter des mêmes sujets avec vos amis, proposez-leur un jeu de mime.
Essayez aujourd'hui de faire autant de nouvelles activités diversifiées que possible. Plus vous vous sentirez déstabilisé, mieux ce sera.

Cela signifie que vous avez interrompu les schémas habituels de votre cerveau pour en accueillir de nouveaux, y compris ceux issus de l'hémisphère droit et de votre personnalité créative, qui sont des facettes de votre intuition. Assurez-vous que ce défi demeure ludique, sans contrainte, en l'abordant comme un jeu et non pas comme un test. **L'intuition ne se développe pas sous pression.** Si vous vous ouvrez à de nouvelles expériences, elle se manifestera discrètement.

Je note ici 5 raisons de faire des choses différentes :

- ....
- ....
- ....
- ....
- ....

Aujourd'hui, **je choisis** au moins **3 pratiques** :

- ☐ Relever le défi du jour
- ☐ Contempler mon tableau de vision
- ☐ Faire de l'exercice ou danser
- ☐ L'affirmation du jour = mantra du jour
- ☐ Méditer, être en silence ou prière
- ☐ Lire ma vision
- ☐ Lire un livre qui m'inspire
- ☐ Tenir mon journal d'intuition
- ☐ Être dans la gratitude
- ☐ Visualiser mes rêves
- ☐ Lire mes intentions du Défi des 100 jours
- ☐ Me réunir avec des délicieux cocréateurs
- ☐ Faire un vidéo-blog ou un blog sur le site
- ☐ Surfer sur le site du Défi des 100 jours
- ☐ Visionner la vidéo du jour de Sonia & Lilou
- ☐ Tirer une carte de tarot ou d'un autre jeu
- ☐ Autre : ....

Aujourd'hui, **mes résultats/succès** sont :

- ☐ ....
- ☐ ....
- ☐ ....
- ☐ ....
- ☐ ....
- ☐ ....
- ☐ ....
- ☐ ....
- ☐ ....
- ☐ ....

Aujourd'hui, j'ai **observé, appris, compris** que...

Aujourd'hui, je suis **reconnaissant** pour 5 choses, événements, personnes...

- ☐ ....
- ☐ ....
- ☐ ....
- ☐ ....
- ☐ ....

Date __/__/____

Lieu __________

JOUR 62

Restez ouvert à d'autres options

Affirmation du jour :

« Je suis ouvert à la nouveauté. »

Souvent, nous ne tenons pas compte de notre intuition, car elle a tendance à nous suggérer de faire des choses contraires à notre nature, ou de changer de comportement, voire d'essayer quelque chose de nouveau. En restant coincés dans de vieilles habitudes, nous faisons obstacle à notre guide intérieur, en l'empêchant de nous indiquer de meilleures options.

Mon intention

aujourd'hui est de...

Mon intuition

aujourd'hui me dit que...

Défi du jour 62

Aujourd'hui, prenez conscience de tout encouragement intuitif qui vous entraînera vers quelque chose de nouveau ou de différent. Au lieu d'y résister, prenez ce risque en disant «oui!» à ces incitations qui pourraient être aussi simples que de vous suggérer de changer de parcours pour vous rendre au travail, de sourire à un inconnu ou d'engager la conversation avec quelqu'un qui vous est habituellement indifférent.
Il est vrai que d'adopter un nouveau comportement peut se révéler temporairement déstabilisant, mais cela ne veut pas dire que ce qui en découlera sera négatif.

Bonus

Notez dans votre cahier ou dans votre journal intuitif toutes ces découvertes vers lesquelles vous avez été guidé aujourd'hui. Cette expérience s'est-elle révélée positive au final? Y avez-vous vécu une quelconque négativité?

Je note ici 5 raisons de rester ouvert:

- ☐ ....
- ☐ ....
- ☐ ....
- ☐ ....
- ☐ ....

Aujourd'hui, **je choisis** au moins **3 pratiques** :

- ☐ Relever le défi du jour
- ☐ Contempler mon tableau de vision
- ☐ Faire de l'exercice ou danser
- ☐ L'affirmation du jour = mantra du jour
- ☐ Méditer, être en silence ou prière
- ☐ Lire ma vision
- ☐ Lire un livre qui m'inspire
- ☐ Tenir mon journal d'intuition
- ☐ Être dans la gratitude
- ☐ Visualiser mes rêves
- ☐ Lire mes intentions du Défi des 100 jours
- ☐ Me réunir avec des délicieux cocréateurs
- ☐ Faire un vidéo-blog ou un blog sur le site
- ☐ Surfer sur le site du Défi des 100 jours
- ☐ Visionner la vidéo du jour de Sonia & Lilou
- ☐ Tirer une carte de tarot ou d'un autre jeu
- ☐ Autre : ....

Aujourd'hui, **mes résultats/succès** sont

- ☐ ....
- ☐ ....
- ☐ ....
- ☐ ....
- ☐ ....
- ☐ ....
- ☐ ....
- ☐ ....
- ☐ ....
- ☐ ....
- ☐ ....

Aujourd'hui, j'ai **observé, appris, compris** que...

Aujourd'hui, je suis **reconnaissant** pour 5 choses, événements, personnes...

- ☐ ....
- ☐ ....
- ☐ ....
- ☐ ....
- ☐ ....

JOUR 63

Date __/__/____

Lieu ___________

Changez de routine

Affirmation du jour :

« Essayons quelque chose de nouveau aujourd'hui. »

En étant trop attaché à vos habitudes, il restera peu de place pour que votre intuition influe sur votre vie.

Mon intention

aujourd'hui est de...

Mon intuition

aujourd'hui me dit que...

Défi du jour 63

Votre défi consistera aujourd'hui à **vous distancier de la routine** en faisant les choses différemment au cours de la journée.

Si vous vous levez normalement à 6 heures, essayez de vous lever une demi-heure plus tôt. Si vous prenez habituellement un café dans le même établissement tous les matins, essayez d'en prendre un ailleurs et, de surcroît, voyez si vous pourriez commander un thé vert à la place. Si vous vous rendez au travail à pied, changez de parcours. Si vous allez travailler en bus, descendez quelques arrêts avant votre destination et terminez à pied. Si vous vous habillez généralement en noir, essayez de porter des vêtements colorés. Innovez en trouvant d'autres moyens de faire ce que vous faites habituellement dans la journée.

Plus vous vous échapperez de votre train-train quotidien, plus vous serez réceptif à de nouvelles inspirations, ce qui vous permettra d'être intuitivement guidé.

Bonus 1

Réalisez une brève vidéo de tout ce que vous aurez essayé de nouveau aujourd'hui, et sur ce que vous en avez pensé. Avez-vous rencontré des surprises ou fait des découvertes? Avez-vous fait la connaissance de quelqu'un, ou êtes-vous tombé par hasard sur des opportunités positives? Faites-nous part de votre aventure avec tous les détails.

Bonus 2

Dans votre journal consacré à l'intuition, notez tous les moyens que vous avez mis en œuvre pour vous éloigner momentanément de votre routine quotidienne et essayer quelque chose de nouveau. Notez-y également toute réticence que vous avez pu éprouver en faisant cela. Vous êtes-vous lancé et vraiment libéré de schémas dépassés et de vos vieilles habitudes, ou avez-vous procédé à de minimes adaptations sans vous engager à expérimenter spontanément avec une autre méthode? Ne jugez rien, notez simplement comment vous avez relevé ce défi, ainsi que ce que cette expérience vous a appris sur vous-même.

Je note ici 5 raisons de me distancier de ma routine:

Aujourd'hui, **je choisis** au moins **3 pratiques** :

- ☐ Relever le défi du jour
- ☐ Contempler mon tableau de vision
- ☐ Faire de l'exercice ou danser
- ☐ L'affirmation du jour = mantra du jour
- ☐ Méditer, être en silence ou prière
- ☐ Lire ma vision
- ☐ Lire un livre qui m'inspire
- ☐ Tenir mon journal d'intuition
- ☐ Être dans la gratitude
- ☐ Visualiser mes rêves
- ☐ Lire mes intentions du Défi des 100 jours
- ☐ Me réunir avec des délicieux cocréateurs
- ☐ Faire un vidéo-blog ou un blog sur le site
- ☐ Surfer sur le site du Défi des 100 jours
- ☐ Visionner la vidéo du jour de Sonia & Lilou
- ☐ Tirer une carte de tarot ou d'un autre jeu
- ☐ Autre : ....

Aujourd'hui, **mes résultats/succès** sont :

- ☐ ....
- ☐ ....
- ☐ ....
- ☐ ....
- ☐ ....
- ☐ ....
- ☐ ....
- ☐ ....
- ☐ ....
- ☐ ....

Aujourd'hui, j'ai **observé, appris, compris** que...

Aujourd'hui, je suis **reconnaissant** pour 5 choses, événements, personnes...

- ☐ ....
- ☐ ....
- ☐ ....
- ☐ ....
- ☐ ....

Date __/__/____

Lieu __________

JOUR 64

Remarquez ce qui pourrait paraître insignifiant

Affirmation du jour :

«Je remarque tout.»

La télévision et le cinéma nous ont conditionnés à croire que l'intuition se manifeste de manière spectaculaire, en ébranlant toute la pièce pour faire apparaître Elvis.
Rien ne pourrait être plus éloigné de la vérité. L'intuition se présente si subtilement que, souvent, nous ne le remarquons même pas.

Mon intention

aujourd'hui est de...

Mon intuition

aujourd'hui me dit que...

Défi du jour 64

Ce défi vous invite aujourd'hui à remarquer autant de détails subtils que possible autour de vous. Endossez le rôle d'un médium détective et rassemblez autant de nouveaux indices que vous le pouvez. En discutant avec les gens, par exemple, observez les expressions de leur visage. Regardez leurs yeux. Sont-ils vifs et clairs, ou assombris et troubles? Remarquez si leur mâchoire est contractée, dans quelle position sont leurs bras: ouverts ou croisés? Observez la position qu'ils prennent. Vous font-ils face ou se détournent-ils? Ou encore s'éloignent-ils?

Tous ces indices subtils déclencheront votre intuition et vous permettront de mieux **«décrypter» les personnes que vous rencontrerez.** Vous pouvez vous entraîner avec les serveurs d'un restaurant ou les vendeurs dans les boutiques. Décryptez ainsi les passagers du train ou vos collègues de travail.

Le secret, c'est de vous exercer à observer sans prendre, malgré vous, l'habitude de juger négativement. Plutôt qu'avec un esprit suspicieux, remarquez ces détails avec le cœur ouvert.

Poussez ce défi plus loin **en remarquant autant de menus détails** que possible, même chez des personnes que vous croisez tous les jours, ainsi que dans les lieux que vous fréquentez quotidiennement.
Prenez note de ces nouveaux détails dans votre journal où vous enregistrez vos expériences intuitives.
Faites usage de tous vos sens en prenant ces notes. Avez-vous vu, entendu ou senti quelque chose de nouveau? Amusez-vous bien en faisant cet exercice, et en en retirant des informations par la même occasion.

En réalité, nous remarquons inconsciemment de nombreux détails dont nous nous déconnectons consciemment, ce qui peut représenter un inconvénient. Plus vous prendrez conscience de ce que vous remarquez, plus vous serez intuitivement guidé et informé.

Je note ici 5 manières subtiles dont mon intuition me guide:

- [ ] ....
- [ ] ....
- [ ] ....
- [ ] ....
- [ ] ....

Aujourd'hui, **je choisis** au moins **3 pratiques** :

- ☐ Relever le défi du jour
- ☐ Contempler mon tableau de vision
- ☐ Faire de l'exercice ou danser
- ☐ L'affirmation du jour = mantra du jour
- ☐ Méditer, être en silence ou prière
- ☐ Lire ma vision
- ☐ Lire un livre qui m'inspire
- ☐ Tenir mon journal d'intuition
- ☐ Être dans la gratitude
- ☐ Visualiser mes rêves
- ☐ Lire mes intentions du Défi des 100 jours
- ☐ Me réunir avec des délicieux cocréateurs
- ☐ Faire un vidéo-blog ou un blog sur le site
- ☐ Surfer sur le site du Défi des 100 jours
- ☐ Visionner la vidéo du jour de Sonia & Lilou
- ☐ Tirer une carte de tarot ou d'un autre jeu
- ☐ Autre : ....

Aujourd'hui, **mes résultats/succès** sont

- ☐ ....
- ☐ ....
- ☐ ....
- ☐ ....
- ☐ ....
- ☐ ....
- ☐ ....
- ☐ ....
- ☐ ....
- ☐ ....

Aujourd'hui, j'ai **observé, appris, compris** que...

....

Aujourd'hui, je suis **reconnaissant** pour 5 choses, événements, personnes...

- ☐ ....
- ☐ ....
- ☐ ....
- ☐ ....
- ☐ ....

JOUR 65

Date __/__/____

Lieu __________

Posez les questions qui importent

Affirmation du jour :

«Je suis impatient d'apprendre quelque chose de nouveau.»

L'intuition se manifeste quand notre esprit est ouvert et réceptif pour apprendre quelque chose de nouveau. La volonté de réserver nos opinions et de nous autoriser à acquérir chaque jour de nouvelles connaissances s'apparente à un puissant carburant propice au développement de l'intuition.

Mon intention
aujourd'hui est de...

Mon intuition
aujourd'hui me dit que...

Défi du jour 65

Votre défi vous invite aujourd'hui à apprendre autant de **nouvelles informations** que possible en posant les questions qui importent aux personnes que vous rencontrerez.

Posez des questions qui révèlent un véritable intérêt pour les autres et leur vie. Faites preuve de curiosité. **Gardez l'esprit ouvert.** Soyez disposé à apprendre quelque chose de nouveau et de différent. Et lorsque vous aurez acquis ces nouvelles connaissances, réfléchissez avec une considération respectueuse à ce que vous aurez appris, plus particulièrement en ayant appris ce sur quoi vous saviez très peu de choses, voire rien du tout. Ou encore, exprimez des opinions habituellement aux antipodes des vôtres.

Un esprit intuitif est toujours ouvert à de nouvelles idées ou perspectives, ainsi qu'aux façons d'être et de faire ailleurs dans le monde. Il n'est jamais fermé. Ce défi pourra se révéler difficile pour certaines personnes.

On hésite parfois à poser aux autres des questions importantes, de peur d'avoir l'air stupide. En ignorant quelque chose, on redoute d'être jugé négativement, cependant, c'est rarement le cas. Ceux qui sont disposés à apprendre des autres sont les plus intelligents du monde.

Ce que vous apprendrez pourrait simplement être l'indication que vous recherchiez et qui, pour vous, résoudrait potentiellement un énorme problème, ou ouvrirait la voie à de toutes nouvelles opportunités. On s'abstient aussi parfois de poser aux autres les questions qui importent, de peur de paraître indiscret ou grossier.

Cependant, si vous **posez des questions** avec un cœur pur et une curiosité sincère, sans duplicité ni intentions cachées, elles seront généralement bien accueillies. Après tout, les gens n'adorent rien de plus que de parler d'eux-mêmes, de ce qu'ils aiment et de ce qui leur tient à cœur, et ils sont plutôt ravis de se confier à ceux avec qui ils se sentent rassurés et qui font envers eux preuve de bienveillance.

Gardez à l'esprit de ne pas poser de questions à la manière d'un inspecteur interrogeant le principal suspect, ce qui révèle de la suspicion et n'a strictement rien à voir avec le fait de poser les questions qui importent, qui, quant à elles, révèlent de l'intérêt.

Alors, armez-vous de courage et apprenez tout ce que vous pourrez aujourd'hui.

Je note ici 5 bonnes raisons de garder un esprit ouvert et réceptif :

- [ ] ....
- [ ] ....
- [ ] ....
- [ ] ....
- [ ] ....

Aujourd'hui, **je choisis** au moins **3 pratiques** :

- ☐ Relever le défi du jour
- ☐ Contempler mon tableau de vision
- ☐ Faire de l'exercice ou danser
- ☐ L'affirmation du jour = mantra du jour
- ☐ Méditer, être en silence ou prière
- ☐ Lire ma vision
- ☐ Lire un livre qui m'inspire
- ☐ Tenir mon journal d'intuition
- ☐ Être dans la gratitude
- ☐ Visualiser mes rêves
- ☐ Lire mes intentions du Défi des 100 Jours
- ☐ Me réunir avec des délicieux cocréateurs
- ☐ Faire un vidéo-blog ou un blog sur le site
- ☐ Surfer sur le site du Défi des 100 Jours
- ☐ Visionner la vidéo du jour de Sonia & Lilou
- ☐ Tirer une carte de tarot ou d'un autre jeu
- ☐ Autre : ....

Aujourd'hui, **mes résultats/succès** sont :

- ☐ ....
- ☐ ....
- ☐ ....
- ☐ ....
- ☐ ....
- ☐ ....
- ☐ ....
- ☐ ....
- ☐ ....
- ☐ ....

Aujourd'hui, j'ai **observé, appris, compris** que...

Aujourd'hui, je suis **reconnaissant** pour 5 choses, événements, personnes...

- ☐ ....
- ☐ ....
- ☐ ....
- ☐ ....
- ☐ ....

Date __/__/____

Lieu __________

JOUR 66

Écoutez avec votre cœur

Affirmation du jour :

« J'écoute avec mon cœur. »

Il y a deux façons d'écouter les gens : avec la tête, c'est-à-dire avec l'intellect, ou avec le cœur et l'esprit. En les écoutant uniquement avec l'intellect, on a tendance à se concentrer pour savoir si on est d'accord avec eux, et à filtrer ou à résister le plus aux propos que l'on désapprouve. Ce genre d'écoute, source de problèmes, de conflits et de malentendus, mène à des difficultés relationnelles, que ce soit d'ordre personnel ou professionnel.
En cherchant à glaner des informations, il est tout à fait acceptable d'écouter avec l'intellect, mais il sera bien plus utile d'écouter avec son cœur si ce que l'on cherche, c'est comprendre, se mettre positivement à l'écoute et coopérer avec autrui.

Mon intention

aujourd'hui est de...

Mon intuition

aujourd'hui me dit que...

Défi du jour 66

Le défi du jour consistera à **écouter avec votre cœur tous ceux auxquels vous parlerez aujourd'hui.**

Pour y parvenir, prenez une inspiration et laissez votre attention se reporter de votre tête à l'espace de votre cœur, un espace que vous ouvrirez devant et derrière. Quelques soupirs profonds vous permettront d'y parvenir plus facilement.

En ouvrant votre cœur, **prêtez attention à ce que dit votre interlocuteur et ce que vous ressentez à ses propos.** Cela ne veut pas dire que vous devez être d'accord avec lui. Ce défi vous permettra simplement de le comprendre plus profondément.

En l'écoutant, soyez attentif **non seulement aux mots mais aussi aux sentiments sous-jacents**. La personne se sent-elle ancrée et rassurée en votre présence? Se sent-elle ainsi en général? Si elle est inquiète, écoutez-la attentivement pour savoir ce qui la trouble. Laissez-vous guider par votre intuition en l'écoutant avec le cœur ouvert et en restant ancré. Ses propos s'accordent-ils à son énergie? Avez-vous l'impression qu'elle dit la vérité? Est-elle confuse ou sur la défensive? Est-elle heureuse et sincère?

Plus vous écouterez avec votre cœur, plus vous vous mettrez à l'écoute de ce qu'on vous dira véritablement.

Cette faculté intuitive aussi importante que puissante vous aidera dans les situations où vous devrez communiquer et coopérer avec autrui.

Avant de répondre à ce que l'on vous dit, **prenez le temps de ressentir dans votre cœur ce que l'on vous dit vraiment**. Par exemple, si quelqu'un vous dit: «Je vais bien», alors que son énergie le dément, prenez le temps de le reconnaître dans votre cœur, et mettez-vous à l'écoute de ce qui pourrait bien troubler cette personne.

En écoutant avec le cœur, on se met intuitivement **à l'écoute de la véritable signification des mots**, ce qui réduit les risques de confusion et de malentendus, en favorisant de la bonne volonté et des sentiments positifs entre les gens. Lorsque cela se produit, les relations se font plus sincères, créatives et collaboratives, ce qui facilite considérablement la vie en la rendant plus agréable et épanouissante.

En fin de journée, comme d'habitude, **notez dans votre journal consacré à l'intuition** ce que vous avez vécu comme expériences en relevant ce défi.
Avez-vous eu des idées intuitives ou fait des découvertes capitales? Vous êtes-vous senti plus rassuré au sujet de ce qu'on attendait de vous? Ou ce qu'on attendait était-il plutôt quelque chose de profondément intérieur?

Je note ici 5 TOP messages de mon cœur:

- ☐ ....
- ☐ ....
- ☐ ....
- ☐ ....
- ☐ ....

Aujourd'hui, je choisis au moins 3 pratiques :

- ☐ Relever le défi du jour
- ☐ Contempler mon tableau de vision
- ☐ Faire de l'exercice ou danser
- ☐ L'affirmation du jour = mantra du jour
- ☐ Méditer, être en silence ou prière
- ☐ Lire ma vision
- ☐ Lire un livre qui m'inspire
- ☐ Tenir mon journal d'intuition
- ☐ Être dans la gratitude
- ☐ Visualiser mes rêves
- ☐ Lire mes intentions du Défi des 100 jours
- ☐ Me réunir avec des délicieux cocréateurs
- ☐ Faire un vidéo-blog ou un blog sur le site
- ☐ Surfer sur le site du Défi des 100 jours
- ☐ Visionner la vidéo du jour de Sonia & Lilou
- ☐ Tirer une carte de tarot ou d'un autre jeu
- ☐ Autre : ....

Aujourd'hui, mes résultats/succès sont

- ☐ ....
- ☐ ....
- ☐ ....
- ☐ ....
- ☐ ....
- ☐ ....
- ☐ ....
- ☐ ....
- ☐ ....
- ☐ ....
- ☐ ....

Aujourd'hui, j'ai observé, appris, compris que...

Aujourd'hui, je suis reconnaissant pour 5 choses, événements, personnes...

- ☐ ....
- ☐ ....
- ☐ ....
- ☐ ....
- ☐ ....

JOUR 67

Date __/__/____

Lieu __________

Asseyez-vous en silence

Affirmation du jour :

« Je suis réceptif à mon cœur qui me guide en silence. »

La vie est bruyante, ce qui vous empêche de vous concentrer et rend difficile le fait de vous connecter à l'énergie plus subtile émergeant de votre cœur et de votre intuition. Afin de parvenir à vous mettre à son écoute, il est essentiel de vous ménager régulièrement du temps pour vous asseoir et vous recueillir dans le silence. Relevez ce défi aujourd'hui. Consacrez dix minutes à vous détendre en position assise et en silence. Cela ne veut pas simplement dire de vous abstenir de parler pendant ce temps, mais d'écouter en silence la voix de votre âme, qui ne peut être perçue que par le cœur.

Mon intention

aujourd'hui est de...

Mon intuition

aujourd'hui me dit que...

Défi du jour 67

En étant assis en silence dans cet état d'intériorisation profonde, vous pourrez faire la distinction entre la voix de votre ego et la voix de votre âme. En écoutant votre ego, vous remarquerez qu'il ne cesse de juger et d'exprimer des avis très arrêtés. La voix de votre âme, en revanche, observe calmement, n'exprime aucun jugement et est ferme, rassurante et ancrée.

Si vous êtes très attentif en restant assis en silence, vous découvrirez que la voix de votre âme ne vous donne pas du tout l'impression d'être une «voix», mais plutôt une vibration énergétique chaleureuse, constante, de sérénité bienveillante.
Assis en silence aujourd'hui, soyez attentif à cette vibration apaisée plus profonde qui émerge de votre cœur, sur lequel vous vous centrerez. Initialement, dix minutes pourront vous paraître un peu long mais, si vous vous détendez et relevez ce défi en étant simplement curieux, vous réussirez à établir la connexion.

Je note ici 5 différences entre la voix de l'ego et celle de mon âme:

Aujourd'hui, je choisis au moins 3 pratiques :

- ☐ Relever le défi du jour
- ☐ Contempler mon tableau de vision
- ☐ Faire de l'exercice ou danser
- ☐ L'affirmation du jour = mantra du jour
- ☐ Méditer, être en silence ou prière
- ☐ Lire ma vision
- ☐ Lire un livre qui m'inspire
- ☐ Tenir mon journal d'intuition
- ☐ Être dans la gratitude
- ☐ Visualiser mes rêves
- ☐ Lire mes intentions du Défi des 100 jours
- ☐ Me réunir avec des délicieux cocréateurs
- ☐ Faire un vidéo-blog ou un blog sur le site
- ☐ Surfer sur le site du Défi des 100 jours
- ☐ Visionner la vidéo du jour de Sonia & Lilou
- ☐ Tirer une carte de tarot ou d'un autre jeu
- ☐ Autre : ....

Aujourd'hui, mes résultats/succès sont :

- ☐ ....
- ☐ ....
- ☐ ....
- ☐ ....
- ☐ ....
- ☐ ....
- ☐ ....
- ☐ ....
- ☐ ....
- ☐ ....

Aujourd'hui, j'ai observé, appris, compris que...

Aujourd'hui, je suis reconnaissant pour 5 choses, événements, personnes...

- ☐ ....
- ☐ ....
- ☐ ....
- ☐ ....
- ☐ ....

Date __/__/____

Lieu ___________

JOUR 68

Faites preuve de courage

Affirmation du jour :

«Je vais suivre mon cœur.»

On entend souvent les gens dire qu'ils sont intuitifs, mais que le courage leur manque pour suivre leur intuition. Par crainte de la désapprobation ou d'«avoir tort», ils préfèrent ne pas agir en fonction de cette énergie qui apporte pourtant un sentiment de puissance personnelle. Aujourd'hui, ce défi vous demandera de vous montrer courageux en ne vous laissant pas retenir par la peur.

Si votre intuition vous incite à sourire à quelqu'un, alors faites-le au lieu de détourner le regard. Si votre intuition vous dit d'exprimer le fond de votre pensée, alors parlez au lieu de vous taire. Si votre intuition vous incite à partir, faites-le au lieu de vous sentir obligé de rester. Si votre intuition vous encourage à chanter spontanément à pleins poumons, n'hésitez pas au lieu d'avoir peur de ce qu'on pourrait penser de vous.

Mon intention

aujourd'hui est de...

Mon intuition

aujourd'hui me dit que...

Défi du jour 68

Tout au long de la journée, accordez-vous la liberté d'être vous-même, sans rien redouter. Cela ne veut pas dire de vous déchaîner ou de céder à un comportement négatif, d'autant que ce type de réaction ne viendra pas de votre intuition mais de votre ego. L'intuition n'est pas agressive, mais cherche plutôt à relier et à rassembler les choses à un niveau supérieur.

Prenez une profonde inspiration et faites confiance à votre ressenti. Avoir du courage signifie de vous laisser guider par votre cœur, plutôt que par votre terrible ego. Au lieu de trouver ce défi difficile, considérez-le simplement comme un moyen d'aborder les choses différemment.

Je note ici 5 raisons de faire confiance à mon cœur:

- ☐ ....
- ☐ ....
- ☐ ....
- ☐ ....
- ☐ ....

Aujourd'hui, je choisis au moins 3 pratiques :

- ☐ Relever le défi du jour
- ☐ Contempler mon tableau de vision
- ☐ Faire de l'exercice ou danser
- ☐ L'affirmation du jour = mantra du jour
- ☐ Méditer, être en silence ou prière
- ☐ Lire ma vision
- ☐ Lire un livre qui m'inspire
- ☐ Tenir mon journal d'intuition
- ☐ Être dans la gratitude
- ☐ Visualiser mes rêves
- ☐ Lire mes intentions du Défi des 100 jours
- ☐ Me réunir avec des délicieux cocréateurs
- ☐ Faire un vidéo-blog ou un blog sur le site
- ☐ Surfer sur le site du Défi des 100 jours
- ☐ Visionner la vidéo du jour de Sonia & Lilou
- ☐ Tirer une carte de tarot ou d'un autre jeu
- ☐ Autre : ....

Aujourd'hui, mes résultats/succès sont

- ☐ ....
- ☐ ....
- ☐ ....
- ☐ ....
- ☐ ....
- ☐ ....
- ☐ ....
- ☐ ....
- ☐ ....
- ☐ ....
- ☐ ....

Aujourd'hui, j'ai observé, appris, compris que...

....

Aujourd'hui, je suis reconnaissant pour 5 choses, événements, personnes...

- ☐ ....
- ☐ ....
- ☐ ....
- ☐ ....
- ☐ ....

JOUR 69

Date __/__/____

Lieu __________

Imprégnez votre esprit de magnifiques œuvres d'art

Affirmation du jour :

«La beauté de l'art touche mon âme.»

Plus nous prenons soin de notre esprit, plus nous nous accordons intuitivement au monde qui nous entoure.

Mon intention

aujourd'hui est de...

Mon intuition

aujourd'hui me dit que...

Défi du jour 69

Votre défi consistera aujourd'hui à imprégner votre esprit de magnifiques œuvres d'art. Si vous en avez la possibilité, passez une heure à visiter un musée ou une galerie d'art, et appréciez la maîtrise artistique qui y est présentée. L'art touche et ouvre le cœur, intensifie votre vibration personnelle et vous accorde à de plus hautes fréquences. Au lieu de parcourir d'un pas pressé le musée, choisissez une œuvre qui vous parle et contemplez-la un moment. Étudiez-la jusqu'à ce que vous sentiez l'énergie se

diffuser de la peinture ou de la sculpture en touchant votre cœur et en vous transmettant son esprit.

Si vous ne pouvez pas aller au musée ou dans une galerie, vous pouvez recourir à une visite virtuelle grâce à Internet. Même si ce n'est pas la même chose que de voir en réel une œuvre d'art, toute magnifique création artistique, aussi puissante que guérisseuse, prendra soin de votre âme, en l'élevant.

Pouvez-vous décrire par des mots quel effet l'art a sur vous? À quel endroit de votre corps ressentez-vous le plus cet effet?

Notez dans votre journal consacré à l'intuition ce que vous avez vécu comme expériences au contact de l'art.

Je note ici 5 raisons d'inclure l'art dans ma vie:

- [ ] ....
- [ ] ....
- [ ] ....
- [ ] ....
- [ ] ....

Aujourd'hui, je choisis au moins 3 pratiques :

- ☐ Relever le défi du jour
- ☐ Contempler mon tableau de vision
- ☐ Faire de l'exercice ou danser
- ☐ L'affirmation du jour = mantra du jour
- ☐ Méditer, être en silence ou prière
- ☐ Lire ma vision
- ☐ Lire un livre qui m'inspire
- ☐ Tenir mon journal d'intuition
- ☐ Être dans la gratitude
- ☐ Visualiser mes rêves
- ☐ Lire mes intentions du Défi des 100 jours
- ☐ Me réunir avec des délicieux cocréateurs
- ☐ Faire un vidéo-blog ou un blog sur le site
- ☐ Surfer sur le site du Défi des 100 jours
- ☐ Visionner la vidéo du jour de Sonia & Lilou
- ☐ Tirer une carte de tarot ou d'un autre jeu
- ☐ Autre : ....

Aujourd'hui, mes résultats/succès sont :

- ☐ ....
- ☐ ....
- ☐ ....
- ☐ ....
- ☐ ....
- ☐ ....
- ☐ ....
- ☐ ....
- ☐ ....
- ☐ ....

Aujourd'hui, j'ai observé, appris, compris que...

Aujourd'hui, je suis reconnaissant pour 5 choses, événements, personnes...

- ☐ ....
- ☐ ....
- ☐ ....
- ☐ ....
- ☐ ....

Date __/__/____

Lieu ___________

JOUR 70

Soyez ouvert au pardon

Affirmation du jour :

« Moi supérieur, aide-moi à oublier le passé et à avancer. »

Le ressentiment et la colère font terriblement obstacle à l'intuition. Cependant, à tout moment, nous vivons tous des expériences qui nous incitent à être plein de ressentiment et qui donnent raison à notre colère. Le défi d'aujourd'hui vous permettra de vous libérer de cette énergie pesante, en explorant la possibilité de pardonner au passé pour guérir votre cœur.

Alors qu'on voudrait bien pardonner, en sachant même que cela est essentiel à notre santé, notre bien-être, et, oui, pour que notre canal intuitif s'ouvre, se contenter de le vouloir ne suffit pas pour que cela se réalise.

Pour pardonner véritablement, il est important de reconnaître sa souffrance sans se juger de l'éprouver, et de permettre au pardon de se présenter le moment venu.

Mon intention

aujourd'hui est de...

Mon intuition

aujourd'hui me dit que...

Défi du jour 70

En vue de commencer le **processus de guérison**, votre défi consistera aujourd'hui à écrire tout ce que vous portez dans votre cœur de douloureux, ainsi qu'au sujet de la personne ou de la situation qui vous a causé cette souffrance. Prenez votre temps et autorisez-vous à éprouver tout ce que vous ressentez en le décrivant par écrit.

Dans chaque situation, notez depuis combien de temps vous portez cette douleur dans votre cœur. Notez aussi tous **les enseignements** que vous avez retirés de cette expérience éprouvante.

Réfléchissez et couchez sur le papier les erreurs dont vous êtes peut-être responsable et qui pourraient avoir contribué à cette épreuve. Enregistrez également ce qui semblerait n'avoir aucun rapport avec vous et qui, néanmoins, vous a injustement blessé. Soyez aussi **curieux** que possible, en évitant de préférence toute moralisation.

Demandez ensuite à votre Moi supérieur de vous répondre par écrit, et de vous guider sur la manière de pardonner et de guérir.

Laissez votre stylo courir librement sur le papier et soyez curieux de savoir ce que votre Moi supérieur cherche à vous transmettre.

N'oubliez pas que votre Moi supérieur vous aime et que ce qu'il écrira par votre main n'est qu'une suggestion afin d'atténuer votre souffrance, et non pas pour exiger que vous acceptiez sa proposition. Soyez ouvert et apprenez ce que vous pourrez. Écrivez aussi longtemps que vous le souhaitez.

Quand vous aurez terminé, remerciez votre Moi supérieur et posez votre stylo. Constatez si vos sentiments pénibles ont évolué après ce que vous aura transmis votre Moi supérieur. Assis calmement, demandez à votre Moi supérieur de vous aider à pardonner et à vous libérer de cette souffrance. Détendez-vous et attendez que votre Moi supérieur réponde à votre requête.

Il se pourrait que vous receviez dans l'instant des inspirations ou des conseils qui pourront vous guider, ou que vous ne ressentiez rien dans l'immédiat.

Le cas échéant, ne vous inquiétez pas, votre Moi supérieur est maintenant au travail.

Sachez que les réponses que vous attendez viendront à vous quand vous serez prêt. Prêtez attention à **l'espace libéré dans votre cœur,** qui résultera de ce défi. S'y trouve-t-il encore en ce moment de la place pour que vous vous sentiez mieux?

Bonus Avant d'aller vous coucher, écrivez dans votre journal consacré à l'intuition tout autre aperçu ou toute évolution dans vos sentiments qui pourrait avoir résulté de ce défi.

Je note ici 5 bonnes raisons de m'ouvrir au pardon:

- [ ] ....
- [ ] ....
- [ ] ....
- [ ] ....
- [ ] ....

Aujourd'hui, **je choisis** au moins **3 pratiques** :

- ☐ Relever le défi du jour
- ☐ Contempler mon tableau de vision
- ☐ Faire de l'exercice ou danser
- ☐ L'affirmation du jour = mantra du jour
- ☐ Méditer, être en silence ou prière
- ☐ Lire ma vision
- ☐ Lire un livre qui m'inspire
- ☐ Tenir mon journal d'intuition
- ☐ Être dans la gratitude
- ☐ Visualiser mes rêves
- ☐ Lire mes intentions du Défi des 100 jours
- ☐ Me réunir avec des délicieux cocréateurs
- ☐ Faire un vidéo-blog ou un blog sur le site
- ☐ Surfer sur le site du Défi des 100 jours
- ☐ Visionner la vidéo du jour de Sonia & Lilou
- ☐ Tirer une carte de tarot ou d'un autre jeu
- ☐ Autre : ....

Aujourd'hui, **mes résultats/succès** sont

- ☐ ....
- ☐ ....
- ☐ ....
- ☐ ....
- ☐ ....
- ☐ ....
- ☐ ....
- ☐ ....
- ☐ ....
- ☐ ....

Aujourd'hui, j'ai **observé, appris, compris** que...

....

Aujourd'hui, je suis **reconnaissant** pour 5 choses, événements, personnes...

- ☐ ....
- ☐ ....
- ☐ ....
- ☐ ....
- ☐ ....

JOUR 71

Date __/__/____

Lieu __________

Faites preuve de générosité

Affirmation du jour :

«Je partage librement.»

Plus vous intensifierez votre vibration personnelle, moins vous recevrez de parasites en provenance de votre mental et mieux vous comprendrez votre guide intérieur. L'un des moyens pour intensifier le plus rapidement votre vibration personnelle, c'est de vous montrer généreux envers ceux qui vous entourent.

Mon intention

aujourd'hui est de...

Mon intuition

aujourd'hui me dit que...

Défi du jour 71

Être généreux peut se manifester de diverses façons, comme donner un euro au mendiant dans la rue au lieu de l'ignorer, faire un compliment au lieu de ne rien dire, sourire au lieu de détourner les yeux, ou vous montrer généreux envers un ami en lui donnant de votre temps, votre attention et la patience dont il a besoin pour le soutenir moralement. Vous pouvez être généreux avec votre portefeuille, en offrant à quelqu'un un café ou à déjeuner au lieu de diviser la note.

Vous pouvez être plus particulièrement généreux par vos encouragements ou en louant d'autres personnes par des mots gentils et élogieux, en vous réjouissant de leur réussite ou en leur assurant qu'au final tout ira pour eux pour le mieux et qu'il leur faut simplement rester patients.

La générosité d'esprit ouvre le cœur, d'où découle un flot de conseils et de directions intérieures qui contribueront considérablement à améliorer votre vie, en vous guidant de manière bénéfique. Il s'agit du cadeau qui ne cesse d'en entraîner d'autres. Appréciez-le tout au long de la journée.

Je note ici 5 façons dont ma générosité s'est manifestée aujourd'hui:

- [ ] ....
- [ ] ....
- [ ] ....
- [ ] ....
- [ ] ....
- [ ] ....
- [ ] ....
- [ ] ....

Aujourd'hui, **je choisis** au moins **3 pratiques** :

- ☐ Relever le défi du jour
- ☐ Contempler mon tableau de vision
- ☐ Faire de l'exercice ou danser
- ☐ L'affirmation du jour = mantra du jour
- ☐ Méditer, être en silence ou prière
- ☐ Lire ma vision
- ☐ Lire un livre qui m'inspire
- ☐ Tenir mon journal d'intuition
- ☐ Être dans la gratitude
- ☐ Visualiser mes rêves
- ☐ Lire mes intentions du Défi des 100 jours
- ☐ Me réunir avec des délicieux cocréateurs
- ☐ Faire un vidéo-blog ou un blog sur le site
- ☐ Surfer sur le site du Défi des 100 jours
- ☐ Visionner la vidéo du jour de Sonia & Lilou
- ☐ Tirer une carte de tarot ou d'un autre jeu
- ☐ Autre : ....

Aujourd'hui, **mes résultats/succès** sont :

- ☐ ....
- ☐ ....
- ☐ ....
- ☐ ....
- ☐ ....
- ☐ ....
- ☐ ....
- ☐ ....
- ☐ ....
- ☐ ....

Aujourd'hui, j'ai **observé, appris, compris** que...

Aujourd'hui, je suis **reconnaissant** pour 5 choses, événements, personnes...

- ☐ ....
- ☐ ....
- ☐ ....
- ☐ ....
- ☐ ....

Date __/__/____

Lieu ___________

JOUR 72

Testez votre motivation

Affirmation du jour :

« Guide-moi vers ce qui servira le bien suprême de tous. »

L'intuition émerge de votre cœur et de votre esprit, tout comme les intentions pures pour le bien de tout un chacun. L'intuition ne vous permettra pas de profiter d'autrui ni de manipuler les gens pour qu'ils soient à votre botte afin de répondre aux exigences de votre ego.

Mon intention

aujourd'hui est de...

Mon intuition

aujourd'hui me dit que...

Défi du jour 72

Aujourd'hui, **vérifiez que vos intentions sont pures, bienveillantes et non pas manipulatrices.**

Si vous cherchez à vous servir de votre intuition pour qu'une personne s'intéresse à vous, par exemple, au risque de faire souffrir son partenaire, étant donné qu'elle est déjà accompagnée, elle ne coopérera pas, car elle sera embrumée par les exigences de votre ego.

Demandez plutôt à votre intuition de vous guider vers le meilleur partenaire, vers l'opportunité ou la solution du point de vue émotionnel qui vous convient en ce moment, et évitez de ne tenir compte que de ce que vous pensez être le mieux, ou de passer en force.

Si votre motivation est pure, votre intuition fera venir à vous le meilleur dans tous les domaines.

Je note ici 5 raisons d'être guidé pour le bien suprême de tous :

- ☐ ....
- ☐ ....
- ☐ ....
- ☐ ....
- ☐ ....

Aujourd'hui, **je choisis** au moins **3 pratiques** :

- ☐ Relever le défi du jour
- ☐ Contempler mon tableau de vision
- ☐ Faire de l'exercice ou danser
- ☐ L'affirmation du jour = mantra du jour
- ☐ Méditer, être en silence ou prière
- ☐ Lire ma vision
- ☐ Lire un livre qui m'inspire
- ☐ Tenir mon journal d'intuition
- ☐ Être dans la gratitude
- ☐ Visualiser mes rêves
- ☐ Lire mes intentions du Défi des 100 jours
- ☐ Me réunir avec des délicieux cocréateurs
- ☐ Faire un vidéo-blog ou un blog sur le site
- ☐ Surfer sur le site du Défi des 100 jours
- ☐ Visionner la vidéo du jour de Sonia & Lilou
- ☐ Tirer une carte de tarot ou d'un autre jeu
- ☐ Autre : ....

Aujourd'hui, **mes résultats/succès** sont

- ☐ ....
- ☐ ....
- ☐ ....
- ☐ ....
- ☐ ....
- ☐ ....
- ☐ ....
- ☐ ....
- ☐ ....
- ☐ ....

Aujourd'hui, j'ai **observé, appris, compris** que...

....

Aujourd'hui, je suis **reconnaissant** pour 5 choses, événements, personnes...

- ☐ ....
- ☐ ....
- ☐ ....
- ☐ ....
- ☐ ....

JOUR 73

Date __/__/____

Lieu __________

Demandez de l'aide

Affirmation du jour :

«S'il vous plaît, aidez-moi!»

L'Univers regorge d'esprits aidants qui sont là pour protéger, guider et faciliter votre parcours de vie. Vous recevrez leur aide, par le biais de votre intuition, qui se manifestera par des encouragements subtils, des idées soudaines, une direction intérieure et par bien plus encore. Tout ce que vous aurez à faire, c'est de les appeler. Que ce soit vos anges, vos esprits guides, votre Moi supérieur ou des membres de votre famille qui ont rejoint le monde des esprits, vous avez de nombreux aides dans le royaume spirituel, qui sont prêts, disposés et en mesure de vous guider ou de vous assister à tout sujet. Tout ce qu'il vous reste à faire, c'est de solliciter leur aide. Il n'est pas nécessaire que vous les perceviez. Ils sont là.

Mon intention

aujourd'hui est de...

Mon intuition

aujourd'hui me dit que...

Défi du jour 73

Tout au long de la journée, chaque fois que vous éprouverez de la frustration, de la confusion ou que vous ne serez pas sûr de ce que vous devez faire, arrêtez-vous et fermez les yeux. Inspirez pour vous détendre physiquement, puis demandez à vos esprits aidants de vous **apporter leur assistance.** Prenez encore quelques inspirations et demeurez réceptif pour recevoir leur aide qui, tout aussi subtile soit-elle, sera néanmoins tangible.

Bonus

Écrivez dans votre journal consacré à l'intuition comment vous vous êtes senti aidé ou guidé aujourd'hui. Veillez à ne pas uniquement vous concentrer sur des exemples particulièrement évidents car, le plus souvent, vos guides vous aident très discrètement, ce qui fait toute la différence.

Je note ici 5 fois où je me suis senti aidé ou guidé:

- [ ] ....
- [ ] ....
- [ ] ....
- [ ] ....
- [ ] ....

Aujourd'hui, **je choisis** au moins **3 pratiques** :

- ☐ Relever le défi du jour
- ☐ Contempler mon tableau de vision
- ☐ Faire de l'exercice ou danser
- ☐ L'affirmation du jour = mantra du jour
- ☐ Méditer, être en silence ou prière
- ☐ Lire ma vision
- ☐ Lire un livre qui m'inspire
- ☐ Tenir mon journal d'intuition
- ☐ Être dans la gratitude
- ☐ Visualiser mes rêves
- ☐ Lire mes intentions du Défi des 100 jours
- ☐ Me réunir avec des délicieux cocréateurs
- ☐ Faire un vidéo-blog ou un blog sur le site
- ☐ Surfer sur le site du Défi des 100 jours
- ☐ Visionner la vidéo du jour de Sonia & Lilou
- ☐ Tirer une carte de tarot ou d'un autre jeu
- ☐ Autre : ....

Aujourd'hui, **mes résultats/succès** sont :

- ☐ ....
- ☐ ....
- ☐ ....
- ☐ ....
- ☐ ....
- ☐ ....
- ☐ ....
- ☐ ....
- ☐ ....
- ☐ ....

Aujourd'hui, j'ai **observé, appris, compris** que...

Aujourd'hui, je suis **reconnaissant** pour 5 choses, événements, personnes...

- ☐ ....
- ☐ ....
- ☐ ....
- ☐ ....
- ☐ ....

Date __/__/____

Lieu ___________

JOUR 74

Dévouez-vous

Affirmation du jour :

«Je suis heureux d'aider.»

L'un des plus puissants moyens pour déclencher votre intuition et vous retrouver guidé vers des dénouements absolument merveilleux est de prendre le temps de vous dévouer afin d'aider sans contrepartie votre prochain.

Mon intention

aujourd'hui est de...

Mon intuition

aujourd'hui me dit que...

Défi du jour 74

Vous pourrez officiellement vous investir en **proposant vos services bénévoles à ceux qui sont dans le besoin** par l'intermédiaire d'une organisation caritative, comme votre Croix-Rouge locale, ou encore de manière plus subtile en aidant quelqu'un, après avoir indéniablement constaté son manque de moyens et vous être dit que vous pourriez en partie y remédier.

Votre action dévouée pourra être aussi simple que de donner à un mendiant dans la rue une bouteille d'eau, un morceau de pain ou un euro, ou d'ouvrir la porte à quelqu'un qui a les mains prises, ou encore de vider votre armoire des vêtements dont vous n'avez plus besoin et de les donner à une organisation aidant les réfugiés.
Cela pourra même être aussi simple que d'écouter quelqu'un de seul qui a besoin de parler.
Ce défi **vous ouvrira le cœur en vous permettant de vous remettre profondément à l'écoute des autres** et de découvrir que vous vous investissez bien davantage que juste dans votre vie personnelle.

Assurez-vous avant d'aller vous coucher de noter dans votre journal toutes les idées, inspirations intuitives ou illuminations soudaines qui surgiront à la suite de ce défi. C'est à ce moment-là que la plupart se manifestent.

Je note ici 5 TOP idées et inspirations intuitives notées dans mon journal:

- [ ] ....
- [ ] ....
- [ ] ....
- [ ] ....
- [ ] ....

Aujourd'hui, **je choisis** au moins **3 pratiques** :

- ☐ Relever le défi du jour
- ☐ Contempler mon tableau de vision
- ☐ Faire de l'exercice ou danser
- ☐ L'affirmation du jour = mantra du jour
- ☐ Méditer, être en silence ou prière
- ☐ Lire ma vision
- ☐ Lire un livre qui m'inspire
- ☐ Tenir mon journal d'intuition
- ☐ Être dans la gratitude
- ☐ Visualiser mes rêves
- ☐ Lire mes intentions du Défi des 100 jours
- ☐ Me réunir avec des délicieux cocréateurs
- ☐ Faire un vidéo-blog ou un blog sur le site
- ☐ Surfer sur le site du Défi des 100 jours
- ☐ Visionner la vidéo du jour de Sonia & Lilou
- ☐ Tirer une carte de tarot ou d'un autre jeu
- ☐ Autre : ....

Aujourd'hui, **mes résultats/succès** sont

- ☐ ....
- ☐ ....
- ☐ ....
- ☐ ....
- ☐ ....
- ☐ ....
- ☐ ....
- ☐ ....
- ☐ ....
- ☐ ....

Aujourd'hui, j'ai **observé, appris, compris** que...

....

Aujourd'hui, je suis **reconnaissant** pour 5 choses, événements, personnes...

- ☐ ....
- ☐ ....
- ☐ ....
- ☐ ....
- ☐ ....

JOUR 75

Date __/__/____

Lieu __________

Complimentez autrui

Affirmation du jour :

«Tu es une merveille.»

Un **compliment** correspond à une reconnaissance ouverte de certaines qualités significatives d'une personne. En lui faisant un compliment, on remarque et on apprécie ce qui est authentique et positif chez elle. Cela veut essentiellement dire : «Je vous ai remarqué.»

Mon intention

aujourd'hui est de…

Mon intuition

aujourd'hui me dit que…

Défi du jour 75

Grâce à cette pratique, nous adoptons un **rythme plus lent** qui nous permet de discerner et de reconnaître ce qu'il y a de bien sous nos yeux.

En faisant des compliments sincères, nous nous exerçons à percevoir de plus en plus ce qui est **authentique et réel** dans le monde qui nous entoure, ce qui nous attire hors de nos pensées et loin de ces histoires conditionnées à propos de l'existence et des autres.

Un compliment permet de voir **plus clairement** et plus **précisément** ce qui est fondamental pour l'intuition.

Un compliment nous permet aussi d'être encore **plus réceptifs** à ce qui est bénéfique autour de nous. Cela comprend naturellement de nous ouvrir pour recevoir dans notre champ énergétique encore plus de bienfaits, ce qui contribue à une vie intuitive.

En faisant un compliment, nous nous distançons également du côté logique de notre cerveau pour nous situer dans le cœur d'où, comme nous le savons désormais, opère notre intuition à son plus haut niveau.

Il va sans dire que ce défi ne vous sera d'aucune utilité si votre compliment manque de sincérité. Tout le monde est capable de percevoir l'énergie négative et obséquieuse d'une telle flatterie, ce qui est vraiment désagréable et pire qu'une insulte, étant donné que c'est on ne peut plus malhonnête.

Par conséquent, ne perdez pas votre temps. Trouvez quelque chose d'authentique à apprécier et qui mérite un compliment venant du cœur, ce qui aura **un effet magique pour accéder à un flot de sentiments intuitifs.**

Bonus 1

Si vous voulez vraiment voir circuler la magie générée par votre intuition, **faites un compliment sincère à quelqu'un envers qui vous êtes habituellement distant ou critique.** C'est bien ça, faites un compliment à quelqu'un que, généralement, vous n'appréciez ou n'aimez pas.

Cet effort de votre part modifiera l'énergie dissonante entre vous et la libérera en la faisant circuler dans une direction plus bienveillante, créative et positive.

Le secret pour réussir à relever ce défi, c'est de ne pas s'attacher à la réaction qu'aura cette personne en recevant votre compliment. Gardez en mémoire qu'habituellement elle se retrouve exposée à votre énergie négative, et qu'elle sera donc plus que probablement méfiante et d'autant plus sur la défensive pour se protéger.

Ne le prenez pas personnellement. Tout le monde est fragile sous des airs d'invulnérabilité. Faites-lui simplement votre compliment, sans rien attendre en retour, puis laissez la magie opérer.

Bonus 2

Vous pourrez vous consacrer à la pratique suivante tous les jours pour en obtenir un maximum de bienfaits.

Avant d'aller vous coucher, prenez note des résultats obtenus et de vos expériences dans ce cahier. Qui avez-vous complimenté? Qu'avez-vous éprouvé par la suite? Quelles nouvelles expériences en ont découlé? Quelles modifications, s'il y en a eu, avez-vous noté au niveau de l'énergie?

Je note ici 5 raisons de faire des compliments plus souvent:

- [ ] ....
- [ ] ....
- [ ] ....
- [ ] ....
- [ ] ....

Aujourd'hui, **je choisis** au moins **3 pratiques** :

- ☐ Relever le défi du jour
- ☐ Contempler mon tableau de vision
- ☐ Faire de l'exercice ou danser
- ☐ L'affirmation du jour = mantra du jour
- ☐ Méditer, être en silence ou prière
- ☐ Lire ma vision
- ☐ Lire un livre qui m'inspire
- ☐ Tenir mon journal d'intuition
- ☐ Être dans la gratitude
- ☐ Visualiser mes rêves
- ☐ Lire mes intentions du Défi des 100 jours
- ☐ Me réunir avec des délicieux cocréateurs
- ☐ Faire un vidéo-blog ou un blog sur le site
- ☐ Surfer sur le site du Défi des 100 jours
- ☐ Visionner la vidéo du jour de Sonia & Lilou
- ☐ Tirer une carte de tarot ou d'un autre jeu
- ☐ Autre : ....

Aujourd'hui, **mes résultats/succès** sont :

- ☐ ....
- ☐ ....
- ☐ ....
- ☐ ....
- ☐ ....
- ☐ ....
- ☐ ....
- ☐ ....
- ☐ ....
- ☐ ....

Aujourd'hui, j'ai **observé, appris, compris** que...

Aujourd'hui, je suis **reconnaissant** pour 5 choses, événements, personnes...

- ☐ ....
- ☐ ....
- ☐ ....
- ☐ ....
- ☐ ....

Félicitations !

Encore 25 jours dans votre Défi des 100 jours pour développer exponentiellement votre intuition

Fêtez ça dès maintenant !
Voici quelques questions dont vous pouvez noter les réponses dans votre journal intuitif.

1. Prenez le temps de passer en revue ce que vous avez accompli jusqu'à présent dans votre Défi, en vous concentrant en particulier sur vos succès et ce dont vous êtes le plus reconnaissant.

2. À présent, réfléchissez à certaines de vos déceptions ou choses que vous n'avez pas encore achevées dans votre Défi. Vous êtes-vous surpris en plein délit de procrastination, ou ne tenant pas vos engagements?

3. En passant en revue ces deux premiers mois, pouvez-vous identifier des outils ou des pratiques que vous pourriez mettre en place pour mieux vous accompagner?

4. Existe-t-il quelqu'un dans votre famille, votre communauté ou au sein du Défi des 100 jours, avec qui vous aimeriez partager vos expériences et qui pourrait vous soutenir?

5. À ce stade du Défi, qu'avez-vous appris sur vous-même et sur votre intuition?

6. Écrivez ce que vous ressentez à propos de vos résultats intuitifs.

7. Écrivez ce qui s'est bien passé, et ce qui s'est mal passé.

8. S'il y a quoi que ce soit que vous gardez en vous au sujet de votre participation au Défi des 100 jours, c'est le moment de vous pardonner et de passer à autre chose !

9. Maintenant que 75 % du chemin a été parcouru, c'est le moment de le fêter, de vous accorder des petits plaisirs, de réitérer vos engagements à développer exponentiellement votre intuition ces 25 derniers jours, et de passer en revue, de revoir et d'élargir vos buts et votre vision.

10. Célébrez ! Dansez ! Wouah ! Vous êtes au TOP !

Partie 5

Un univers indivisible

Date __/__/____

Lieu __________

JOUR 76

Remarquez ce qui vous relie aux autres

Affirmation du jour :

«Nous sommes tous liés.»

Lorsque l'esprit égotique nous sépare d'autrui, on se sent isolé et en marge du monde. C'est ce qui rend difficile, voire quasi impossible, de se mettre à l'écoute de notre intuition qui, parmi d'autres capacités, a la faculté de nous relier aux autres, et nous aide à nous voir personnellement et à comprendre que nous faisons bel et bien partie de l'ensemble de l'humanité.

Mon intention

aujourd'hui est de...

Mon intuition

aujourd'hui me dit que...

Défi du jour 76

Ce défi vous demandera de **rechercher aujourd'hui tous les points communs que vous pouvez avoir avec les autres**, au lieu de vous concentrer sur vos différences, ce qui pourra être aussi simple que le fait d'avoir en commun avec l'humanité le souffle et un cœur qui bat.

Vous remarquerez peut-être que vous avez en commun avec autrui le besoin de sécurité, de soutien et d'appartenance.

D'un point de vue plus précis, remarquez comment vous avez peut-être en commun les mêmes besoins que vos collègues de travail, comme d'apporter une contribution bienvenue à votre entreprise, ou de sentir que vos efforts sont appréciés. Vous pourriez avoir en commun vos objectifs ou, du moins, votre emploi du temps.

En remarquant votre lien avec autrui, la voie s'ouvrira vers une compréhension intuitive plus profonde de la manière d'encourager de meilleures relations, des interactions plus coopératives, et même avec ceux partageant votre vie, des liens forts et des engagements loin d'être superficiels, la raison la plus importante pour commencer au préalable à développer ces liens.

Ce défi sera particulièrement utile si vous l'appliquez à ceux avec lesquels il semblerait que vous ayez le moins en commun, ou le plus de difficultés.

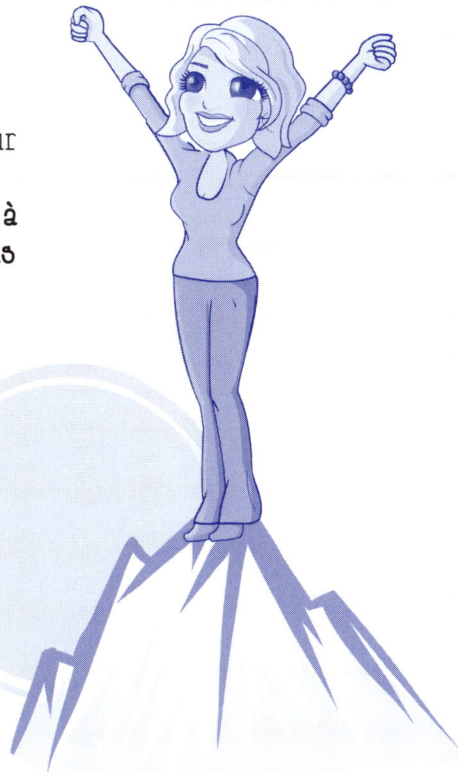

L'approche intuitive envers de telles relations consistera à vous demander ce que vous avez en commun, et à être curieux de savoir pourquoi vous êtes actuellement en relation. Demandez-vous quel est le plus grand potentiel de cette relation, et quels objectifs vous pourriez avoir en commun. Pour commencer, si vous n'aviez rien en commun, vous n'auriez pas établi une certaine forme de relation.

Écrivez vos réponses dans votre journal consacré à l'intuition, tout en explorant les similitudes ou les liens communs que vous avez avec les autres. Tout en écrivant, remarquez si d'autres éclaircissements se présentent à vous.

Appliquez cette méthode à toutes les situations auxquelles vous serez confronté aujourd'hui. Vous serez très surpris des connexions intuitives que ce défi vous permettra d'établir.

Je note ici 5 indications qui montrent que nous sommes tous liés:

- ☐ ....
- ☐ ....
- ☐ ....
- ☐ ....
- ☐ ....

Aujourd'hui, **je choisis** au moins **3 pratiques** :

- ☐ Relever le défi du jour
- ☐ Contempler mon tableau de vision
- ☐ Faire de l'exercice ou danser
- ☐ L'affirmation du jour = mantra du jour
- ☐ Méditer, être en silence ou prière
- ☐ Lire ma vision
- ☐ Lire un livre qui m'inspire
- ☐ Tenir mon journal d'intuition
- ☐ Être dans la gratitude
- ☐ Visualiser mes rêves
- ☐ Lire mes intentions du Défi des 100 jours
- ☐ Me réunir avec des délicieux cocréateurs
- ☐ Faire un vidéo-blog ou un blog sur le site
- ☐ Surfer sur le site du Défi des 100 jours
- ☐ Visionner la vidéo du jour de Sonia & Lilou
- ☐ Tirer une carte de tarot ou d'un autre jeu
- ☐ Autre : ....

Aujourd'hui, **mes résultats/succès** sont

- ☐ ....
- ☐ ....
- ☐ ....
- ☐ ....
- ☐ ....
- ☐ ....
- ☐ ....
- ☐ ....
- ☐ ....
- ☐ ....

Aujourd'hui, j'ai **observé, appris, compris** que...

Aujourd'hui, je suis **reconnaissant** pour 5 choses, événements, personnes...

- ☐ ....
- ☐ ....
- ☐ ....
- ☐ ....
- ☐ ....

JOUR 77

Date __/__/____

Lieu __________

Accordez-vous une minute

Affirmation du jour :

«Attends. Respire. Détends-toi.»

Notre esprit égotique est généralement craintif, sur la défensive et fréquemment prêt à se protéger à la moindre provocation. Si vous vous sentez sous pression, stressé, dérouté, pris par surprise, incompris ou accablé, vous y répondrez sans doute impulsivement ou de façon excessive, vous vous en prendrez à quelqu'un, vous serez sur la défensive ou vous vous effondrerez de peur.

Il peut également arriver que vous vous retrouviez entraîné par l'enthousiasme des autres, ou par leurs besoins, et qu'alors vous perdiez vos limites et acceptiez de vous soumettre trop rapidement à leurs requêtes, seulement pour le regretter plus tard. Aucune de ces réactions ne vous rendra service sur le long terme ni ne permettra à votre intuition de se manifester pour vous guider à traverser ces moments difficiles qui se présentent au quotidien.

Mon intention

aujourd'hui est de...

Mon intuition

aujourd'hui me dit que...

Défi du jour 77

Votre défi consistera aujourd'hui à prendre cinq profondes inspirations avant de réagir face à quiconque, que la situation soit favorable ou éprouvante. Prenez plutôt **dix profondes inspirations si vous en êtes très bouleversé**, ou si la situation est particulièrement tendue. Inspirez par le nez et expirez par la bouche pour vous libérer de toute tension et retrouver votre équilibre.

Il ne sera pas nécessaire de rester sur place pour respirer profondément. En fait, il est préférable que vous fassiez quelques pas et que vous bougiez, car, grâce au mouvement, l'adrénaline qui court dans vos veines sera évacuée et cela vous permettra de vous recentrer.

Jusqu'à ce que vous vous sentiez centré, ne parlez pas, si ce n'est éventuellement pour dire: «Accordez-moi quelques minutes, s'il vous plaît.»

Une fois que vous serez à nouveau calme et centré, vérifiez-le auprès de votre cœur avant de répondre. Demandez à votre Moi supérieur: **«Quel est le meilleur moyen pour moi de répondre en ce moment?»** Attendez qu'une réponse vous parvienne. Si vous n'obtenez intérieurement aucune indication, dites simplement: «J'ai besoin d'un peu plus de temps avant de pouvoir vous répondre.»

Ce défi s'adresse à la maîtrise de soi, et il en vaut la peine.

Plus vous vous retiendrez de réagir sur le coup, plus grande sera l'ouverture pour que votre illumination intérieure vous guide et vous évite les ennuis entraînés par les réactions impulsives de votre ego.

Je note ici 5 raisons de prendre cinq profondes inspirations avant de réagir:

- ☐ ....
- ☐ ....
- ☐ ....
- ☐ ....
- ☐ ....

Aujourd'hui, je choisis au moins 3 pratiques :

- ☐ Relever le défi du jour
- ☐ Contempler mon tableau de vision
- ☐ Faire de l'exercice ou danser
- ☐ L'affirmation du jour = mantra du jour
- ☐ Méditer, être en silence ou prière
- ☐ Lire ma vision
- ☐ Lire un livre qui m'inspire
- ☐ Tenir mon journal d'intuition
- ☐ Être dans la gratitude
- ☐ Visualiser mes rêves
- ☐ Lire mes intentions du Défi des 100 Jours
- ☐ Me réunir avec des délicieux cocréateurs
- ☐ Faire un vidéo-blog ou un blog sur le site
- ☐ Surfer sur le site du Défi des 100 Jours
- ☐ Visionner la vidéo du jour de Sonia & Lilou
- ☐ Tirer une carte de tarot ou d'un autre jeu
- ☐ Autre : ....

Aujourd'hui, mes résultats/succès sont :

- ☐ ....
- ☐ ....
- ☐ ....
- ☐ ....
- ☐ ....
- ☐ ....
- ☐ ....
- ☐ ....
- ☐ ....
- ☐ ....

Aujourd'hui, j'ai observé, appris, compris que...

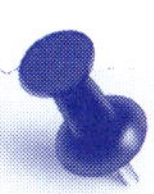

Aujourd'hui, je suis reconnaissant pour 5 choses, événements, personnes...

- ☐ ....
- ☐ ....
- ☐ ....
- ☐ ....
- ☐ ....

Date __/__/____

Lieu __________

JOUR 78

Évaluez vos suppositions

Affirmation du jour :

«Vérifions nos suppositions.»

Nous présumons que l'intuition est là pour nous guider lorsque nous allons à la rencontre du **monde extérieur**, mais ce n'est pas sa seule fonction. L'intuition nous guide également dans notre **univers intérieur**, en nous signalant quand nos pensées et nos suppositions ne sont pas en accord avec la vérité inhérente à une situation ou à une personne.

Mon intention

aujourd'hui est de...

Mon intuition

aujourd'hui me dit que...

Défi du jour 78

En remarquant que votre collègue ou votre patron ne sont pas cordiaux ou sympathiques envers vous, vous pourriez en conclure immédiatement qu'ils doivent être furieux de ce que vous avez fait, ce qui peut vous inciter à être sur la défensive, à vous retrouver dans un état d'anxiété, ou encore à garder vos distances ou à réagir négativement. En présumant que vos perceptions sont infaillibles et correctes, avant de vous laisser entraîner par vos réactions envers le monde qui vous entoure, prenez un moment pour **vérifier leur validité** par le biais de votre cœur et de votre ventre.

Si vous êtes confronté à une situation inattendue ou qui vous cause de l'anxiété, posez vos mains l'une sur l'autre en demandant si votre supposition est correcte. Prêtez tout particulièrement attention aux **réactions énergétiques ouvertes ou fermées** dont nous vous avons parlé au jour 59.

Si votre cœur et votre ventre vous paraissent ouverts, cela veut dire que vous vous accordez parfaitement au diapason de la situation. Mais l'intuition sera hors contact si **ce que vous êtes en train de vous dire** est inexact.

Afin d'obtenir une interprétation précise, respirez profondément plusieurs fois et allez même faire un tour pour évacuer l'adrénaline de votre corps, avant de vérifier auprès de votre intuition ce qu'il en est vraiment, ce qui est particulièrement important si vous vous sentez à cran ou très émotif.

Neuf fois sur dix, il vous arrivera de vous méprendre sur une situation donnée, par conséquent, vous pouvez vous accorder de vous détendre.

Si, effectivement, il y a vraiment un problème à régler, respirez encore profondément plusieurs fois, ancrez-vous puis confrontez-vous calmement à la situation.

Je note ici 5 réactions énergétiques ouvertes ou fermées :

- [ ] ....
- [ ] ....
- [ ] ....
- [ ] ....
- [ ] ....

Aujourd'hui, **je choisis** au moins **3 pratiques** :

- ☐ Relever le défi du jour
- ☐ Contempler mon tableau de vision
- ☐ Faire de l'exercice ou danser
- ☐ L'affirmation du jour = mantra du jour
- ☐ Méditer, être en silence ou prière
- ☐ Lire ma vision
- ☐ Lire un livre qui m'inspire
- ☐ Tenir mon journal d'intuition
- ☐ Être dans la gratitude
- ☐ Visualiser mes rêves
- ☐ Lire mes intentions du Défi des 100 jours
- ☐ Me réunir avec des délicieux cocréateurs
- ☐ Faire un vidéo-blog ou un blog sur le site
- ☐ Surfer sur le site du Défi des 100 jours
- ☐ Visionner la vidéo du jour de Sonia & Lilou
- ☐ Tirer une carte de tarot ou d'un autre jeu
- ☐ Autre : ....

Aujourd'hui, **mes résultats/succès** sont

- ☐ ....
- ☐ ....
- ☐ ....
- ☐ ....
- ☐ ....
- ☐ ....
- ☐ ....
- ☐ ....
- ☐ ....
- ☐ ....
- ☐ ....

Aujourd'hui, j'ai **observé, appris, compris** que...

....

Aujourd'hui, je suis **reconnaissant** pour 5 choses, événements, personnes...

- ☐ ....
- ☐ ....
- ☐ ....
- ☐ ....
- ☐ ....

JOUR 79

Date __/__/____

Lieu __________

Prenez conscience de l'énergie des autres

Affirmation du jour :

«Je remarque l'énergie des autres.»

Mon intention

aujourd'hui est de...

Mon intuition

aujourd'hui me dit que...

Défi du jour 79

Aujourd'hui, nous allons vous inviter à voir les autres sous un nouveau jour: non pas grâce à vos sens externes mais grâce à votre **sixième sens, une sensibilité interne.** Ce défi vous demandera aujourd'hui de prendre conscience des gens au **niveau énergétique**, puis d'écrire ce que vous aurez découvert sur eux, ainsi qu'à votre sujet.

Commencez par décrire l'énergie par des couleurs. Est-ce lumineux? Ou sombre et vague? Est-ce ouvert et accueillant, ou bien sur la défensive et méfiant? Votre énergie se modifie-t-elle au contact de certaines personnes ou dans certaines situations? Comment l'énergie d'autrui influe-t-elle sur vous? Ce que les autres ressentent vous influence-t-il facilement? L'état d'anxiété de quelqu'un vous rend-il anxieux en sa présence?

Aujourd'hui, l'objectif à atteindre est d'en prendre conscience tout en douceur, sans vous juger ni juger autrui.
Vous développerez considérablement votre intuition en prenant conscience de la manière dont l'énergie circule à la fois en vous, et entre les autres et vous.

Bonus 1

Prenez note sur votre téléphone portable (si vous en avez un) de la façon dont l'énergie circule aujourd'hui. Constatez si, en en prenant note, de nouvelles intuitions vous viennent à l'esprit.

Bonus 2

Notez vos observations dans votre journal, car vous serez plus à même de remarquer l'énergie qui circule en provenance du monde extérieur, à partir de vous comme dans votre direction. Cela vous aidera à devenir plus conscient de votre intuition au lieu de vous déconnecter de l'énergie.

Je note ici 5 points clés résumant la façon dont l'énergie circule :

- ☐ ....
- ☐ ....
- ☐ ....
- ☐ ....
- ☐ ....

Aujourd'hui, **je choisis** au moins **3 pratiques** :

- ☐ Relever le défi du jour
- ☐ Contempler mon tableau de vision
- ☐ Faire de l'exercice ou danser
- ☐ L'affirmation du jour = mantra du jour
- ☐ Méditer, être en silence ou prière
- ☐ Lire ma vision
- ☐ Lire un livre qui m'inspire
- ☐ Tenir mon journal d'intuition
- ☐ Être dans la gratitude
- ☐ Visualiser mes rêves
- ☐ Lire mes intentions du Défi des 100 jours
- ☐ Me réunir avec des délicieux cocréateurs
- ☐ Faire un vidéo-blog ou un blog sur le site
- ☐ Surfer sur le site du Défi des 100 jours
- ☐ Visionner la vidéo du jour de Sonia & Lilou
- ☐ Tirer une carte de tarot ou d'un autre jeu
- ☐ Autre : ....

Aujourd'hui, **mes résultats/succès** sont :

- ☐ ....
- ☐ ....
- ☐ ....
- ☐ ....
- ☐ ....
- ☐ ....
- ☐ ....
- ☐ ....
- ☐ ....
- ☐ ....

Aujourd'hui, j'ai **observé, appris, compris** que...

Aujourd'hui, je suis **reconnaissant** pour 5 choses, événements, personnes...

- ☐ ....
- ☐ ....
- ☐ ....
- ☐ ....
- ☐ ....

Date __/__/____

Lieu ___________

JOUR 80

Demandez-vous : « Est-ce que c'est vrai ? » plutôt que : « Est-ce que c'est exact ? »

Affirmation du jour :

« Est-ce vrai ? »

L'intuition sert intérieurement de sérum de vérité et vous met au diapason de ce qui est vrai dans l'instant, et non pas de ce qui est « exact » ou « faux », des perceptions de l'ego qui varient en fonction des individus.

Lorsque vous demandez si quelque chose est « exact », vous vous retrouvez sous l'emprise du chaos et de la peur, étant donné que vous pourriez potentiellement vous méprendre sur la signification de ce mot éventuellement inapproprié ; et nous savons tous qu'en entretenant des certitudes fondées sur ce qu'on pense être exact ou inexact, on se retrouve seul, inquiet et en proie à la peur.

Mon intention

aujourd'hui est de...

Mon intuition

aujourd'hui me dit que...

Défi du jour 80

Toute la journée, indépendamment des préoccupations ou des inquiétudes qui pourraient vous passer par la tête, posez la main sur votre ventre ou votre cœur, prenez une profonde inspiration, expirez, puis demandez-vous à voix haute : **« Est-ce vrai ? »**

Si ce que vous pensez est vrai, vous vous détendrez physiquement, vous ressentirez une énergie résonante qui circulera harmonieusement dans votre corps, et il est plus que probable que votre intuition vous apportera d'autres conseils pour vous guider.

Si ce que vous vous dites n'est pas vrai, vous ressentirez une énergie contractée et dissonante au niveau de votre cœur et de votre ventre, et plus que probablement dans toute la poitrine. Dans ce cas, libérez-vous de tout ce que vous pensez et reportez votre concentration sur votre respiration et un objet directement sous vos yeux.
Cela vous permettra de revenir à l'instant présent, de vous libérer du piège des pensées anxiogènes ou négatives, et de reporter votre attention sur votre boussole interne pour qu'elle vous oriente vers la vérité.

En relevant ce défi, comme toujours, posez vos questions à voix haute. Grâce au son de votre voix, vous serez ainsi mieux à même de percevoir toute résonance ou dissonance se manifestant au niveau de l'énergie.

Constatez le nombre de pensées qui se révèlent fausses plutôt que vraies.
Continuez à progresser vers la vérité, et renoncez sans tarder aux fausses pensées et aux faux sentiments qui vous incitent à vous écarter de la voie de votre âme.
Faites cela toute la journée.

Bonus Notez dans votre journal consacré à l'intuition toutes ces pensées habituelles qui sont dissonantes et qui n'entretiennent aucun rapport avec la vérité. Y en a-t-il beaucoup? Ou juste quelques-unes? Et qu'en est-il des pensées qui sont dans le vrai? Y en a-t-il beaucoup? En avez-vous eu davantage dans la journée en relevant ce défi? Êtes-vous parvenu à percevoir au niveau de l'énergie la différence entre les vraies et les fausses? Avez-vous réussi à vous libérer de ces fausses pensées et de ces faux sentiments, et à faire de la place à l'endroit même qu'ils occupaient?

Je note ici 5 pensées dissonantes qui ne sont pas vraies:

- [ ] ....
- [ ] ....
- [ ] ....
- [ ] ....
- [ ] ....

Aujourd'hui, **je choisis** au moins **3 pratiques** :

- ☐ Relever le défi du jour
- ☐ Contempler mon tableau de vision
- ☐ Faire de l'exercice ou danser
- ☐ L'affirmation du jour = mantra du jour
- ☐ Méditer, être en silence ou prière
- ☐ Lire ma vision
- ☐ Lire un livre qui m'inspire
- ☐ Tenir mon journal d'intuition
- ☐ Être dans la gratitude
- ☐ Visualiser mes rêves
- ☐ Lire mes intentions du Défi des 100 jours
- ☐ Me réunir avec des délicieux cocréateurs
- ☐ Faire un vidéo-blog ou un blog sur le site
- ☐ Surfer sur le site du Défi des 100 jours
- ☐ Visionner la vidéo du jour de Sonia & Lilou
- ☐ Tirer une carte de tarot ou d'un autre jeu
- ☐ Autre : ....

Aujourd'hui, **mes résultats/succès** sont

- ☐ ....
- ☐ ....
- ☐ ....
- ☐ ....
- ☐ ....
- ☐ ....
- ☐ ....
- ☐ ....
- ☐ ....
- ☐ ....
- ☐ ....

Aujourd'hui, j'ai **observé, appris, compris** que...

....

Aujourd'hui, je suis **reconnaissant** pour 5 choses, événements, personnes...

- ☐ ....
- ☐ ....
- ☐ ....
- ☐ ....
- ☐ ....

JOUR 81

Date __/__/____

Lieu __________

Restez silencieux

Affirmation du jour :

«Je prends conscience du monde qui m'entoure et de mon monde intérieur.»

Vous connecter à votre intuition suppose de prendre conscience de cette voix intérieure, aussi imperceptible que silencieuse, ainsi que de l'énergie subtile qui vous entoure, et qui, dans un monde cacophonique, pourraient facilement être étouffées. Il est en effet difficile, si ce n'est impossible, d'être à l'écoute de votre cœur avec un casque audio ou la télévision à plein volume, la radio allumée, ou en naviguant sur Internet toute la journée. Pour prendre conscience de votre intuition, il est important de vous ménager des moments de silence durant lesquels vous pourrez vous mettre à l'écoute de votre cœur.

Mon intention

aujourd'hui est de...

Mon intuition

aujourd'hui me dit que...

Défi du jour 81

L'exploration d'aujourd'hui vous demandera au cours de la journée de **vous accorder ces moments de silence sans la moindre distraction**, c'est-à-dire sans musique, sans télé, sans radio et sans Internet. Il ne s'agit pas de méditer mais, au lieu de vous déconnecter, ce qui est si facile à faire, de chercher simplement à vous mettre intérieurement à l'écoute.

Ces moments de pause n'ont pas à être longs. De trois à quatre minutes, deux à trois fois dans la journée, suffiront amplement pour vous mettre à l'écoute. À ces moments-là, asseyez-vous en silence et commencez par prendre conscience du monde qui vous entoure, puis de votre monde intérieur.

Demandez-vous: «Que se passe-t-il autour de moi en ce moment?» Puis répondez, à voix haute si possible, ou, mieux encore, écrivez la réponse dans votre cahier. Demandez-vous ensuite: «Que me dit mon intuition dont je ne prends pas conscience?» Répondez à nouveau à voix haute et, si possible, écrivez votre réponse.

En répétant ainsi le procédé plusieurs fois aujourd'hui, votre attention sera peu à peu canalisée vers votre intuition plutôt que de s'en déconnecter.

Je note ici 5 raisons de me connecter tous les jours à mon monde intérieur:

- [ ] ....
- [ ] ....
- [ ] ....
- [ ] ....
- [ ] ....

Aujourd'hui, **je choisis** au moins **3 pratiques** :

- ☐ Relever le défi du jour
- ☐ Contempler mon tableau de vision
- ☐ Faire de l'exercice ou danser
- ☐ L'affirmation du jour = mantra du jour
- ☐ Méditer, être en silence ou prière
- ☐ Lire ma vision
- ☐ Lire un livre qui m'inspire
- ☐ Tenir mon journal d'intuition
- ☐ Être dans la gratitude
- ☐ Visualiser mes rêves
- ☐ Lire mes intentions du Défi des 100 jours
- ☐ Me réunir avec des délicieux cocréateurs
- ☐ Faire un vidéo-blog ou un blog sur le site
- ☐ Surfer sur le site du Défi des 100 jours
- ☐ Visionner la vidéo du jour de Sonia & Lilou
- ☐ Tirer une carte de tarot ou d'un autre jeu
- ☐ Autre : ....

Aujourd'hui, **mes résultats/succès** sont :

- ☐ ....
- ☐ ....
- ☐ ....
- ☐ ....
- ☐ ....
- ☐ ....
- ☐ ....
- ☐ ....
- ☐ ....
- ☐ ....

Aujourd'hui, j'ai **observé, appris, compris** que...

Aujourd'hui, je suis **reconnaissant** pour 5 choses, événements, personnes...

- ☐ ....
- ☐ ....
- ☐ ....
- ☐ ....
- ☐ ....

Date __/__/____

Lieu ___________

JOUR 82

Passez la journée en compagnie de votre enfant intérieur

Affirmation du jour :

« J'aime et j'écoute mon enfant intérieur. »

Comme nous le savons tous, nous avons plusieurs voix intérieures qui cherchent constamment à attirer notre attention dans des directions aussi diverses que variées. Vous avez donné un nom à la voix de votre esprit lors d'un précédent défi et, il faut l'espérer, vous reconnaîtrez cette voix par l'intermédiaire de l'énergie paisible qu'elle vous apporte.
Ce défi vous demandera aujourd'hui d'identifier la voix de votre enfant intérieur et de donner un nom à cette facette de votre personnalité, qui veut être créative, jouer et explorer en s'amusant. Cependant, il arrive parfois que votre enfant intérieur devienne craintif, se sente impuissant et cherche à se décharger de ses responsabilités.

Mon intention
aujourd'hui est de...

Mon intuition
aujourd'hui me dit que...

Défi du jour 82

Votre enfant intérieur n'est pas votre esprit, mais adore plus que tout se mettre à son écoute, car il sent que votre esprit prendra soin de lui.

Si vous reconnaissez votre enfant intérieur, vous serez en mesure de développer votre intuition de multiples façons. Il est cependant **important de pouvoir faire la différence entre ces deux voix ou énergies intérieures.**

L'énergie et la voix de l'enfant intérieur sont fréquemment émotionnelles, alors que l'énergie et la voix de votre esprit sont calmes et apaisantes.

L'enfant intérieur est excité et heureux de vivre, ce qui est fabuleux et apporte énormément de joie. Mais il peut également être d'humeur changeante et avoir peur, et aura de temps en temps besoin d'être rassuré et réconforté.

Le meilleur moyen de reconnaître la voix de votre enfant intérieur consiste à vous remémorer toutes les façons dont vous adoriez jouer et créer, puis de vous concentrer sur l'énergie qui accompagne ces activités.
Il s'agit de l'énergie de votre enfant intérieur. Pour vous permettre de mieux vous mettre à son écoute, donnez-lui un nom, le plus approprié étant souvent le prénom ou le surnom qu'on vous avait attribué dans votre enfance.

Moi, Sonia, j'ai appelé mon enfant intérieur «Sam», le surnom que m'avaient donné mes trois frères aînés au cours de mon enfance.

Moi, Lilou, j'appelle mon enfant intérieur «lapin blanc» (*white rabbit*).

Une fois que vous lui aurez donné un nom, passez la journée ensemble.
Toute la journée, demandez à votre enfant intérieur ce qu'il veut faire aujourd'hui. Qu'est-ce qui lui plairait le plus? Est-ce quelque chose que vous pouvez lui procurer? Si oui, alors n'hésitez pas!

Plus vous contribuerez au bonheur de votre enfant intérieur, plus vous ouvrirez votre cœur et permettrez à votre intuition de se manifester.
Si votre enfant intérieur est anxieux ou veut qu'on vienne à son secours, au lieu de le laisser solliciter de l'aide à l'extérieur, rassurez-le en lui disant que votre esprit va s'occuper de tout et que tout ira bien.

En procédant ainsi, cela évitera à votre enfant intérieur d'avoir le sentiment d'être impuissant ou de réagir comme s'il l'était, la cause de la plupart des drames de l'existence. Plutôt qu'à d'autres, confiez à votre Moi supérieur la responsabilité de prendre soin de votre enfant intérieur. Une réassurance apaisante et une énergie guérisseuse seront ainsi favorisées, en empêchant la situation d'empirer et en maintenant votre ancrage, ce qui vous permettra de prendre les choses comme elles viennent. Écoutez votre enfant intérieur toute la journée et contribuez autant que possible à son bonheur. Soyez le gardien de ses rêves.

Relatez dans votre journal consacré à l'intuition comment la journée s'est déroulée en relevant ce défi. Pouvez-vous distinguer l'énergie de votre enfant intérieur de celle de votre esprit? Comment décririez-vous cette différence entre les deux? Comment votre enfant intérieur a-t-il exprimé son bonheur? Comment votre esprit a-t-il rassuré votre enfant intérieur? Comment la journée s'est-elle déroulée dans l'ensemble?

Je note ici 5 raisons d'écouter plus souvent mon enfant intérieur:

- ☐ ....
- ☐ ....
- ☐ ....
- ☐ ....
- ☐ ....

Aujourd'hui, **je choisis** au moins **3 pratiques** :

- ☐ Relever le défi du jour
- ☐ Contempler mon tableau de vision
- ☐ Faire de l'exercice ou danser
- ☐ L'affirmation du jour = mantra du jour
- ☐ Méditer, être en silence ou prière
- ☐ Lire ma vision
- ☐ Lire un livre qui m'inspire
- ☐ Tenir mon journal d'intuition
- ☐ Être dans la gratitude
- ☐ Visualiser mes rêves
- ☐ Lire mes intentions du Défi des 100 Jours
- ☐ Me réunir avec des délicieux cocréateurs
- ☐ Faire un vidéo-blog ou un blog sur le site
- ☐ Surfer sur le site du Défi des 100 Jours
- ☐ Visionner la vidéo du jour de Sonia & Lilou
- ☐ Tirer une carte de tarot ou d'un autre jeu
- ☐ Autre : ....

Aujourd'hui, **mes résultats/succès** sont

- ☐ ....
- ☐ ....
- ☐ ....
- ☐ ....
- ☐ ....
- ☐ ....
- ☐ ....
- ☐ ....
- ☐ ....
- ☐ ....
- ☐ ....

Aujourd'hui, j'ai **observé, appris, compris** que...

....

Aujourd'hui, je suis **reconnaissant** pour 5 choses, événements, personnes...

- ☐ ....
- ☐ ....
- ☐ ....
- ☐ ....
- ☐ ....

JOUR 83

Date __/__/____

Lieu __________

Écrivez à votre Moi supérieur pour lui demander de vous guider

Affirmation du jour :

«Moi supérieur, s'il te plaît, guide-moi.»

Mon intention

aujourd'hui est de…

Mon intuition

aujourd'hui me dit que…

Défi du jour 83

Avec le défi du jour, vous écrirez à votre Moi supérieur pour solliciter ses conseils. Vous pourrez adresser votre requête au nom que vous lui avez donné précédemment.

Par exemple, si moi, Sonia, je veux écrire à mon Moi supérieur, j'écris à Lumière vive, ou si moi, Lilou, je veux écrire à mon Moi supérieur, j'écrirai à Âme-phare (*Lighthouse*).

Ou adressez simplement votre lettre à «Moi supérieur».

Ensuite, sans la moindre censure, écrivez toutes vos questions et inquiétudes, tous les problèmes auxquels vous êtes confronté, comme si vous les adressiez à votre conseiller et guide le plus cher et le plus précieux. Imaginez votre Moi supérieur comme quelqu'un qui vous connaît mieux que quiconque dans tout l'univers, et ne veut que votre bonheur et votre sérénité intérieure suprêmes. Cependant, contrairement à votre esprit égotique, votre Moi supérieur, qui perçoit la vérité en toutes choses, pourra vous guider avec de meilleurs conseils, inspiré par la sagesse qui fait défaut à votre ego.

En écrivant, épanchez-vous du fond du cœur. Notez toutes vos peurs, toutes vos angoisses et colères face à ce qui vous bouleverse. Ne refoulez rien.

Lorsque vous aurez terminé, demandez à votre Moi supérieur de vous conseiller sur la meilleure façon de résoudre vos problèmes actuels.

Installez-vous ensuite confortablement et reportez votre attention de votre tête à votre cœur, et voyez devant vous votre Moi supérieur sous les traits du conseiller le plus affectueux et le plus sage de votre connaissance. Lorsque vous aurez perçu sa présence, reprenez votre stylo et écrivez-vous en écoutant la réponse en provenance de la voix de votre Moi supérieur.

Par exemple:

Cher/Chère (votre nom),

C'est moi, (nom de votre Moi supérieur), *qui t'écris et voici ce dont je voudrais te faire part.*

Puis **autorisez-vous à écrire librement pendant quinze minutes** au moins, sans interruption. N'arrêtez pas d'écrire et ne relisez rien avant que ce quart d'heure se soit écoulé.

D'un autre côté, si, au-delà de ces quinze minutes, votre Moi supérieur est toujours en communication psychique avec vous, continuez à écrire jusqu'à ce que vous pensiez avoir terminé. Ne réfléchissez pas. Contentez-vous d'écrire, encore et encore.

Quand vous aurez terminé, **installez-vous confortablement et sentez la quiétude à l'intérieur de vous.** Appréciez-la pleinement quelques minutes avant de lire ce que votre Moi supérieur vous a écrit.

Imprégnez-vous de ses conseils en restant assis. Remarquez combien cela n'a rien à voir avec la voix de votre ego. Finalement, prenez ses conseils très à cœur.

Bonus
Vidéo du jour

Faites un vidéo-blog aujourd'hui si vous le souhaitez! Partagez devant la caméra de votre ordinateur portable ou de votre téléphone ce que vous avez appris sur votre intuition et sur vous-même. Vous pouvez aussi écrire un blog sur le site du Défi www.defides100Jours.com si vous n'avez pas le temps ou si vous préférez vous exprimer par écrit. Soyez authentique!

Je note ici 5 points clés résumant cet exercice notés dans mon journal intuitif:

- [ ] ....
- [ ] ....
- [ ] ....
- [ ] ....
- [ ] ....

Aujourd'hui, **je choisis** au moins **3 pratiques** :

- ☐ Relever le défi du jour
- ☐ Contempler mon tableau de vision
- ☐ Faire de l'exercice ou danser
- ☐ L'affirmation du jour = mantra du jour
- ☐ Méditer, être en silence ou prière
- ☐ Lire ma vision
- ☐ Lire un livre qui m'inspire
- ☐ Tenir mon journal d'intuition
- ☐ Être dans la gratitude
- ☐ Visualiser mes rêves
- ☐ Lire mes intentions du Défi des 100 jours
- ☐ Me réunir avec des délicieux cocréateurs
- ☐ Faire un vidéo-blog ou un blog sur le site
- ☐ Surfer sur le site du Défi des 100 jours
- ☐ Visionner la vidéo du jour de Sonia & Lilou
- ☐ Tirer une carte de tarot ou d'un autre jeu
- ☐ Autre : ....

Aujourd'hui, **mes résultats/succès** sont :

- ☐ ....
- ☐ ....
- ☐ ....
- ☐ ....
- ☐ ....
- ☐ ....
- ☐ ....
- ☐ ....
- ☐ ....
- ☐ ....

Aujourd'hui, j'ai **observé, appris, compris** que...

Aujourd'hui, je suis **reconnaissant** pour 5 choses, événements, personnes...

- ☐ ....
- ☐ ....
- ☐ ....
- ☐ ....
- ☐ ....

Date __/__/____

Lieu __________

JOUR 84

Posez des questions à votre Moi supérieur

Affirmation du jour :

« Je vais poser la question à mon Moi supérieur. »

Mon intention

aujourd'hui est de...

Mon intuition

aujourd'hui me dit que...

Défi du jour 84

Le défi d'aujourd'hui est amusant et excitant. Munissez-vous de votre journal consacré à l'intuition et d'un stylo, et asseyez-vous dans un endroit tranquille où vous ne risquez pas d'être dérangé pendant au moins une demi-heure. Si possible, allumez une bougie et un bâton d'encens, ce qui vous permettra de vous apaiser, de vous centrer et d'intensifier votre vibration personnelle. Puis fermez les yeux et faites venir à votre esprit le problème le plus éprouvant auquel vous êtes confronté actuellement. Sentez comment cela vous affecte, émotionnellement, physiquement et mentalement.

Respirez profondément et centrez-vous dans votre cœur. Prenez encore quelques profondes inspirations apaisantes et imaginez une magnifique lumière vive qui se déploie peu à peu avant de se diffuser du centre vers l'extérieur, laissez-la vous envahir puis irradier au pourtour de votre corps, au-dessus et en dessous de vous, vers le nord et le sud, l'est et l'ouest. **Appelez cela votre « espace pour respirer » énergétique**, un espace d'énergie limpide où vous pourrez entrer en contact avec votre Moi supérieur et recevoir ses conseils.

Prenez ensuite votre journal et commencez à lui écrire une lettre en lui expliquant le problème en détail, sans rien oublier, et en lui demandant de vous guider.

Puis posez votre stylo et fermez les yeux.

Imaginez que votre Moi supérieur se manifeste et, par le biais de votre stylo, vous réponde.

Reprenez votre stylo et commencez à écrire sur le sujet en laissant votre Moi supérieur guider votre main. Écrivez jusqu'à ce que vous ayez le sentiment qu'il n'y a plus rien à exprimer par son intermédiaire.

Ne vous arrêtez que lorsque vous aurez vraiment terminé pour regarder ce que vous avez écrit.

Quand vous aurez fini d'écrire, posez votre stylo et reportez votre attention sur votre cœur et votre souffle. Prenez plusieurs profondes inspirations avant de consulter ce que vous avez écrit en fonction de ce que vous a suggéré votre Moi supérieur.

Remarquez la différence de ton et d'énergie entre sa voix et la vôtre. Imprégnez-vous de ces nouvelles indications en vous connectant à l'amour, au soutien et à la sagesse de votre Moi supérieur. Soyez également attentif à son point de vue plutôt qu'à votre propre esprit, sensible et interrogateur. Vous pourrez appliquer ce défi à toutes les questions, à condition de rester ouvert et prêt à recevoir des conseils qui pourront vous guider sur le sujet.

Je note ici 5 TOP enseignements de mon Moi supérieur :

- ☐ ....
- ☐ ....
- ☐ ....
- ☐ ....
- ☐ ....

Aujourd'hui, **je choisis** au moins **3 pratiques** :

- ☐ Relever le défi du jour
- ☐ Contempler mon tableau de vision
- ☐ Faire de l'exercice ou danser
- ☐ L'affirmation du jour = mantra du jour
- ☐ Méditer, être en silence ou prière
- ☐ Lire ma vision
- ☐ Lire un livre qui m'inspire
- ☐ Tenir mon journal d'intuition
- ☐ Être dans la gratitude
- ☐ Visualiser mes rêves
- ☐ Lire mes intentions du Défi des 100 jours
- ☐ Me réunir avec des délicieux cocréateurs
- ☐ Faire un vidéo-blog ou un blog sur le site
- ☐ Surfer sur le site du Défi des 100 jours
- ☐ Visionner la vidéo du jour de Sonia & Lilou
- ☐ Tirer une carte de tarot ou d'un autre jeu
- ☐ Autre : ....

Aujourd'hui, **mes résultats/succès** sont

Aujourd'hui, j'ai **observé, appris, compris** que…

Aujourd'hui, je suis **reconnaissant** pour 5 choses, événements, personnes…

JOUR 85

Date __/__/____

Lieu __________

Prenez le temps de faire une pause

Affirmation du jour :

« Je fais confiance à mon Moi supérieur. »

Nous nous retrouvons souvent bloqués, en train de ruminer et de ressasser un problème sans parvenir à trouver un moyen de nous en sortir. Au lieu de chercher à le résoudre, nous en sommes contrariés et perdons du temps – des heures, voire des jours – à essayer de le cerner au lieu de nous mettre à l'écoute d'une solution.

Mon intention

aujourd'hui est de…

Mon intuition

aujourd'hui me dit que…

Défi du jour 85

Étant donné qu'en réfléchissant trop, sans arrêt, votre intuition ne peut pénétrer dans votre conscience, votre défi consistera aujourd'hui à mettre de côté vos problèmes, à vous en distancier et à vous les sortir de la tête.

Vous pouvez être sûr qu'en vous autorisant à prendre du recul, votre Moi supérieur et votre intuition se manifesteront.

Si vous éprouvez un sentiment d'urgence par rapport à votre problème, ce défi pourra vous paraître phénoménal.

Cependant, comme vous en avez peut-être tout à fait conscience, y penser sans arrêt avec effroi ne vous apportera ni les réponses ni les conseils que vous recherchez pour y trouver une solution.

Soyez confiant: en prenant du recul pour le moment, cela «ne fera rien». En fait, vous donnerez ainsi à votre esprit supérieur et à votre créativité l'occasion d'œuvrer à vous trouver une solution pendant que vous accordez un peu de repos à votre esprit inférieur, apeuré.

De ce fait, faites au mieux, soufflez un peu sans chercher à solutionner quoi que ce soit pour l'instant, et confiez votre vie à votre Moi supérieur. Allez faire un tour, regardez un film comique, lisez un livre passionnant ou consacrez-vous à l'un de vos passe-temps. Faites ce que vous voulez, à part vous asseoir et cogiter, ou parler de votre problème toute la journée. Relevez ce défi jusqu'au moment d'aller vous coucher. Soyez confiant: en donnant à votre Moi supérieur une chance de vous suggérer des solutions, c'est ce qu'il vous apportera.

Je note ici 5 raisons de me confier plus souvent à mon Moi supérieur:

- [ ] ....
- [ ] ....
- [ ] ....
- [ ] ....
- [ ] ....
- [ ] ....
- [ ] ....
- [ ] ....

Aujourd'hui, je choisis au moins 3 pratiques :

- ☐ Relever le défi du jour
- ☐ Contempler mon tableau de vision
- ☐ Faire de l'exercice ou danser
- ☐ L'affirmation du jour = mantra du jour
- ☐ Méditer, être en silence ou prière
- ☐ Lire ma vision
- ☐ Lire un livre qui m'inspire
- ☐ Tenir mon journal d'intuition
- ☐ Être dans la gratitude
- ☐ Visualiser mes rêves
- ☐ Lire mes intentions du Défi des 100 jours
- ☐ Me réunir avec des délicieux cocréateurs
- ☐ Faire un vidéo-blog ou un blog sur le site
- ☐ Surfer sur le site du Défi des 100 jours
- ☐ Visionner la vidéo du jour de Sonia & Lilou
- ☐ Tirer une carte de tarot ou d'un autre jeu
- ☐ Autre : ....

Aujourd'hui, mes résultats/succès sont :

- ☐ ....
- ☐ ....
- ☐ ....
- ☐ ....
- ☐ ....
- ☐ ....
- ☐ ....
- ☐ ....
- ☐ ....
- ☐ ....

Aujourd'hui, j'ai observé, appris, compris que...

Aujourd'hui, je suis reconnaissant pour 5 choses, événements, personnes...

- ☐ ....
- ☐ ....
- ☐ ....
- ☐ ....
- ☐ ....

Date __/__/____

Lieu __________

JOUR 86

Parlez ouvertement et librement de vos facultés intuitives

Affirmation du jour :

«Je fais toujours confiance à mes vibrations personnelles.»

Plus vous prendrez conscience de vos facultés intuitives, plus vous renforcerez vos signaux intuitifs en faisant de plus en plus confiance à votre sixième sens.

Mon intention

aujourd'hui est de...

Mon intuition

aujourd'hui me dit que...

Défi du jour 86

Votre défi consistera aujourd'hui à parler ouvertement et librement de votre intuition, à la fois envers vous et envers autrui. Exprimez-vous d'un ton aussi détaché que possible, et n'éprouvez pas le besoin de défendre ce que vous affirmez ni ce que vous voyez ou entendez; par conséquent, il n'est plus nécessaire de défendre ce que votre intuition vous dit.

Voici le meilleur moyen de procéder: concevez un mantra simple qui vous convienne et énoncez-le ou chantez-le toute la journée.

Par exemple, les mantras suivants fonctionneront parfaitement:

«Je fais confiance à mes vibrations personnelles.»

«Je suis mon instinct.»

«Je suis mon cœur.»

«Je suis mon intention.»

Bien évidemment, c'est d'autant mieux si vous créez votre propre mantra.

Remarquez quelles sensations physiques vous ressentez en l'énonçant. Pouvez-vous sentir la force intérieure et l'intégrité qui découlent de cette décision et de cette affirmation? Votre intuition vous en semble-t-elle renforcée?
Constatez également la réaction des gens lorsque vous leur révélez que vous êtes intuitif.
Si quelqu'un vous mettait au défi, seriez-vous capable de rester fidèle à votre décision? Si vous étiez mis au défi, comment réagiriez-vous? Douteriez-vous de vous? Seriez-vous enclin à être sur la défensive? Pourriez-vous tout simplement vous détendre et rester fidèle à votre mantra malgré tout?

Bonus Dans votre journal consacré à vos expériences intuitives, écrivez ce qui s'est passé aujourd'hui quand vous avez ouvertement parlé de votre intuition.

Était-il plus confortable de l'affirmer à certains plutôt qu'à d'autres? Pouvez-vous dire quelle en était la raison? De quoi aviez-vous peur? Pouvez-vous, malgré tout, vous fier à votre intuition?

Je note ici 5 choses à partager ouvertement et librement sur mon intuition:

- [ ] ....
- [ ] ....
- [ ] ....
- [ ] ....
- [ ] ....

Aujourd'hui, je choisis au moins 3 pratiques :

- ☐ Relever le défi du jour
- ☐ Contempler mon tableau de vision
- ☐ Faire de l'exercice ou danser
- ☐ L'affirmation du jour = mantra du jour
- ☐ Méditer, être en silence ou prière
- ☐ Lire ma vision
- ☐ Lire un livre qui m'inspire
- ☐ Tenir mon journal d'intuition
- ☐ Être dans la gratitude
- ☐ Visualiser mes rêves
- ☐ Lire mes intentions du Défi des 100 jours
- ☐ Me réunir avec des délicieux cocréateurs
- ☐ Faire un vidéo-blog ou un blog sur le site
- ☐ Surfer sur le site du Défi des 100 jours
- ☐ Visionner la vidéo du jour de Sonia & Lilou
- ☐ Tirer une carte de tarot ou d'un autre jeu
- ☐ Autre : ....

Aujourd'hui, mes résultats/succès sont

- ☐ ....
- ☐ ....
- ☐ ....
- ☐ ....
- ☐ ....
- ☐ ....
- ☐ ....
- ☐ ....
- ☐ ....
- ☐ ....

Aujourd'hui, j'ai observé, appris, compris que...

Aujourd'hui, je suis reconnaissant pour 5 choses, événements, personnes...

- ☐ ....
- ☐ ....
- ☐ ....
- ☐ ....
- ☐ ....

JOUR 87

Date __/__/____

Lieu __________

Faites comme si vous étiez vraiment intuitif

Affirmation du jour :

«Je suis médium!»

Mon intention

aujourd'hui est de...

Mon intuition

aujourd'hui me dit que...

Défi du jour 87

Effectivement, toute la journée, faites comme si vous étiez vraiment intuitif et pouviez facilement entrer en contact avec votre merveilleux guide intérieur, en demandant simplement à votre Moi supérieur de vous orienter.

Laissez votre imagination s'exprimer spontanément, puisque s'exprimer sans hésitation ouvre le plus remarquablement la porte intérieure menant à l'intuition.
Peu importe comment cela fonctionne. Contentez-vous de vous y exercer toute la journée et vous devriez constater que ça marche.

Chaque fois aujourd'hui où vous aurez besoin d'être intérieurement guidé, dites simplement à voix haute: **«Mon guide dit...»** et terminez la phrase aussi vite que possible, en prétendant que c'est le plus facile et le plus naturel à faire pour vous. **Ne soyez pas surpris de découvrir que cela se vérifie!**

Bonus
Vidéo du jour

Faites un vidéo-blog aujourd'hui si vous le souhaitez! Partagez devant la caméra de votre ordinateur portable ou de votre téléphone ce que vous avez appris sur votre intuition et sur vous-même. Vous pouvez aussi écrire un blog sur le site du Défi (www.defides100Jours.com) si vous n'avez pas le temps ou si vous préférez vous exprimer par écrit. Soyez authentique!

Je note ici 5 choses que mon guide intérieur m'a dites:

- [ ] ....
- [ ] ....
- [ ] ....
- [ ] ....
- [ ] ....

Aujourd'hui, je choisis au moins 3 pratiques :

- ☐ Relever le défi du jour
- ☐ Contempler mon tableau de vision
- ☐ Faire de l'exercice ou danser
- ☐ L'affirmation du jour = mantra du jour
- ☐ Méditer, être en silence ou prière
- ☐ Lire ma vision
- ☐ Lire un livre qui m'inspire
- ☐ Tenir mon journal d'intuition
- ☐ Être dans la gratitude
- ☐ Visualiser mes rêves
- ☐ Lire mes intentions du Défi des 100 Jours
- ☐ Me réunir avec des délicieux cocréateurs
- ☐ Faire un vidéo-blog ou un blog sur le site
- ☐ Surfer sur le site du Défi des 100 Jours
- ☐ Visionner la vidéo du jour de Sonia & Lilou
- ☐ Tirer une carte de tarot ou d'un autre jeu
- ☐ Autre : ....

Aujourd'hui, mes résultats/succès sont :

- ☐ ....
- ☐ ....
- ☐ ....
- ☐ ....
- ☐ ....
- ☐ ....
- ☐ ....
- ☐ ....
- ☐ ....
- ☐ ....

Aujourd'hui, j'ai observé, appris, compris que...

Aujourd'hui, je suis reconnaissant pour 5 choses, événements, personnes...

- ☐ ....
- ☐ ....
- ☐ ....
- ☐ ....
- ☐ ....

Date __/__/____

Lieu ___________

JOUR 88

Faites tout pour que votre intuition soit votre meilleure amie

Affirmation du jour :

«Mon Moi supérieur s'appelle..........................»

Votre intuition est en effet votre meilleure amie. Elle ne sert qu'à vous guider dans la vie vers les meilleurs dénouements possibles tout en vous incitant à vous éloigner de tout ce qui n'est pas utile à votre âme et à votre esprit, et qui vous pousse au désarroi, voire à vous mettre en danger.

L'intuition vous apporte d'excellentes idées, de l'inspiration et des solutions. Elle vous oriente vers les relations positives et vous conseille en cas de difficultés relationnelles, et, comme elle est votre meilleure amie, vous devriez lui parler tout le temps, ce qui sera plus facile en lui donnant un nom.

Tout aussi loufoque que cela puisse paraître, il s'agit en fait d'un moyen très judicieux pour épurer de votre canal intuitif votre ego qui veut mener la danse, afin de pouvoir accéder immédiatement à votre intuition et à ses conseils avisés. Carl Jung appelait son intuition «Philomène» et s'entretenait régulièrement avec elle. Chaque fois qu'il éprouvait le besoin de se mettre en contact avec son Moi supérieur et son guide intérieur, il s'asseyait pour méditer et s'engageait dans de longues conversations avec Philomène.

Quant à moi, Sonia, j'ai baptisé mon intuition «Lumière vive» et, comme Carl, nous discutons aussi sans arrêt. Je ne fais pas que m'entretenir avec elle, si j'ai le temps de m'engager dans une longue conversation, je la sollicite pour qu'elle me guide chaque jour, toute la journée, par rapport à tout, que ce soit ou non important.

Mon intention

aujourd'hui est de...

Mon intuition

aujourd'hui me dit que...

Défi du jour 88

Aujourd'hui, nous vous invitons à **donner un nom à votre guide intérieur et à votre Moi supérieur**, vous pourrez ainsi vous entretenir plus facilement avec eux. Nous vous recommandons de choisir un nom simple, que vous aimez et qui vous semble le plus approprié.

Lorsque vous aurez donné un nom à votre intuition, prenez des nouvelles au cours de la journée en demandant à votre Moi supérieur, en l'appelant à voix haute par son nom, ce qu'il pourra vous proposer chaque fois que vous aurez besoin de solliciter ses conseils.

Par exemple, si, dans votre vie, vous rencontrez des difficultés avec une personne en particulier, au lieu de vous asseoir pour essayer de cerner le problème, demandez à votre Moi supérieur ce qu'il en pense.

Commencez en lui demandant à voix haute: **«Moi supérieur, peux-tu me guider, s'il te plaît?» Puis, de nouveau à voix haute, dites: «Mon Moi supérieur, [son nom], a dit...»** et terminez la phrase.

En procédant ainsi, vous vous sentirez peut-être un peu excentrique, voire puéril, cependant, cet état d'esprit ouvert, réceptif et ludique sera le plus propice pour accéder à votre intuition.

Lorsque vous aurez exprimé à voix haute ce qu'a dit votre Moi supérieur, vous pourrez constater combien ses propos sont on ne peut plus différents de ceux que tient votre ego.

Lorsque vous aurez énoncé à voix haute ces conseils venant de l'intérieur, asseyez-vous pour y réfléchir. Mieux encore, prenez-en note. Vous n'êtes même pas dans l'obligation d'en tenir compte. Vous avez le choix. Lorsque vous les aurez exprimés oralement, vous pourrez alors décider de les suivre ou pas.

Il est important de le savoir, car écouter votre intuition comprend deux étapes.

La première consiste à lui permettre de s'exprimer; la deuxième, à décider de suivre ou non ses conseils.

Juste pour aujourd'hui, mettez en pratique cette méthode ludique en donnant un nom à votre Moi supérieur et **en engageant la conversation avec lui dans la journée**.

Je note ici de 1 à 5 noms possibles pour mon guide intérieur et j'encercle mon préféré:

- ☐ ....
- ☐ ....
- ☐ ....
- ☐ ....
- ☐ ....

Aujourd'hui, je choisis au moins 3 pratiques :

- ☐ Relever le défi du jour
- ☐ Contempler mon tableau de vision
- ☐ Faire de l'exercice ou danser
- ☐ L'affirmation du jour = mantra du jour
- ☐ Méditer, être en silence ou prière
- ☐ Lire ma vision
- ☐ Lire un livre qui m'inspire
- ☐ Tenir mon journal d'intuition
- ☐ Être dans la gratitude
- ☐ Visualiser mes rêves
- ☐ Lire mes intentions du Défi des 100 jours
- ☐ Me réunir avec des délicieux cocréateurs
- ☐ Faire un vidéo-blog ou un blog sur le site
- ☐ Surfer sur le site du Défi des 100 jours
- ☐ Visionner la vidéo du jour de Sonia & Lilou
- ☐ Tirer une carte de tarot ou d'un autre jeu
- ☐ Autre : ....

Aujourd'hui, mes résultats/succès sont

- ☐ ....
- ☐ ....
- ☐ ....
- ☐ ....
- ☐ ....
- ☐ ....
- ☐ ....
- ☐ ....
- ☐ ....
- ☐ ....

Aujourd'hui, j'ai observé, appris, compris que...

Aujourd'hui, je suis reconnaissant pour 5 choses, événements, personnes...

- ☐ ....
- ☐ ....
- ☐ ....
- ☐ ....
- ☐ ....

JOUR 89

Date __/__/____

Lieu __________

Évaluez l'énergie avec vos mains

Affirmation du jour :

« Dans le doute, j'évalue l'énergie des choses avec mes mains. »

Vos mains, connectées énergétiquement à votre cœur, sont des récepteurs extrêmement intuitifs. Ce défi vous demandera aujourd'hui de vous en servir pour évaluer les vibrations et savoir si leur énergie vous sera bénéfique.

Si possible, allez dans une librairie évaluer quelques livres avec vos mains réceptrices, un moyen de décider avant de l'acheter si l'un d'eux pourrait vous intéresser. Commencez par frotter vos paumes l'une contre l'autre quelques instants, puis écartez-les doucement. En gardant vos paumes ainsi face à face, sentez l'énergie chaude qui circule entre elles. Cela signifie que ces récepteurs sont activés.

Mon intention

aujourd'hui est de...

Mon intuition

aujourd'hui me dit que...

Défi du jour 89

Placez ensuite vos paumes au-dessus d'un livre et sentez l'énergie qui s'en dégage, tout en vous assurant de ne pas retenir votre souffle. Détendez-vous et sentez l'énergie du livre. La percevez-vous comme attirante?

Faites confiance à vos impressions immédiates et évitez de réévaluer ou de questionner ce que vous ressentez.

Vous pourrez aussi appliquer cette méthode avant d'aller au restaurant ou au café, en évaluant avec vos paumes le menu avant d'entrer pour voir si l'impression est agréable. En réfléchissant à votre commande, évaluez de même les sélections pour sentir ce qui vous semble le meilleur.

Si vous êtes au marché, évaluez l'énergie des produits pour en connaître la fraîcheur et la saveur avant de faire votre choix, ce qui vous épargnera de vous tromper et d'être déçu.

Il n'y a aucune limite en ce qui concerne ce que vous pourrez évaluer énergétiquement avec vos mains, alors amusez-vous bien tout au long de la journée.

En soirée, écrivez vos observations dans votre journal consacré à l'intuition. Qu'avez-vous évalué comme énergie avec vos mains et qu'en avez-vous découvert? Certains objets étaient-ils plus faciles que d'autres à évaluer énergétiquement? Qu'avez-vous appris?

Bonus
Vidéo du jour

Faites un **vidéo-blog aujourd'hui** si vous le souhaitez! Partagez devant la caméra de votre ordinateur portable ou de votre téléphone ce que vous avez appris sur votre intuition et sur vous-même. Vous pouvez aussi écrire un blog sur le site du Défi www.defides100Jours.com si vous n'avez pas le temps ou si vous préférez vous exprimer par écrit. Soyez authentique!

Je note ici 5 raisons d'écouter plus souvent avec mes mains:

- [ ] ....
- [ ] ....
- [ ] ....
- [ ] ....
- [ ] ....

Aujourd'hui, **je choisis** au moins **3 pratiques** :

- ☐ Relever le défi du jour
- ☐ Contempler mon tableau de vision
- ☐ Faire de l'exercice ou danser
- ☐ L'affirmation du jour = mantra du jour
- ☐ Méditer, être en silence ou prière
- ☐ Lire ma vision
- ☐ Lire un livre qui m'inspire
- ☐ Tenir mon journal d'intuition
- ☐ Être dans la gratitude
- ☐ Visualiser mes rêves
- ☐ Lire mes intentions du Défi des 100 jours
- ☐ Me réunir avec des délicieux cocréateurs
- ☐ Faire un vidéo-blog ou un blog sur le site
- ☐ Surfer sur le site du Défi des 100 jours
- ☐ Visionner la vidéo du jour de Sonia & Lilou
- ☐ Tirer une carte de tarot ou d'un autre jeu
- ☐ Autre : ....

Aujourd'hui, **mes résultats/succès** sont :

- ☐ ....
- ☐ ....
- ☐ ....
- ☐ ....
- ☐ ....
- ☐ ....
- ☐ ....
- ☐ ....
- ☐ ....
- ☐ ....

Aujourd'hui, j'ai **observé, appris, compris** que...

Aujourd'hui, je suis **reconnaissant**
pour 5 choses, événements, personnes...

- ☐ ....
- ☐ ....
- ☐ ....
- ☐ ....
- ☐ ....

Date __/__/____

Lieu __________

JOUR 90

Purifiez votre énergie pendant les repas

Affirmation du jour :

«Je me nourris d'amour inconditionnel.»

Que vous le croyiez ou non, en mangeant, nous absorbons par la même occasion davantage de l'énergie, quelle qu'elle soit, entreposée dans notre esprit. Si vous êtes en colère, vous en attirerez et vous en imprégnerez davantage lors de vos repas. Si vous êtes dans un état d'agitation, vous attirerez et absorberez davantage d'énergie portant à l'agitation. C'est l'une des raisons pour lesquelles on dit une prière avant le repas, pour montrer sa gratitude d'avoir de quoi manger et purger également toutes les énergies dissonantes, afin d'être en mesure de prendre soin de soi au plus haut niveau au moment de se restaurer.

Mon intention

aujourd'hui est de...

Mon intuition

aujourd'hui me dit que...

Défi du jour 90

Votre défi consistera aujourd'hui à purifier votre énergie au préalable.

Commencez par évaluer comment vous vous sentez à chaque repas. Prenez tout votre temps, ne vous pressez pas, inspirez et examinez mentalement votre corps, votre esprit et vos émotions à la recherche de toute énergie dissonante.

Vous sentez-vous débordé? En colère? Irritable? Déprimé? Agité? Sur les nerfs? Avez-vous le cafard?

Pour purger toutes ces énergies dissonantes, frottez vos paumes l'une contre l'autre jusqu'à ce que vous sentiez une douce chaleur résonner entre elles. Cette

énergie chaleureuse circule à l'extérieur de votre cœur, par vos bras jusqu'à vos paumes, puis entre ces dernières.
Imaginez que cette énergie subtile, chaleureuse et emplie d'amour inconditionnel élimine toutes les vibrations qui ne sont pas nettes ni aimantes.
Tournez ensuite les paumes au-dessus de votre assiette et bénissez maintenant votre repas.
Énoncez une simple prière de gratitude ou bénissez votre repas, et demandez que la vibration ainsi transmise à votre corps soit celle de l'amour inconditionnel et du réconfort.

Sentez l'énergie qui circule de vos mains dans vos aliments.
Portez ensuite les paumes à votre cœur, et imaginez ce même amour inconditionnel qui vous envahit en évacuant toute énergie négative de votre champ énergétique, de votre corps, de votre mental et de votre esprit.
Finalement, tournez les paumes vers le haut, et demandez que toutes les énergies négatives, à l'intérieur comme autour de vous, soient évacuées et remplacées par l'amour inconditionnel pendant que vous mangez.
Puis **prenez le temps de vraiment apprécier votre repas.**
Procédez ainsi à chacun de vos repas aujourd'hui.
Cela ne vous demandera qu'une minute, cependant ils en seront dans l'ensemble améliorés.
Ce soir, écrivez dans votre journal ce que vous avez ressenti en purifiant l'énergie en vous comme autour de vous, et en bénissant votre repas avant de manger.

Aujourd'hui, **je choisis** au moins **3 pratiques** :

- ☐ Relever le défi du jour
- ☐ Contempler mon tableau de vision
- ☐ Faire de l'exercice ou danser
- ☐ L'affirmation du jour = mantra du jour
- ☐ Méditer, être en silence ou prière
- ☐ Lire ma vision
- ☐ Lire un livre qui m'inspire
- ☐ Tenir mon journal d'intuition
- ☐ Être dans la gratitude
- ☐ Visualiser mes rêves
- ☐ Lire mes intentions du Défi des 100 jours
- ☐ Me réunir avec des délicieux cocréateurs
- ☐ Faire un vidéo-blog ou un blog sur le site
- ☐ Surfer sur le site du Défi des 100 jours
- ☐ Visionner la vidéo du jour de Sonia & Lilou
- ☐ Tirer une carte de tarot ou d'un autre jeu
- ☐ Autre : ....

Aujourd'hui, **mes résultats/succès** sont

- ☐ ....
- ☐ ....
- ☐ ....
- ☐ ....
- ☐ ....
- ☐ ....
- ☐ ....
- ☐ ....
- ☐ ....
- ☐ ....
- ☐ ....

Aujourd'hui, j'ai **observé, appris, compris** que...

....

....

....

Aujourd'hui, je suis **reconnaissant** pour 5 choses, événements, personnes...

- ☐ ....
- ☐ ....
- ☐ ....
- ☐ ....
- ☐ ....

JOUR 91

Date __/__/____

Lieu __________

Évaluez les vibrations partout où vous irez

Affirmation du jour :

«J'évalue les vibrations partout où je vais.»

Nous espérons que vous faites de plus en plus l'expérience de ce que représente votre intuition.

Mon intention
aujourd'hui est de...

Mon intuition
aujourd'hui me dit que...

Défi du jour 91

Votre défi consistera aujourd'hui à **évaluer les vibrations énergétiques des lieux** où vous vous rendrez. Commencez par vous mettre en contact avec l'énergie de votre domicile. Placez-vous au centre de chaque pièce, autant que possible. Fermez les yeux et portez votre attention sur votre souffle. En respirant, prenez note des sensations que vous donne l'énergie dans la pièce. Vous semble-t-elle exaltante? Pesante? Trépidante? Désancrée? Paisible?

Procédez de même dans chaque pièce.

Décrivez l'énergie qui s'y trouve. Limpide? Heureuse? Lumineuse? Oppressante?

Y a-t-il une différence entre le salon et la chambre? Entre votre chambre à coucher et celle de votre enfant ou de votre colocataire?

Relevez ce défi dans tous les lieux où vous irez aujourd'hui.
Ne réfléchissez pas trop. Contentez-vous d'être réceptif et de remarquer l'énergie à chaque endroit, et ce que vous éprouvez à son contact.
Évaluez l'énergie régnant sur votre lieu de travail, ainsi que dans votre café préféré. Remarquez les endroits que vous percevez comme inspirants et ceux qui ne le sont pas. Notez vos découvertes dans votre journal où vous consignez vos expériences intuitives.

Bonus Si l'énergie d'un lieu vous paraît négative ou vous sape le moral, ne vous y attardez pas si possible. Sinon, entourez-vous mentalement de lumière blanche, comme un barrage protecteur entre vous et cette énergie néfaste.

Je note ici 5 façons d'évaluer énergétiquement les lieux :

- [ ] ....
- [ ] ....
- [ ] ....
- [ ] ....
- [ ] ....

Aujourd'hui, je choisis au moins 3 pratiques :

- ☐ Relever le défi du jour
- ☐ Contempler mon tableau de vision
- ☐ Faire de l'exercice ou danser
- ☐ L'affirmation du jour = mantra du jour
- ☐ Méditer, être en silence ou prière
- ☐ Lire ma vision
- ☐ Lire un livre qui m'inspire
- ☐ Tenir mon journal d'intuition
- ☐ Être dans la gratitude
- ☐ Visualiser mes rêves
- ☐ Lire mes intentions du Défi des 100 jours
- ☐ Me réunir avec des délicieux cocréateurs
- ☐ Faire un vidéo-blog ou un blog sur le site
- ☐ Surfer sur le site du Défi des 100 jours
- ☐ Visionner la vidéo du jour de Sonia & Lilou
- ☐ Tirer une carte de tarot ou d'un autre jeu
- ☐ Autre :

Aujourd'hui, mes résultats/succès sont :

Aujourd'hui, j'ai observé, appris, compris que...

Aujourd'hui, je suis reconnaissant

pour 5 choses, événements, personnes...

Date __/__/____

Lieu ___________

JOUR 92

Respirez

Affirmation du jour :

«En respirant,
je me libère de tout stress.»

Nous sommes si nombreux à ne pas remarquer les détails dans le monde qui nous entoure, même les plus évidents, et d'autant moins dans notre monde intérieur, car nous sommes complètement stressés et à bout de souffle, ce qui nous incite à nous désensibiliser et à nous déconnecter de tout, y compris de notre intuition.

Mon intention
aujourd'hui est de...

Mon intuition
aujourd'hui me dit que...

Défi du jour 92

Aujourd'hui, nous vous invitons à apprendre comment **atténuer votre stress** au niveau physique grâce à une respiration profonde. Plus vous atténuerez votre stress, plus vous serez ouvert et disponible pour accueillir l'énergie subtile de votre intuition.

Faites cet exercice périodiquement au cours de la journée.

Inspirez par le nez aussi profondément que possible, puis expirez par la bouche comme si vous souffliez des bougies d'anniversaire, en expulsant tout l'air de vos poumons.

Répétez l'exercice et, cette fois, inspirez encore plus profondément, puis expirez à nouveau comme si vous souffliez dix bougies d'anniversaire, en expulsant l'une après l'autre chaque bouffée d'air.

Inspirez une troisième fois, retenez un instant votre souffle puis expirez en faisant «ah», tout en respirant et en vous centrant dans votre cœur. Avec cette expiration, expulsez en même temps que votre souffle toute la tension retenue dans votre corps.
Imaginez une lumière vive brillant au centre de votre cœur et irradiant de plus en plus vers l'extérieur, se déployant dans votre corps en éliminant tout ce qui perturbe votre mental et votre esprit grâce à cette expiration magnifiquement épanouie. Imaginez cette lumière qui se diffuse dans tout votre corps et au-delà, jusqu'à l'espace au-dessus et en dessous de vous, devant et derrière vous, et de part et d'autre. Il s'agit de votre «espace pour respirer» personnel.

Respirez normalement et confortablement dans cet espace lumineux, libre de toute tension. Regardez autour de la pièce et dites à voix haute: «Tout va bien. Je suis en sécurité et je suis ancré.»

Souvent, notre intuition nous échappe ou nous l'ignorons, parce que nous sommes à bout de souffle et nous sentons insécurisés. Grâce à cette pratique qui vous permettra de développer votre conscience de l'instant présent, ces sentiments s'estomperont rapidement.

Bonus

Programmez l'alarme sur votre montre ou votre téléphone portable pour qu'elle sonne **toutes les heures** au cours de la journée, et arrêtez-vous à chaque sonnerie pour faire cet exercice. Ainsi, aujourd'hui, vous serez libéré de tout stress, plus conscient et détendu. Cela vous rappellera de respirer et de vous détendre, deux étapes aussi importantes que nécessaires pour développer votre intuition.

Je note ici 5 raisons de prendre mon temps et de respirer plus souvent:

- ☐ ....
- ☐ ....
- ☐ ....
- ☐ ....
- ☐ ....

Aujourd'hui, **je choisis** au moins **3 pratiques** :

- ☐ Relever le défi du jour
- ☐ Contempler mon tableau de vision
- ☐ Faire de l'exercice ou danser
- ☐ L'affirmation du jour = mantra du jour
- ☐ Méditer, être en silence ou prière
- ☐ Lire ma vision
- ☐ Lire un livre qui m'inspire
- ☐ Tenir mon journal d'intuition
- ☐ Être dans la gratitude
- ☐ Visualiser mes rêves
- ☐ Lire mes intentions du Défi des 100 jours
- ☐ Me réunir avec des délicieux cocréateurs
- ☐ Faire un vidéo-blog ou un blog sur le site
- ☐ Surfer sur le site du Défi des 100 jours
- ☐ Visionner la vidéo du jour de Sonia & Lilou
- ☐ Tirer une carte de tarot ou d'un autre jeu
- ☐ Autre : ....

Aujourd'hui, **mes résultats/succès** sont

- ☐ ....
- ☐ ....
- ☐ ....
- ☐ ....
- ☐ ....
- ☐ ....
- ☐ ....
- ☐ ....
- ☐ ....
- ☐ ....
- ☐ ....

Aujourd'hui, j'ai **observé, appris, compris** que...

Aujourd'hui, je suis **reconnaissant** pour 5 choses, événements, personnes...

- ☐ ....
- ☐ ....
- ☐ ....
- ☐ ....
- ☐ ....

JOUR 93

Date __/__/____

Lieu __________

Procédez à une vérification des vibrations

Affirmation du jour :

«Vérification des ondes !»

En éveillant votre intuition, il est important que vous commenciez à percevoir les vibrations ou les «ondes» des lieux, ainsi que de l'énergie que vous rencontrez, afin de prendre des décisions bien informées pour savoir si vous voulez ou non rester au contact de cette énergie.
Chaque jour, nous sommes partout exposés à des vibrations, que ce soit au café ou au restaurant, au travail, dans les lieux où on fait des affaires, et même chez les gens. Ces vibrations ont un effet sur nous. Certaines sont positives, d'autres non.
Indépendamment de l'endroit où vous vous trouvez, la vibration d'un lieu transmet des informations dont il est important de tenir compte ; des messages comme : «Reste à l'écart. Cet endroit ne te convient pas» ou : «Entre. Ici, ça te plaira.»
Souvent, on ne fait attention à ces ondes que lorsqu'il est trop tard, et on se retrouve à s'arracher les cheveux de frustration en se disant : «Zut alors ! Je savais bien que je n'aurais pas dû rester !» ou : «Je savais pourtant bien que j'aurais dû venir !»
C'est ce que l'on appelle faire partie du club des «j'aurais pu, j'aurais dû», favorable aux occasions manquées, auquel nous sommes sûrs que vous ne voudrez plus appartenir.

Mon intention

aujourd'hui est de...

Mon intuition

aujourd'hui me dit que...

Défi du jour 93

Aujourd'hui, procédez rapidement à une vérification des vibrations en évaluant l'énergie des endroits où vous vous trouverez, sur une échelle de 1 à 10 : 10 signifiant que la vibration a sur vous un effet positif, inspirant ; 1 signifiant que vous la percevez comme négative ou qu'elle vous donne une impression désagréable, comme la sensation de drainer de votre énergie ou de vous mettre mal à l'aise.

Effectuez une vérification des vibrations énergétiques dans toutes les situations auxquelles vous serez confronté, au café où vous commandez votre breuvage matinal, dans la voiture du métro que vous prenez, au bureau où vous travaillez et au restaurant où vous déjeunez.
Si vous constatez que vous êtes dans une situation où vous n'obtenez qu'un chiffre bas sur l'échelle d'évaluation, ou, en d'autres termes, de « mauvaises ondes », prenez la décision de trouver une meilleure option, et ne tardez pas!

Gardez à l'esprit que vous n'avez aucune explication à donner, ni même à comprendre vos vibrations personnelles pour vous y fier. Une bonne vibration puissante est positive et saine pour vous, contrairement à une mauvaise vibration, c'est aussi simple que ça!
Si vous rencontrez une faible vibration, il ne dépend que de vous d'agir en conséquence. Si vous ne pouvez pas échapper à cette situation, voyez si l'effet négatif s'atténue en remarquant simplement la présence de cette mauvaise énergie et l'influence qu'elle a sur vous.

Abordez cependant la journée avec curiosité. Si quelque chose diffuse de mauvaises ondes, contentez-vous de reconnaître que ce n'est pas bon pour vous, **aujourd'hui**, et mettez-vous en quête de ce qui émettra des ondes plus favorables.

Ne prenez pas la peine de juger les lieux ayant une vibration faible. N'éprouvez pas plus le besoin d'analyser l'évaluation que vous en aurez faite. Prenez-en simplement note et continuez à avancer.

Sachez également qu'en tant qu'êtres intuitifs, nous sommes libres de chercher à nous retrouver dans des situations diffusant de bonnes vibrations, et de rester à l'écart de celles auxquelles elles font défaut.

Bonus
Vidéo du jour

Réalisez une brève vidéo avec votre téléphone portable, vous montrant dans votre lieu préféré rempli de bonnes ondes. Mettez ensuite la vidéo sur le wwwdefides100jours.com. Si vous avez besoin d'aide, demandez à un ado, il saura vous dire comment faire pour mettre votre vidéo en ligne.

Je note 5 façons dont je détecte les bonnes et les mauvaises ondes:

- [ ] ....
- [ ] ....
- [ ] ....
- [ ] ....
- [ ] ....

Aujourd'hui, **je choisis** au moins **3 pratiques** :

- ☐ Relever le défi du jour
- ☐ Contempler mon tableau de vision
- ☐ Faire de l'exercice ou danser
- ☐ L'affirmation du jour = mantra du jour
- ☐ Méditer, être en silence ou prière
- ☐ Lire ma vision
- ☐ Lire un livre qui m'inspire
- ☐ Tenir mon journal d'intuition
- ☐ Être dans la gratitude
- ☐ Visualiser mes rêves
- ☐ Lire mes intentions du Défi des 100 jours
- ☐ Me réunir avec des délicieux cocréateurs
- ☐ Faire un vidéo-blog ou un blog sur le site
- ☐ Surfer sur le site du Défi des 100 jours
- ☐ Visionner la vidéo du jour de Sonia & Lilou
- ☐ Tirer une carte de tarot ou d'un autre jeu
- ☐ Autre :

Aujourd'hui, **mes résultats/succès** sont :

Aujourd'hui, j'ai **observé, appris, compris** que...

Aujourd'hui, je suis **reconnaissant** pour 5 choses, événements, personnes...

Date __/__/____

Lieu __________

JOUR 94

Allez faire un tour

Affirmation du jour :

«Allons nous balader.»

Il vous sera impossible de vous connecter à votre intuition si vous avez un blocage au niveau mental, si vous ressassez vos problèmes ou êtes obsédé par vos responsabilités. En vous retrouvant piégé dans ce cercle vicieux qui vous pousse à trop réfléchir, votre esprit se déconnectera de votre intuition. Afin qu'elle puisse émerger et vous guider, distancez-vous plutôt de vos soucis en allant faire un tour.

Mon intention

aujourd'hui est de...

Mon intuition

aujourd'hui me dit que...

Défi du jour 94

Le défi d'aujourd'hui vous permettra d'**arrêter de cogiter en allant tranquillement faire une promenade d'au moins quinze minutes**, idéalement dans la nature, mais aller vous balader dans votre quartier ou un joli parc sera tout aussi bien.

En marchant, soyez attentif à votre corps. Que ressentez-vous quand vos pieds se posent au sol et que la terre vous soutient? Prenez note de toute autre sensation physique en marchant, en laissant au fil de votre promenade la terre vous libérer de vos pensées négatives et apaiser votre système nerveux affecté par la surcharge mentale.

Apaisez encore votre esprit en remarquant tout en marchant ce qui se présente sous vos yeux, comme les arbres, les oiseaux, les enfants qui jouent, les voitures qui passent, etc. et, tout en poursuivant votre balade, reconnaissez en votre for intérieur ce que vous voyez, un détail à la fois.

Respirez profondément en étant tranquillement réceptif aux vues et aux sons qui se présentent à vous en ce moment.
Ne cherchez pas à les percevoir davantage mentalement. Contentez-vous d'être attentif lorsque les sons dérivent dans votre champ de conscience.
Comme auparavant, soyez reconnaissant de ce que vous entendez, tout en marchant sans hésitation d'un pas régulier et décontracté.

Après un quart d'heure, trouvez si possible un endroit où vous asseoir pour vous reposer quelques instants, puis détendez-vous, tout simplement.
En vous asseyant, remarquez combien vous vous sentez plus léger, libéré du stress et de l'anxiété qui occupent habituellement vos pensées.
En vous détendant, demandez à votre intuition si elle a des solutions ou des idées à vous proposer actuellement.
Puis répondez comme si elle vous parlait. Ne forcez rien. Contentez-vous d'en prendre note. Recevez-vous des idées géniales ou des illuminations soudaines quant à une solution potentielle? Prenez-vous conscience de réponses ou d'inspirations soudaines?
Si oui, formidable! Sinon, ne vous inquiétez pas. Vous ne recevrez peut-être aucun conseil pour le moment, mais vous avez ouvert la porte pour qu'ils puissent s'infiltrer. Restez ouvert et réceptif, et ne soyez pas surpris de les voir surgir quand vous vous y attendrez le moins.

Bonus Enregistrez sur votre dictaphone votre conversation avec votre intuition et votre Moi supérieur. **Racontez à votre intuition ce qui vous perturbe en ce moment et demandez-lui ce qu'il y a de mieux à faire actuellement.**

Puis enregistrez-vous comme si votre Moi supérieur s'exprimait à son tour. Donnez-lui une chance de parler librement en fonction de ses idées et de ses inspirations, qu'elles se soient présentées au cours de votre promenade ou à l'instant même.
Ne censurez rien ni n'hésitez pas, et SURTOUT, ne réfléchissez pas. Contentez-vous de vous enregistrer sur votre dictaphone comme si votre Moi supérieur avait pris les choses en main. C'est ce qu'il fera si vous vous détendez en parlant.

Je note ici 5 raisons d'aller me balader quand j'ai un problème:

- [ ] ....
- [ ] ....
- [ ] ....
- [ ] ....
- [ ] ....

Aujourd'hui, **je choisis** au moins **3 pratiques** :

- ☐ Relever le défi du jour
- ☐ Contempler mon tableau de vision
- ☐ Faire de l'exercice ou danser
- ☐ L'affirmation du jour = mantra du jour
- ☐ Méditer, être en silence ou prière
- ☐ Lire ma vision
- ☐ Lire un livre qui m'inspire
- ☐ Tenir mon journal d'intuition
- ☐ Être dans la gratitude
- ☐ Visualiser mes rêves
- ☐ Lire mes intentions du Défi des 100 jours
- ☐ Me réunir avec des délicieux cocréateurs
- ☐ Faire un vidéo-blog ou un blog sur le site
- ☐ Surfer sur le site du Défi des 100 jours
- ☐ Visionner la vidéo du jour de Sonia & Lilou
- ☐ Tirer une carte de tarot ou d'un autre jeu
- ☐ Autre : ....

Aujourd'hui, **mes résultats/succès** sont

- ☐ ....
- ☐ ....
- ☐ ....
- ☐ ....
- ☐ ....
- ☐ ....
- ☐ ....
- ☐ ....
- ☐ ....
- ☐ ....

Aujourd'hui, j'ai **observé, appris, compris** que...

Aujourd'hui, je suis **reconnaissant** pour 5 choses, événements, personnes...

- ☐ ....
- ☐ ....
- ☐ ....
- ☐ ....
- ☐ ....

JOUR 95

Date __/__/____

Lieu __________

Purifiez l'énergie ambiante

Affirmation du jour :

« Laissons entrer le soleil ! »

Pour développer votre intuition, il ne suffit pas de vous connecter psychiquement à des événements futurs, mais également à ce qui se passe autour de vous en ce moment, ce qui inclut d'évaluer l'énergie ambiante et de la purifier si elle se fait pesante, sombre ou oppressante, ce qui est souvent le cas lorsque nous, ou d'autres personnes, nous sentons négatifs, déprimés, anxieux ou en colère.

Mon intention

aujourd'hui est de...

Mon intuition

aujourd'hui me dit que...

Défi du jour 95

Si vous vous sentez ainsi au-delà de quelques minutes, ou à la suite d'une dispute, il sera judicieux d'ouvrir les portes et les fenêtres pour faire entrer de l'air frais et évacuer cette énergie contrariante.

Une autre méthode **pour purifier l'énergie** consiste, après avoir allumé un bâton d'encens ou une bougie parfumée, à demander à vos anges et à vos guides de se présenter pour alléger l'atmosphère pesante, afin que vous puissiez à nouveau vous détendre. Vous pouvez aussi vaporiser dans une pièce des essences naturelles de fleurs, comme de la lavande ou de l'oranger, pour en purifier l'énergie.

Mettre de la belle musique, comme du classique ou de douces mélodies de jazz, sera également très efficace pour purifier l'énergie et vous remonter le moral. C'est par ailleurs une bonne idée au travail. De nombreuses entreprises commencent effectivement à reconnaître l'effet positif que cela produit sur l'esprit humain, et appliquent de plus en plus cette méthode dans leurs locaux.

Énoncer une prière ou un mantra fera également des merveilles pour purifier l'énergie et apporter des bienfaits dans une pièce. Faire sonner des clochettes ou des carillons aura aussi pour effet d'inciter une énergie pesante, qui n'a plus lieu d'être, à circuler et se disperser.

Votre défi consistera aujourd'hui à évaluer l'énergie à votre domicile et sur votre lieu de travail pour voir s'ils ont besoin d'être énergétiquement purifiés. En entrant dans une pièce, fermez les yeux et percevez l'énergie qui s'y trouve. Vous semble-t-elle pesante, oppressante, sombre, affaiblie, voire éteinte?

Fiez-vous à votre première impression. Dans le doute, présumez qu'un peu d'amélioration pourrait ne pas faire de mal et entreprenez d'y contribuer en purifiant l'énergie ambiante.

Parmi les méthodes proposées précédemment, choisissez celle que vous préférez, ou encore essayez d'en appliquer plusieurs simultanément. Faites sonner les clochettes et les carillons. Ouvrez portes et fenêtres, ainsi que les rideaux pour laisser entrer les rayons du soleil. Allumez de l'encens, mettez de la musique et, mieux encore, appelez vos anges en chantant dans la pièce.

Cela ne prendra que quelques minutes et fera toute la différence quant à la manière dont vous vous sentirez et interagirez avec autrui.

À la fin de la journée, **notez dans votre journal consacré à l'intuition** quels sont les lieux que vous avez énergétiquement purifiés et pour quelle raison vous avez ressenti le besoin de le faire. Quelle impression vous donnait l'énergie avant que vous la purifiiez? Et après l'avoir fait? Avez-vous remarqué si le nettoyage énergétique que vous avez effectué a influé sur les personnes se trouvant sur les lieux? Quel effet cela a-t-il eu sur vous?

Je note ici 5 méthodes pour purifier l'énergie:

- [ ] ....
- [ ] ....
- [ ] ....
- [ ] ....
- [ ] ....

Aujourd'hui, **je choisis** au moins **3 pratiques** :

- ☐ Relever le défi du jour
- ☐ Contempler mon tableau de vision
- ☐ Faire de l'exercice ou danser
- ☐ L'affirmation du jour = mantra du jour
- ☐ Méditer, être en silence ou prière
- ☐ Lire ma vision
- ☐ Lire un livre qui m'inspire
- ☐ Tenir mon journal d'intuition
- ☐ Être dans la gratitude
- ☐ Visualiser mes rêves
- ☐ Lire mes intentions du Défi des 100 Jours
- ☐ Me réunir avec des délicieux cocréateurs
- ☐ Faire un vidéo-blog ou un blog sur le site
- ☐ Surfer sur le site du Défi des 100 Jours
- ☐ Visionner la vidéo du jour de Sonia & Lilou
- ☐ Tirer une carte de tarot ou d'un autre jeu
- ☐ Autre : ....

Aujourd'hui, **mes résultats/succès** sont :

- ☐ ....
- ☐ ....
- ☐ ....
- ☐ ....
- ☐ ....
- ☐ ....
- ☐ ....
- ☐ ....
- ☐ ....
- ☐ ....

Aujourd'hui, j'ai **observé, appris, compris** que...

Aujourd'hui, je suis **reconnaissant** pour 5 choses, événements, personnes...

- ☐ ....
- ☐ ....
- ☐ ....
- ☐ ....
- ☐ ....

Date __/__/____

Lieu ___________

JOUR 96

Soyez sincère

Affirmation du jour :

«Je demande à être guidé dans ce domaine : .... Merci.»

Mon intention

aujourd'hui est de...

Mon intuition

aujourd'hui me dit que...

Défi du jour 96

Aujourd'hui, décidez **dans quels domaines de votre vie vous êtes vraiment prêt à recevoir intuitivement des conseils**, et soyez sincère envers vous-même à ce sujet. Cela est important, car l'intuition s'apparente à un sérum de vérité, ce qui peut représenter un certain défi.

Les gens disent souvent qu'ils souhaiteraient être guidés intuitivement dans certains domaines de leur vie mais, en réalité, ils ne sont pas aussi réceptifs à leur intuition qu'ils le pensent, parce qu'ils ne veulent pas être contraints de prendre conscience de certains faits, à part ceux qu'ils veulent bien croire ou entendre.

En réalité, ce que l'on appelle le déni et le contrôle représentent les plus grands obstacles à l'intuition, qui s'éteint en leur présence, puisqu'ils étouffent votre prise de conscience en vous empêchant de voir la vie telle qu'elle est vraiment.

Par conséquent, si vous avez malheureusement tendance à altérer la réalité, ou n'acceptez que ce que vous suggère votre ego, au lieu d'être prêt à accueillir une image plus précise et réelle de ce qui se passe dans votre vie, vous ne remporterez pas ce défi.

Cela ne veut pas dire que vous devez vous décourager car, ainsi, vous pourrez simplement comprendre comment fonctionne l'intuition.

De ce fait, comme vous pourrez le constater, cela n'a aucun sens de demander à votre intuition si votre petit(e) ami(e) vous trompe si, en réalité, votre ego refuse de le savoir. Cela n'a pas plus de sens d'y recourir pour décider d'accepter ou non le nouveau poste qu'on vous propose, si vous ne voulez vraiment pas faire le déménagement que cela suppose.

Vous comprenez comment ça marche.

Ce que vous pouvez faire, en revanche, c'est vous concentrer sur des domaines envers lesquels vous n'entretenez aucune réserve et où vous serez complètement ouvert à l'idée de vous laisser guider autant que possible par votre intuition.

Aujourd'hui, sortez votre cahier consacré à vos intuitions et notez-y tous les domaines de votre vie où vous êtes absolument ouvert, sans aucune réserve, pour recevoir intuitivement des conseils.

Pour vous, cela pourra se situer dans le domaine de la créativité ou du travail. Ou cela pourrait être dans le domaine des relations, ou encore de la famille. Ou cela pourrait concerner une guidance émotionnelle et une guérison intérieure, ou physique. Décider de quelles façons vous souhaiteriez que votre intuition vous guide ne dépend que de vous. C'est ce qu'elle fera si vous en avez réellement l'intention.

Bonus 1 Enregistrez sur le dictaphone de votre téléphone portable les domaines dans lesquels vous souhaitez être guidé par votre intuition, en utilisant le nom que vous lui avez donné quand vous lui demandez de l'aide, et avec autant de précisions que possible.

Par exemple (en utilisant ici le nom que Sonia a donné à son intuition): «Lumière vive, s'il te plaît, guide-moi dans mon mariage. Nous nous disputons sans arrêt et j'ai besoin de conseils pour trouver un moyen d'enrayer ce schéma négatif de comportement.» Ou dites: «[Le nom que vous avez choisi], s'il te plaît, aide-moi à trouver une solution pour que mes affaires reprennent. Par où dois-je commencer?»

En vous enregistrant, remarquez si vous éprouvez de la peur ou de la réticence. Si c'est ce que vous ressentez, attendez que ces sentiments se dissipent. Vous percevrez dans votre corps la vérité.

Bonus 2 Avant d'aller vous coucher, notez dans votre cahier tous les conseils que vous aurez reçus aujourd'hui, même si vous avez l'impression de les avoir inventés, ou qu'ils sont trop insignifiants pour mériter d'être retenus. Contentez-vous d'en prendre note.

Je note ici 5 points clés résumant cet exercice :

- ☐ ....
- ☐ ....
- ☐ ....
- ☐ ....
- ☐ ....

Aujourd'hui, je choisis au moins 3 pratiques :

- ☐ Relever le défi du jour
- ☐ Contempler mon tableau de vision
- ☐ Faire de l'exercice ou danser
- ☐ L'affirmation du jour = mantra du jour
- ☐ Méditer, être en silence ou prière
- ☐ Lire ma vision
- ☐ Lire un livre qui m'inspire
- ☐ Tenir mon journal d'intuition
- ☐ Être dans la gratitude
- ☐ Visualiser mes rêves
- ☐ Lire mes intentions du Défi des 100 jours
- ☐ Me réunir avec des délicieux cocréateurs
- ☐ Faire un vidéo-blog ou un blog sur le site
- ☐ Surfer sur le site du Défi des 100 jours
- ☐ Visionner la vidéo du jour de Sonia & Lilou
- ☐ Tirer une carte de tarot ou d'un autre jeu
- ☐ Autre :

Aujourd'hui, mes résultats/succès sont :

Aujourd'hui, j'ai observé, appris, compris que...

Aujourd'hui, je suis reconnaissant pour 5 choses, événements, personnes...

Date __/__/____

Lieu __________

JOUR 97

Demandez à vos anges de vous aider

Affirmation du jour :

«Mes anges, je vous en prie, aidez-moi.»

En développant notre intuition, nous commençons à percevoir les guides aimants et bienveillants qui veillent sur nous et nous guident depuis les royaumes subtils, nos anges gardiens venant des plus puissants de ces royaumes.

Mon intention aujourd'hui est de...

Mon intuition aujourd'hui me dit que...

Défi du jour 97

Le défi consistera pour vous aujourd'hui à **entrer en contact avec vos anges en leur demandant leur aide** tout au long de la journée.

Les anges vous protègent et veillent à ce que vous suiviez la voie de votre âme, et ils seront ravis de vous aider si seulement vous le leur demandez. Si vous vous retrouvez confronté à des problèmes, quels qu'ils soient, demandez à vos anges de vous aider pour que la situation tourne à votre avantage.

Ils peuvent contribuer à remédier aux relations tendues, aux défis professionnels ou liés à la santé, au stress et à l'anxiété, et même aux difficultés financières. Mieux encore, ils adorent voler à notre secours.

Alors, demandez-leur à voix haute leur aide sur **tout problème pour lequel vous avez besoin d'être secouru aujourd'hui**, puis prenez du recul et attendez qu'ils accomplissent leur mission. Cela veut dire qu'au lieu de vous inquiéter, vous pouvez avoir confiance que de l'aide ne saurait tarder à arriver.

Fermez les yeux et ouvrez votre cœur pour sentir leur présence. Ils sont là et vous entourent d'amour, en vous protégeant à tout moment.

Au cours de la journée, remarquez tous les signes révélant que les anges font leur devoir. Repérez certains détails comme des plumes sur votre chemin, des signes reflétant vos questionnements sur les panneaux d'affichage ou les bus, des moments pleins d'humour et des rencontres inattendues avec des personnes semblant vous venir en aide, comme ça, par hasard.

Oubliez pour le moment de penser rationnellement afin de permettre à la magie de l'intervention angélique d'œuvrer pour vous. Que vous obteniez ou non des résultats ou un soulagement immédiat, vous pouvez être sûr qu'ils se produiront.

Ne vous concentrez pas sur quand ou comment cette aide se présentera. Demandez simplement qu'on vous l'apporte, puis effacez-vous pour qu'elle puisse se manifester.

Dans votre journal consacré à l'intuition, écrivez à quel sujet vous demandez de l'aide, et si des expériences inattendues et bénéfiques se sont produites aujourd'hui. Avez-vous trouvé des plumes? Avez-vous remarqué subitement des messages utiles sur des panneaux d'affichage, des publicités sur des bus ou dans le métro? Avez-vous fait des rencontres originales avec des personnes qui se sont présentées spontanément pour vous aider? Avez-vous résolu tous vos problèmes ou trouvé des solutions inattendues?

N'oubliez pas, le secret pour être intuitif consistera au cours de la journée à remarquer et à identifier toute amélioration et tout changement subtils.

Je note ici 5 raisons de contacter mes anges quotidiennement:

- [ ] ....
- [ ] ....
- [ ] ....
- [ ] ....
- [ ] ....

Aujourd'hui, **je choisis** au moins **3 pratiques** :

- ☐ Relever le défi du jour
- ☐ Contempler mon tableau de vision
- ☐ Faire de l'exercice ou danser
- ☐ L'affirmation du jour = mantra du jour
- ☐ Méditer, être en silence ou prière
- ☐ Lire ma vision
- ☐ Lire un livre qui m'inspire
- ☐ Tenir mon journal d'intuition
- ☐ Être dans la gratitude
- ☐ Visualiser mes rêves
- ☐ Lire mes intentions du Défi des 100 jours
- ☐ Me réunir avec des délicieux cocréateurs
- ☐ Faire un vidéo-blog ou un blog sur le site
- ☐ Surfer sur le site du Défi des 100 jours
- ☐ Visionner la vidéo du jour de Sonia & Lilou
- ☐ Tirer une carte de tarot ou d'un autre jeu
- ☐ Autre : ....

Aujourd'hui, **mes résultats/succès** sont

☐ ....
☐ ....
☐ ....
☐ ....
☐ ....
☐ ....
☐ ....
☐ ....
☐ ....
☐ ....
☐ ....

Aujourd'hui, j'ai **observé, appris, compris** que...

Aujourd'hui, je suis **reconnaissant** pour 5 choses, événements, personnes...

☐ ....
☐ ....
☐ ....
☐ ....
☐ ....

JOUR 98

Date __/__/____

Lieu __________

Consultez un expert

Affirmation du jour :

«Demandons à un expert.»

Mon intention

aujourd'hui est de...

Mon intuition

aujourd'hui me dit que...

Défi du jour 98

Grâce à une méthode des plus excitantes et sincèrement amusante, éveillez votre intuition en utilisant la technique d'écriture que nous vous avons présentée précédemment, si ce n'est que, cette fois, au lieu d'écrire à votre Moi supérieur, écrivez à une **personnalité célèbre défunte** pour lui demander ses conseils avisés. Par exemple, si vous avez besoin de conseils sur votre créativité, vous pouvez écrire à Léonard de Vinci, à Einstein ou encore à Steve Jobs. Si vous souhaitez des conseils sur votre santé, demandez-les à Madame Curie ou au Dr Salk. Si vous voulez des conseils sur le relationnel, écrivez à Carl Jung ou à Sigmund Freud. Si vous souhaitez être conseillé au niveau musical, écrivez à Mozart ou à John Lennon. Le choix est illimité en ce qui concerne les personnalités que vous pouvez ainsi solliciter.

Le secret de ce défi, c'est de croire, en ayant l'esprit et le cœur ouverts, qu'il est possible d'entrer en relation avec elles à un niveau énergétique, avant de faire un essai.

Prenez quelques inspirations et centrez-vous dans votre cœur. Écrivez ensuite une question urgente. Demandez-vous alors s'il s'agit d'une question envers laquelle vous êtes sincèrement prêt à recevoir des conseils et, si c'est le cas, concentrez-vous sur votre intention de recevoir des conseils clairs.

Mettez ensuite cette question de côté et consacrez-vous à une autre activité pendant au moins une heure ou deux.
Dansez, chantez, allez vous promener, faites le ménage, jardinez ou entreprenez toute autre tâche terre à terre, facile à faire et qui vous évitera de penser à votre question.

Ce laps de temps écoulé, revenez à votre question et lisez-la à voix haute. Une fois encore, vérifiez que vous êtes toujours prêt à recevoir de la personnalité aidante de votre choix des conseils pour vous guider. Si vous avez le sentiment que la réponse est «oui», programmez l'alarme sur votre téléphone portable ou votre montre sur dix minutes, et commencez immédiatement à écrire pendant ce temps sans lever le stylo du papier, comme si votre guide s'adressait directement à vous.

Soyez spontané et n'analysez pas ce que vous écrivez. Laissez-le seulement s'exprimer par l'intermédiaire de votre stylo. Écrivez tout ce qui vous vient à l'esprit et ne vous arrêtez pas pour y réfléchir. Continuez à écrire, même si ce que vous écrivez ne vous semble pas avoir beaucoup de sens. Quand l'alarme se déclenchera, posez votre stylo et distanciez-vous à nouveau de la question et de ce que vous venez d'écrire.

Attendez de dix à quinze minutes avant de revenir consulter ce que vous avez écrit, et relisez à voix haute ce que votre guide vous a incité à coucher sur le papier. Qu'est-ce qui vous surprend dans ce que vous avez écrit? S'y trouve-t-il de nouvelles idées auxquelles vous n'aviez pas pensé? Pouvez-vous sentir l'énergie et l'esprit de la personne à laquelle vous vous êtes ainsi adressé?

Avant d'aller vous coucher, dans votre journal consacré à l'intuition, écrivez de dix à quinze minutes sans interruption ce que vous dit la voix de votre guide, sans lever le stylo du papier. Puis mettez-le de côté et allez vous coucher. Consultez à nouveau votre journal le lendemain matin, demandez à votre guide de se manifester, écrivez pendant dix minutes encore sur le même sujet et **voyez si de nouvelles idées intuitives émergent.**

Je note ici 5 idées envoyées par une personnalité célèbre défunte:

- ☐ ....
- ☐ ....
- ☐ ....
- ☐ ....
- ☐ ....

Aujourd'hui, **je choisis** au moins **3 pratiques** :

- ☐ Relever le défi du jour
- ☐ Contempler mon tableau de vision
- ☐ Faire de l'exercice ou danser
- ☐ L'affirmation du jour = mantra du jour
- ☐ Méditer, être en silence ou prière
- ☐ Lire ma vision
- ☐ Lire un livre qui m'inspire
- ☐ Tenir mon journal d'intuition
- ☐ Être dans la gratitude
- ☐ Visualiser mes rêves
- ☐ Lire mes intentions du Défi des 100 jours
- ☐ Me réunir avec des délicieux cocréateurs
- ☐ Faire un vidéo-blog ou un blog sur le site
- ☐ Surfer sur le site du Défi des 100 jours
- ☐ Visionner la vidéo du jour de Sonia & Lilou
- ☐ Tirer une carte de tarot ou d'un autre jeu
- ☐ Autre : ....

Aujourd'hui, **mes résultats/succès** sont :

- ☐ ....
- ☐ ....
- ☐ ....
- ☐ ....
- ☐ ....
- ☐ ....
- ☐ ....
- ☐ ....
- ☐ ....
- ☐ ....

Aujourd'hui, j'ai **observé, appris, compris** que...

Aujourd'hui, je suis **reconnaissant** pour 5 choses, événements, personnes...

- ☐ ....
- ☐ ....
- ☐ ....
- ☐ ....
- ☐ ....

Date __/__/____

Lieu ___________

JOUR 99

Évaluez votre progression

Affirmation du jour :

«Mon super pouvoir secret, c'est mon intuition.»

Félicitations !
Vous avez presque terminé le défi des 100 jours. Parviendrez-vous à croire que vous avez développé votre intuition au fil de ces 98 jours ?

Mon intention

aujourd'hui est de...

Mon intuition

aujourd'hui me dit que...

Défi du jour 99

Le défi d'aujourd'hui consistera à **remarquer ce qui a changé dans votre vie.**

Êtes-vous capable de reconnaître rapidement votre intuition? Dans quels domaines de votre vie êtes-vous le plus intuitif ? En présence de votre famille? Au travail? Avec des amis? Dans votre vie amoureuse? Dans le domaine de la santé? Dans quels domaines de votre vie doutez-vous encore de vous-même et cherchez-vous à comprendre votre intuition? Parvenez-vous maintenant à vous y connecter rapidement et à la suivre sans trop y réfléchir? Des obstacles ou des doutes subsistent-ils encore? Pouvez-vous les identifier? Vous sentez-vous prêt à dépasser vos doutes?

Soyez attentif à ces questions tout au long de la journée puis, en soirée, notez vos réponses dans votre journal consacré à l'intuition.

Si vous rencontrez encore des difficultés, soyez patient en sachant que vous pourrez toujours revenir au début pour recommencer le défi des 100 jours, afin de les surmonter et de renforcer encore plus votre intuition.

Mais surtout, détendez-vous. Vous pouvez être fier de ce que vous avez accompli.

Se mettre à l'écoute de son intuition s'apparente à allumer la lumière dans une pièce assombrie. Une fois éclairée, elle le restera. Et si la lumière s'atténue un jour, vous savez maintenant où se trouve l'interrupteur.

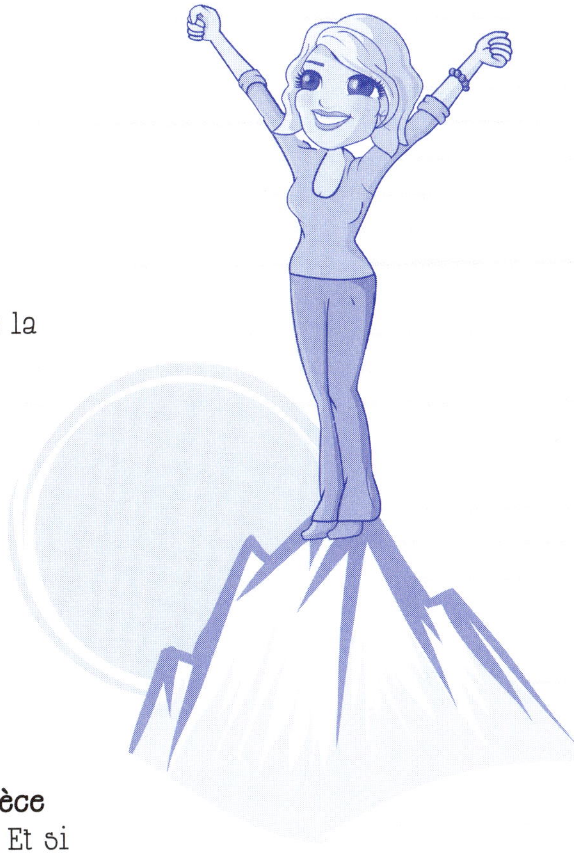

Je note ici 5 raisons d'utiliser mon superpouvoir tous les jours:

- [ ] ....
- [ ] ....
- [ ] ....
- [ ] ....
- [ ] ....

Aujourd'hui, je choisis au moins 3 pratiques :

- ☐ Relever le défi du jour
- ☐ Contempler mon tableau de vision
- ☐ Faire de l'exercice ou danser
- ☐ L'affirmation du jour = mantra du jour
- ☐ Méditer, être en silence ou prière
- ☐ Lire ma vision
- ☐ Lire un livre qui m'inspire
- ☐ Tenir mon journal d'intuition
- ☐ Être dans la gratitude
- ☐ Visualiser mes rêves
- ☐ Lire mes intentions du Défi des 100 jours
- ☐ Me réunir avec des délicieux cocréateurs
- ☐ Faire un vidéo-blog ou un blog sur le site
- ☐ Surfer sur le site du Défi des 100 jours
- ☐ Visionner la vidéo du jour de Sonia & Lilou
- ☐ Tirer une carte de tarot ou d'un autre jeu
- ☐ Autre : ……………………

Aujourd'hui, mes résultats/succès sont

- ☐ ……………………
- ☐ ……………………
- ☐ ……………………
- ☐ ……………………
- ☐ ……………………
- ☐ ……………………
- ☐ ……………………
- ☐ ……………………
- ☐ ……………………
- ☐ ……………………

Aujourd'hui, j'ai observé, appris, compris que…

……………………

Aujourd'hui, je suis reconnaissant pour 5 choses, événements, personnes…

- ☐ ……………………
- ☐ ……………………
- ☐ ……………………
- ☐ ……………………
- ☐ ……………………

JOUR 100

Date __/__/____

Lieu __________

Laissez-vous guider par l'amour

Affirmation du jour :

«À partir de maintenant, je ferai confiance aux vibrations que je perçois et me laisserai guider par l'amour.»

Développer son intuition équivaut ultimement à adopter un nouveau mode de vie : un mode de vie dans l'intégrité, en accord avec votre cœur et vos vibrations personnelles, en prenant des risques au niveau créatif et en faisant confiance à l'Univers et à votre Moi supérieur pour vous soutenir si vous les laissez faire.
Tous ces éléments rassemblés vous invitent à faire acte de foi et à vous libérer de la peur. Il y a tant de possibilités quand on ne bloque pas son intuition par crainte d'être déçu, par peur du rejet, de l'indigence, de perdre le contrôle et de bien plus encore.

En vous libérant de ces peurs, ou du moins en refusant de les laisser dominer votre vie, vous ouvrirez la voie pour que l'amour se présente et l'emporte sur elles. Lorsque l'amour est la lumière guidant votre existence, l'intuition s'éveille et éclaire chaque étape de votre chemin de vie.

Mon intention
aujourd'hui est de…

....

....

....

Mon intuition
aujourd'hui me dit que…

....

....

....

Défi du jour 100

Ce dernier défi, le plus grand, vous demandera de vous **libérer de la peur pour vous laisser guider par l'amour.** Avant de prendre toute décision aujourd'hui, interrogez votre cœur et demandez-vous à voix haute : «Qu'est-ce que j'aimerais faire en ce moment ?»
Puis, (l'ayant deviné), répondez à voix haute : «J'aimerais ....
.... [complétez la phrase].»
Ensuite, laissez-vous guider par l'amour et passez à l'action.

Cela pourra vous paraître un peu radical, mais vous avez été guidé vers cet instant au cours de ces 99 jours.

Vous êtes maintenant prêt à vous libérer de la peur et à **vous abandonner à l'amour**, en le laissant vous guider dans toutes vos activités. **L'amour est le moteur de l'intuition, car l'amour, c'est votre moi véritable.** Vous êtes amour et, en l'exprimant, vous êtes en parfaite harmonie avec l'énergie fluide de votre Moi supérieur.

Il s'agit de votre défi pour décrocher votre diplôme, étant donné que la plupart des gens sont conditionnés pour mener une vie sous l'emprise de la peur, guidée par la peur, ce dont ils souffrent en conséquence en reniant leur cœur.

C'est le jour de la libération. **Laissez l'amour vous guider.** L'intuition est son phare. Après toute cette pratique, vous êtes maintenant prêt à vous lancer.

Choisir avec amour équivaut à choisir de vivre à votre plus haute fréquence, ce qui attirera de plus en plus d'amour et d'opportunités, ouvrira les portes à des expériences positives et à bien plus que ce que vous pouvez même imaginer.

Au cours de la journée, laissez l'amour vous guider. Vous saurez que vous y êtes parvenu si vous vous sentez le cœur léger, joyeux, confiant, généreux, inspiré et serein. Appréciez pleinement cela.

La meilleure partie de ce défi, c'est lorsque vous vous sentirez dans le courant, soutenu par l'Univers. Vous vous sentirez connecté aux autres, à votre Moi supérieur, à vos guides et à tous les bienfaits que la vie a à offrir. C'est votre droit imprescriptible et la voie naturelle.

Si l'on vous demande de faire quelque chose, répondez: «J'aimerais beaucoup.»

Si l'on vous demande au restaurant ce que vous souhaitez commander, répondez: «J'aimerais avoir...» En prenant une décision, dites à voix haute: «Mon cœur me dit...», avant de le laisser répondre.

À la fin de la journée, relatez vos expériences concernant ce dernier défi dans votre journal consacré à l'intuition, à présent bien mis à contribution.

A-t-il été difficile pour vous de vous laisser guider par l'amour? Était-ce plus difficile dans certaines situations? Ou avec certaines personnes? Pourquoi? Quels ont été les résultats les plus appréciables de ce défi? Avez-vous eu des surprises? Ou des problèmes? À présent, **comment vous sentez-vous après avoir laissé l'amour vous guider toute la journée?**

Je note ici 5 raisons de me laisser guider par l'amour:

- [ ] ....
- [ ] ....
- [ ] ....
- [ ] ....
- [ ] ....

Aujourd'hui, **je choisis** au moins **3 pratiques** :

- ☐ Relever le défi du jour
- ☐ Contempler mon tableau de vision
- ☐ Faire de l'exercice ou danser
- ☐ L'affirmation du jour = mantra du jour
- ☐ Méditer, être en silence ou prière
- ☐ Lire ma vision
- ☐ Lire un livre qui m'inspire
- ☐ Tenir mon journal d'intuition
- ☐ Être dans la gratitude
- ☐ Visualiser mes rêves
- ☐ Lire mes intentions du Défi des 100 jours
- ☐ Me réunir avec des délicieux cocréateurs
- ☐ Faire un vidéo-blog ou un blog sur le site
- ☐ Surfer sur le site du Défi des 100 jours
- ☐ Visionner la vidéo du jour de Sonia & Lilou
- ☐ Tirer une carte de tarot ou d'un autre jeu
- ☐ Autre : ....

Aujourd'hui, **mes résultats/succès** sont :

- ☐ ....
- ☐ ....
- ☐ ....
- ☐ ....
- ☐ ....
- ☐ ....
- ☐ ....
- ☐ ....
- ☐ ....
- ☐ ....

Aujourd'hui, j'ai **observé, appris, compris** que...

Aujourd'hui, je suis **reconnaissant** pour 5 choses, événements, personnes...

- ☐ ....
- ☐ ....
- ☐ ....
- ☐ ....
- ☐ ....

Jour 101, et après...

Félicitations ! Vous avez fini le Défi des 100 jours sur l'intuition !

Un profond changement est en train de se produire en vous, et vous voyez les bénéfices et les récompenses de toutes vos actions. Bravo !!!!!

Accordez-vous un moment pour réfléchir au déroulement de votre Défi des 100 jours. Quelles ont été les semaines difficiles ? Avez-vous sauté plusieurs jours ? Revenez en arrière, au moment où vous commenciez votre Défi, lisez les jours 1 à 7 pour mesurer le chemin parcouru. Faites une liste de quelques miracles qui se sont produits. Si vous en avez, reconnaissez vos regrets de ne pas avoir participé à 100 %. Reconnaissez l'accomplissement que représente le fait d'avoir pris et tenu un défi tel que le Défi des 100 jours.

Comment vous êtes-vous senti pendant ce Défi des 100 jours ? Auriez-vous voulu donner plus de vous-même ? Avez-vous des regrets, des doutes ou des peurs sur la manière dont s'est déroulé votre Défi ? Ces 100 jours ont-ils été les 100 jours les plus extraordinaires de votre vie ? Quelle est votre relation à votre intuition depuis votre jour 1 ? Quels changements avez-vous observés ?

Beaucoup de personnes finissent quantité de projets, mais en fait très peu les achèvent complètement. Être clair concernant toute attente non comblée, reconnaître efforts et accomplissements, et être satisfait de ce qui est : voilà la différence entre finir et achever.

Et vous savez quoi ? Il est temps de débuter votre prochain Défi des 100 jours, mais aussi et avant tout de nous envoyer vos manifestations et votre témoignage de fin de saison par email à lateledelilou@gmail.com.

Lancez-vous, faites des choses exceptionnelles !

Bisous,

Lilou Macé et Sonia Choquette
Le Défi des 100 jours spécial intuition
lateledelilou@gmail.com

Le Défi des 100 jours : mes accomplissements et mes victoires

Mes TOP 10 résultats pour ces 100 derniers jours sont :

1.

2.

3.

4.

5.

6.

7.

8.

9.

10.

Ma prochaine saison du Défi des 100 jours

Mes TOP 5 intentions pour mon prochain Défi des 100 jours sont :

1.

2.

3.

4.

5.

Annexes

Biographie de Sonia Choquette

Sonia Choquette est reconnue dans le monde entier comme auteure, maître spirituel, consultante spécialisée dans le domaine du sixième sens et guide visionnaire transformationnelle. Écrivaine enchanteresse à l'humour délicieux, grâce à ses compétences, elle encourage à se libérer des difficultés psychologiques et spirituelles pour suivre un flux d'énergie plus bénéfique. Elle est l'auteure de 19 best-sellers – plus particulièrement de *La réponse est simple*, primé par le *New York Times* –, des livres sur l'éveil de l'intelligence intuitive, la créativité et le développement personnel, et sur les capacités de leadership transformationnel qui résident en chacun de nous.

Sonia a inspiré un mouvement mondial invitant à l'éveil de la conscience et fondé sur sa conviction qu'en tant qu'êtres humains, « nous sommes des êtres divins dotés de six sens pour nous guider dans l'existence ». Elle nous encourage tous à nous fier à nos six sens naturels afin de prendre, en étant mieux informés, les décisions les plus authentiques possible, salutaires et épanouissantes pour notre âme. Ses écrits ont été publiés dans plus de 40 pays, traduits en 37 langues, ce qui fait d'elle l'un des auteurs spécialistes les plus lus dans son domaine.

Grâce à ses dons uniques, son expertise est recherchée dans le monde entier, pour aider individuellement les gens comme les organisations à optimiser de manière spectaculaire leurs expériences et leurs capacités de performance, par le biais d'une prise de conscience de leur puissance personnelle et de la transformation.

Dès 12 ans, Sonia s'est engagée dans le domaine inspirant de la guidance spirituelle, qui a contribué à sa vaste expérience. Inébranlable dans son intégrité, elle a poursuivi cette voie guidée en aidant d'autres personnes à découvrir grâce à l'intuition leur véritable personnalité. Son travail a inspiré ses deux filles, Sonia et Sabrina, qui ont toutes deux leur propre carrière en coaching et guidance spirituels.

Son œuvre philanthropique l'a conduite à mener des ateliers en Afrique du Sud, par l'intermédiaire de sa maison d'édition, Hay House, qui l'a aidée à mettre en place des collaborations organisationnelles en faveur du programme Noah, visant à nourrir les orphelins atteints du sida, en complément de son engagement caritatif et de son travail de collecte de fonds à travers les États-Unis.

En 2012, Sonia a été récompensée, en tant que meilleur leader de l'année, par l'Association mondiale de psychologie holistique, et pour « service exceptionnel rendu à l'humanité », à l'invitation du premier Parlement mondial sur la spiritualité à Hyderabad, en Inde.

Elle a fréquenté l'université de Denver ainsi que la Sorbonne, à Paris, et est titulaire d'un doctorat de l'Institut américain de théologie holistique. Elle est aussi membre du Conseil de leadership transformationnel, et présente chaque semaine son émission de radio, « *Six Sensory Living* ».

Quand elle n'est pas en déplacement pour dispenser ses enseignements, voyageuse invétérée, elle se félicite de sa passion pour apprendre et évoluer tous les jours. À ses moments de loisir, elle aime danser et jouer du piano, elle s'intéresse à la mode, à l'art et au design, et elle pratique le yoga, la boxe et le Pilates pour rester en forme.

Témoignages et conseils de participants

Voici quelques témoignages et conseils de participants au Défi des 100 jours. Si vous désirez vous aussi nous faire parvenir votre témoignage, envoyez-le par email à : lateledelilou@gmail.com.

« Ma principale méthode est de… faire confiance à ce que je ressens. Dans mon cœur et dans mon corps, mes sensations. Évidemment, ça peut paraître simple mais, en fait, ça se développe et s'entretient. Bien sûr, il y a les signes divers, les synchronicités, mais tout cela n'est rien si l'on n'écoute pas son ressenti. C'est d'abord de là que ça part, de l'intérieur. J'ai été victime de violences diverses dans mon enfance, dont des abus sexuels, l'inceste, et j'ai grandi coupée de mes émotions. À fond dans le mental, par mécanisme de survie. Quand mes souvenirs d'abus sont revenus, j'avais 30 ans (j'en ai 40 maintenant). À partir de ce moment-là, j'ai repris contact avec la partie morte, éteinte en moi depuis trop longtemps, et beaucoup d'émotions sont sorties. De ce fait, j'ai aussi repris contact avec mon intuition.

Comme une petite voix qui me guide au quotidien, me dit vers où je dois aller, quel chemin emprunter. Bien sûr, par moments, je tente de la nier, mais elle reprend toujours le dessus. C'est la VIE revenue en moi. C'est un guide intérieur, une force qui me pousse vers l'avant, malgré la peur et ce sentiment d'impuissance qui me guettent toujours et reviennent fréquemment. Une force qui vient de l'intérieur de moi, me donne de la puissance, et est en lien avec l'Univers, la Terre, la Nature. Quand je sens de la joie en moi, je sais que la décision que j'ai prise, que l'acte que j'ai posé sont justes. Quand je me sens ancrée, alignée, que mon mental se met en sourdine pour laisser parler mon cœur, et que mon corps est dans l'accueil de l'instant présent et non dans la fermeture. Sans doute pas original comme témoignage car, au fond, nous sommes tous pareils, tous humains donc tous capables d'être en lien avec notre intuition et, quoi qu'il en soit, c'est comme cela que je peux exprimer le mieux la façon dont je trace ma route pour me construire dans la VIE après avoir connu la MORT intérieure. Merci à toi, Lilou, pour faire écho à cette belle énergie de vie que j'ai retrouvée et ne cesse de cultiver. »

Alexandra, Défi saison 1, Bruxelles

« Premier constat : l'inspiration/intuition, c'est comme un muscle. J'ai l'impression que l'inspiration/intuition, c'est comme la mémoire. Plus on la "travaille", mieux elle nous guide. Au départ de ma saison 1 du Défi des 100 jours, j'étais assez déboussolée pour répondre à "Mon intuition aujourd'hui me dit que..." Il fallait que je trouve un truc.
Deuxième constat : l'inspiration doit être stimulée par le JEU. Alors, tous les jours, j'avais un rituel : je prenais les quatre rois d'un jeu de cartes. Je les plaçais faces cachées sur ma table. Je les mélangeais style "bonneteau" et j'essayais de trouver le roi de trèfle, par exemple. Il me suffisais de me concentrer quelques secondes en fermant les yeux et en promenant ma main sur les cartes et, hop comme une évidence, ma main me disait où se trouvait la carte (j'avais souvent bon). Alors, ensuite, j'ai pris cela comme un jeu. Le matin, avant d'arriver au travail, je me concentrais pour deviner la couleur que porterait ma collègue préférée ; si de l'ascenseur descendrait une femme blonde, etc.
Troisième constat : quand on prend de l'expérience, on est dans la confiance et on ne se pose plus de question. Cela devient un sixième sens : je fais appel à elle instinctivement. Maintenant, je vais plus loin : là, on ne rigole plus. Je mets mon intuition au service de décisions que je dois prendre dans le choix d'un job. Ce n'est plus mon bon sens mais mon intuition qui me guide.
Voilà ce que fais intuitivement (hi hi hi) : je pose ma main sur mon cœur (comme tu le préconises, Lilou), je me donne plein d'amour car j'en suis digne et je mérite d'avoir un merveilleux poste afin de me réaliser pleinement professionnellement. »

Marie, Défi saison 1, Paris

« Je suis plutôt intuitive, et je ressens assez facilement quand une action, une personne, un endroit, est "bien ou pas" pour moi. En général, chez moi, cette intuition fonctionne comme une pensée, un message que je reçois, parfois avec des flashs... Cela peut s'accompagner de ressentis physiques. C'est souvent bref, mais c'est très clair et toujours pertinent. La preuve en est que, lorsque je ne me fie pas au message envoyé, je me dis a posteriori : "J'aurais dû m'écouter !" Cela arrive de moins en moins, du coup ! Pour moi, curieusement, l'intuition fonctionne mieux quand je suis dans l'action que lorsque je suis dans la réflexion. Par exemple, en voiture, je suis ma boussole interne qui me dit "prends cette route et pas celle-là"... Et je constate que l'autre route est bloquée par un accident. Yes ! Mais si je me pose devant une question précise (sur une décision à prendre, un problème à résoudre, un choix à faire), je me laisse plus souvent embarquer par mon mental et, du coup, mon intuition est en berne. Voilà donc le point sur lequel je dois avancer... Prochain défi ?! »

Mariette, Défi saison 4, Saint-Martin

« En fait, l'intuition n'est pas pour moi une découverte, mais plutôt une révélation, parce que j'en ai toujours eu mais cela me semblait tellement naturel qu'il ne m'était pas venu à l'idée de m'y intéresser plus que cela. J'ai su avec certitude que j'avais réussi un concours administratif, la petite voix m'a guidée sur le choix de ma première affectation, elle m'a souvent avertie de dangers, elle m'a clairement dit que l'homme que je venais de rencontrer par le biais d'une agence matrimoniale serait mon époux… Et puis elle s'est faite plus discrète pendant vingt-cinq ans, ou plutôt, je pense que, prise par la vie avec trois enfants, je l'ai peut-être moins bien entendue et écoutée.
Puis, avec l'envol du plus jeune, je me suis sentie complètement perdue et inutile. Après une bonne année de galères (crises de paniques, problèmes de santé ainsi que dans mon couple…), divers événements, des rencontres et mes recherches sur le Net m'ont fait réaliser que je n'avais pas à chercher l'intuition mais qu'il fallait que je retrouve confiance en la vie pour de nouveau pouvoir entendre cette petite voix. »

Laurence, Moselle

« C'est mon intuition qui m'envoie aujourd'hui. Elle me dit : "Vas-y, envoie ce mail." En effet, dès que je vais à l'encontre de cette coquine, il m'arrive des bricoles. Où je n'ai pas suivi mon intuition, c'était par peur, la peur de ne pas réussir, la peur de manquer, la peur de me tromper, la peur de ne pas être à la hauteur, la peur du regard des autres. Au final, je dois dire que ça m'a plutôt desservie. Et puis, surtout, l'intuition n'était pas quelque chose que l'on cultivait au sein de ma famille ni à l'école. Avec le temps, j'ai dû effacer des croyances que j'avais apprises (il doit encore m'en rester quelques-unes). C'est simple, depuis que j'écoute mon intuition, que je m'écoute, tout semble s'ouvrir et se régler comme par magie. Aujourd'hui, je suis mes "frémissements d'âme", c'est le nom que je lui ai donné. Dès que j'ai ce petit frémissement positif au niveau du cœur, j'y vais ! Je suis également attentive aux signes dans mon quotidien. Je les ressens comme un minichoc positif. »

Sandrine

« J'ai 38 ans et j'habite dans le Pas-de-Calais. Je suis chef de projets informatiques. J'ai deux enfants et je suis un jeune divorcé. L'objectif de mon Défi était d'avoir une alimentation sans gluten. Ce qui est étonnant, pour ce bilan du Défi, c'est que tout ce qui est arrivé de formidable n'a *a priori* rien à voir avec une meilleure alimentation. Et c'est justement ce qu'il faut être prêt à vivre avec le Défi, c'est-à-dire qu'il faut être prêt à recevoir ou à vivre des événements qui n'ont rien à voir avec l'objectif initial. L'important est de donner le premier coup d'accélérateur en commençant un Défi et de se laisser ensuite porter par cet élan tout en étant attentif aux synchronicités. Il permet également d'être ouvert et de laisser parler son cœur. C'est pourquoi je pense qu'il est important de préciser ses intentions pour atteindre son objectif. J'ai également tenu un journal de bord. Je sais que c'est ce qui se passe pour beaucoup de cocréateurs du Défi mais, ce qui est merveilleux, c'est de pouvoir le vivre. Encore une chose : grâce aux vidéos, je peux oser être à l'extérieur ce que je suis à l'intérieur, et ça, c'est un très beau cadeau. »

Jean-Rémi

« Je suis de plus en plus dans une joie quotidienne qui vient de l'intérieur et qui me donne des ailes pour affronter les moments plus sombres ou plus douloureux. Le Défi : un outil précieux… Lilou : une étincelle de lumière, un sourire radieux, un exemple motivant. MERCI, MERCI, MERCI!!!! »

Yannick

« J'ai aussi compris, pas juste avec l'esprit, mais aussi avec mon corps et mon âme, que chaque chose, chaque personne, est là où elle doit être. Chaque chose, ou personne, a aussi le droit d'être là où elle est. Chaque chose, ou personne, est là, elle en a le droit, c'est sa place et cela a un sens. Depuis lors, je suis plus à l'écoute du droit de chacun et du sens que leur présence représente (ou pas). Si une voiture me ralentit maintenant, elle a le droit d'être là, c'est peut-être son rôle et, si elle est là, cela a un sens ! Elle m'évitera peut-être un accident qui se serait produit si elle n'avait pas été là… Je pense donc souvent à cet effet "papillon". Tout cela pour dire que je pars d'un défi, mais qu'il m'entraîne bien plus loin. Le Défi est un point de repère auprès duquel je reviens sans cesse, mais il m'ouvre de nouveaux horizons sans cesse également ! Alors, ne compliquons pas trop les choses avec des défis hyper complexes. Plus il est simple dans la formulation, plus il ouvrira de portes ! »

Sybille (Belgique)

« Le "hasard" m'a guidée vers le site du Défi des 100 jours. Le concept m'intrigue et m'intéresse ; je dirais même qu'il tombe à pic ! Je m'inscris et, dès le démarrage, des événements vont se présenter à moi, tout naturellement. Je suis "comme guidée" vers les bonnes personnes, les bons articles, les vidéos dont j'ai besoin. Tout est rapide, efficace, pertinent... Je poursuis donc mon Défi avec entrain ! Le fait extraordinaire le plus marquant est le suivant : je me réveille le 12 septembre 2015 et, immédiatement, je reçois l'information suivante : "Tu dois absolument rencontrer Alexandre Jardin aujourd'hui et lui remettre ton livre en mains propres." Je suis stupéfaite ! Il y a bel et bien Le Livre sur la Place à Nancy, en ce moment, où des écrivains viennent de partout. Aussi, je jette un coup d'œil au programme, et Alexandre Jardin est effectivement programmé pour ce jour. Je me dépêche de me préparer et file à ce salon qui se trouve à quelques kilomètres de chez moi. Une fois arrivée sur place, j'arpente le salon en long et en large, et cherche désespérément où se trouve Alexandre, sans succès. Je finis par demander à un des journalistes où il se trouve. Il me répond qu'il ne sera pas présent au salon cette année, qu'il est seulement venu pour visiter des écoles et faire une interview sur France Bleu à 15 heures. Ouf ! Il est 11 h 45, je n'ai plus qu'à patienter jusqu'à 15 heures. À l'heure dite, je me rends à l'endroit de l'interview, qui est déjà bondé. J'écoute l'interview qui est passionnante et, à la fin de celle-ci, Alexandre se dirige dans ma direction pour quitter l'espace. Je vais à sa rencontre, échange quelques mots avec lui et lui remet mon bouquin. Il est ravi et, en retour, me donne son adresse mail. Une merveilleuse journée, en somme ! »

Aurélia

« Après avoir vu *Le Secret* en octobre 2012, je me suis inscrite sur le Défi des 100 jours. À ce moment-là, je venais tout juste de débuter une longue période de chômage, retournant vivre chez mes parents car impossible de prendre un appartement seule ou en colocation à 29 ans. Cette situation m'a permis de faire le point et de me focaliser sur ce que je voulais vraiment dans la vie : voyager, avoir une carrière à l'étranger dans l'entreprise de mes rêves et vivre tout ça, avec mon amoureux, dans l'abondance. C'est à partir d'avril 2013 que tout commencé à se mettre en place. La clé pour moi a été la gratitude. C'est à partir du moment où j'ai commencé à être pleine de gratitude que tout s'est mis en place pour moi, car je suis devenue plus joyeuse, j'ai pu lâcher prise. J'ai également beaucoup suivi mon instinct et mon ressenti. Mon corps me parlait quand il sentait que j'allais dans de mauvaises voies, et je sais désormais que l'Univers est de mon côté. »

Kelly

Je veux vous raconter mon Défi des 100 jours !

Envoyez-nous vos témoignages intuitifs ! ! !

Mon nom est ....

(prénom, une initiale pour le nom de famille nous va bien)

Ma page sur le site du Défi des 100 jours est ....

....

(lien, e-mail ou nom associé au site et profil)

Je viens de ....

(ville, région, pays)

J'ai commencé mon Défi à la date suivante : ....

J'ai souhaité développer mon intuition parce que : ....

....

....

Ce que je préfère dans ce Défi est : ....

....

....

....

Ce que j'ai manifesté de plus génial est : ....

....

....

....

Mon intuition est maintenant : ....

....

....

....

Une des choses que j'aimerais que vous ajoutiez à ce Défi des 100 jours est :

Jusqu'ici, mon plus grand accomplissement est :

Mon plus gros défi a été :

Mon exercice préféré est :

Si je devais encourager quelqu'un d'autre à participer au Défi des 100 jours, je lui dirais :

Pour résumer, mon expérience avec le Défi des 100 jours a été :

Vous pouvez nous envoyer vos réponses à l'adresse email suivante: lateledelilou@gmail.com si vous le désirez. Toutes vos remarques sont les bienvenues !

Notes intuitives

Ces pages sont laissées blanches pour que vous puissiez noter vos moments d'intuition les plus marquants.

Notes intuitives

Notes intuitives

Notes intuitives

Notes intuitives

Notes intuitives

Notes intuitives

Le Défi des 100 jours

sur www.defides100jours.com

pca cmb
édition pré-presse
livres numériques

44400 Rezé

Imprimé en Slovénie